沁廬序跋

杨权 著

中山大学出版社
SUN YAT-SEN UNIVERSITY PRESS
·广州·

版权所有　翻印必究

图书在版编目（CIP）数据

沁庐序跋/杨权著. —广州：中山大学出版社，2020.12
ISBN 978-7-306-06981-8

Ⅰ.①沁…　Ⅱ.①杨…　Ⅲ.①序跋—文集　Ⅳ.①G256.4-53

中国版本图书馆 CIP 数据核字（2020）第 189892 号

QINLU XU BA

出 版 人：	王天琪
封面题字：	杨　权
策划编辑：	李　文
责任编辑：	王延红
封面设计：	刘　犇
责任校对：	张陈卉子
责任技编：	何雅涛
出版发行：	中山大学出版社
电　　话：	编辑部 020-84111946，84113349，84111997，84110779
	发行部 020-84111998，84111981，84111160
地　　址：	广州市新港西路 135 号
邮　　编：	510275　　传　真：020-84036565
网　　址：	http://www.zsup.com.cn　E-mail：zdcbs@mail.sysu.edu.cn
印 刷 者：	恒美印务（广州）有限公司
规　　格：	787mm×1092mm　1/16　22.25 印张　300 千字
版次印次：	2020 年 12 月第 1 版　2020 年 12 月第 1 次印刷
定　　价：	68.00 元

如发现本书因印装质量影响阅读，请与出版社发行部联系调换

目　录

上编　序　跋

《开拓近代交通事业的文化人——叶恭绰》引言 …………………………（2）

非序之序
　　——写在《跬步集》之前 ……………………………………………（5）

成鹫及其《咸陟堂集》（点校本《咸陟堂集》前言）………………………（8）

《隆兴佛教编年通论》点校本前言 …………………………………………（22）

《出版物标点符号规范用法》编著者的话 …………………………………（35）

《兵仙——楚汉风云中的韩信》序 …………………………………………（40）

《词林别裁》序 ………………………………………………………………（45）

《近四百年五百家诗》序 ……………………………………………………（49）

《知止集》序 …………………………………………………………………（51）

《闲斋漫拾》序 ………………………………………………………………（52）

《明末清初广东文人年表》序 ………………………………………………（53）

《李黼平家族诗词钞》序 ……………………………………………………（55）

读书万卷始通神
　　——谈陈㴋斋先生的书法与学问（《古雅清刚——当代书法大家作品
　　研究·陈永正》前言）……………………………………………（57）

罗东震古文字书法集弁言 ……………………………………………………（67）

楚竹书《六祖坛经》序 ………………………………………………………（68）

《晚清风尚——十九世纪中华帝国图解西洋铜版画》总序 …………（70）

"畏人嫌我真"
　　——"陶瓷张"与他的个性收藏（张家添古陶瓷藏品集序）
　　　　……………………………………………………………（76）

中国古典家具的神韵（中山市三乡仿古家具展弁言）…………（82）

《今夜星光灿烂》序 ………………………………………………（88）

玉林高中记（《百年玉高》前言）…………………………………（94）

玉林高中校史馆弁言 ………………………………………………（96）

再创辉煌（《玉林师院附中四十周年校庆纪念册》前言）………（98）

《美丽的"南方"——广西黑五类食品集团作品集》序 ………（100）

以如椽之笔，绘灵妙之境
　　——庞泰嵩对中国山水画艺术的超越（庞泰嵩画集序） …（104）

梁耀教授画集序 …………………………………………………（108）

"水牛背我过清溪"
　　——我的忘年交梁文通老师（《似景非景——梁文通写生画集》跋）
　　　　……………………………………………………………（111）

《新五德理论与两汉政治——"尧后火德"说考论》后记……（126）

"思乐泮水，薄采其芹"
　　——张荣芳先生的学术之路（《秦汉史与岭南文化论稿》跋）…（130）

昨日的文坛斗士
　　——悼念忘年交王敬羲先生（《王敬羲自选集·校园与尘世》跋）
　　　　……………………………………………………………（135）

《沁庐汇草》跋 …………………………………………………（149）

李天马书杜诗《新安吏》《石壕吏》跋 …………………………（150）

金石跋文二则 ……………………………………………………（151）

重修宋提刑使钟氏宜万公墓门记 ………………………………（152）

高罗佩与中华文化（《秘戏图考》中译本序）……………………（154）
《秘戏图考》译后记 …………………………………………………（184）

下编　译　序

高罗佩《秘戏图考》英文自序 ………………………高罗佩（188）
高罗佩《秘戏图考》介绍 ………………高居翰（James Cahill）（200）
高罗佩《秘戏图考》书目札记 ………艾思仁（J. S. Edgren）（216）
"玩腻了的文人"：吕天成与万历晚期江南精英的生活方式
　　　　　　　　　　　　　…………伊维德（Wilt L. Idema）（220）

附编　书　评

荷兰莱顿 Koninklijke Brill NV 2004 年版《秘戏图考》的三篇他序 ……（246）
海峡两岸《秘戏图考》………………………………………………（251）
民国史研究的重要史料：《陈炯明集》……………………………（260）
道成肉身的文化人生
　　——《陈寅恪的最后 20 年》读后 ……………………………（262）
对汉魏鼎革史的新审视
　　——读朱子彦教授的《汉魏禅代与三国政治》………………（266）
平淡出新奇
　　——评王敬羲的短篇小说 ………………………………………（274）
莫仲予《留花庵诗稿》读后 …………………………………………（281）
杨刚之"梦"
　　——评《沸腾的梦》………………………………………………（284）

功在桑梓　泽惠学林
　　——评《东莞历代著作丛书》（第一辑） …………………（286）
仇江与《丹霞山古摩崖碑刻集》 ………………………………（294）
药师法门与济生佛教
　　——读《药师琉璃光如来本愿功德经》 ………………（299）
默默耕耘　终获硕果
　　——《全粤诗》先秦至明代各册陆续出版 ………………（315）
陈永正先生及其主编的《全粤诗》 ……………………………（321）
乡贤李家金
　　——读《敢在人间当铁汉》有感 …………………………（334）
我与中山大学出版社的三部大书 ………………………………（342）

后记 ………………………………………………………………（350）

上编　序跋

《开拓近代交通事业的文化人
——叶恭绰》[①] 引言

叶恭绰这个名字，对于今日的不少读者来说，可能颇为陌生。但在20世纪，这可是一个响当当的名字，在政坛、学界，几乎无人不晓。

这位出生于官宦人家的粤籍人士，是20世纪富有传奇色彩的政治风云人物之一。他在清朝光绪末年踏入政坛，在断断续续长达半个多世纪的宦海生涯中，居然能获得清朝、北洋政府、广州大元帅府、国民政府与新中国成立后的中央人民政府的重用，先后担任清朝邮传部承政厅厅长兼铁路局代理局长、北京政府交通总长、广州大元帅府大本营财政部部长、南京国民政府铁道部部长以及新中国的中央文史馆代馆长与中国画院院长，真可谓数朝元老。诚可谓"满世交游尽至公"，他在民国时期与袁世凯、唐绍仪、梁士诒、段祺瑞、徐世昌、张作霖、孙中山、胡汉民、孙科、张学良等政治人物都有较深的交往，新中国建立后也曾获毛泽东、周恩来的礼遇。他一生最重要的"事功"，是对"交通四政"——航、路、电、邮建设的筹划，在这个方面，他有许多开拓性的贡献，堪称中国现代交通的前驱，在此实难一一罗列。叶恭绰在主要掌管铁路的同时，还掌管过北洋时期最重要的发钞与国库银行——交通银行，这一点，是他被看作北洋时期的金融财团与政治派别"交通系"核心人物的原因之一。

叶恭绰的另外"事功"，主要在教育与文化建设方面。前者主要有在

[①] 杨权、姜波《开拓近代交通事业的文化人——叶恭绰》，广东人民出版社2009年12月版。

铁路系统兴办职业培训与子弟教育，在外国与有关大学合作兴办中国学院，以及亲手创办交通大学并担任首任校长等；后者则表现在倡立敦煌经籍辑存会，创立北京大学国学研究馆，创办上海博物馆，发起中国建筑展览会、上海文献展览会于上海，主办广东文物展览会于香港，倡导研究西南文化特别是岭南文化，搜求、调查、编集各类文化典籍，调查、维护与修复重要文物古迹，发起、组织中国佛教协会等。其作为气象之弘，贡献之巨，实非一般人所能及。他曾这么评论过自己的"事功"："铁路以外，余于外交、财政、实业、教育、文化，暨其他有关管理与技术之事，亦深感兴趣。"因此，论者普遍认为他是一位具有领导群伦的威望与实力的、能做大事的人物，影响仅次于蔡元培，当代学术巨擘饶宗颐把他称为"民国阮元"。

　　叶恭绰虽然久游宦海，被公牍之劳虚耗了不少时光；但是在文化与学术领域，他依旧取得了卓荦不俗的成就。他是一位博洽通达的学者，其治学覆盖范围之广、涉及领域之多，在学术界极其罕见；他还是一位才学非凡的词人，在词学方面卓有建树，其诗词创作亦境界超拔；他又是一位极负盛名的收藏家，一生独具慧眼，收藏国宝珍品无数，岭南罕有人可与比肩；他更是一位名满天下的书画家，其书法雄强朴厚、峭拔刚劲，腕下功力直追古人。我们用"天才"二字来指称他，实在是一点也不为过。他曾这样自我介绍："我一方面在讨论工业上技术问题，同时却可以谈谈宗教、哲学；一方面研究一个公司要怎样组织，同时又会想到音乐、书画上的问题；而且似乎不会混乱与偏颇。"又说："余对文学艺术，本有先天之遗传，故书画、古物之鉴别，似颇具只眼。且余恒秉爱憎与是非不能并行之说。""故品评一切，颇得虚心之誉。此外，土、木、竹、骨、玉、石、漆之雕刻、抟塑，丝、棉、麻之织绣，音乐、戏剧、歌谣、金石、碑帖、建筑、营造、诗歌、词曲、篆隶真草，虽未敢云悉有心得，亦庶几具体而微。"他的老朋友冒鹤亭曾说他的大脑是一个"大货仓"，里头各式货物都分门别类地存储着，到要用时，便能一样一样取出。

曾有论者评论：叶恭绰少年得志而不骄，名重中外而不傲，游乱世而不辱，陷险境而不屈，掌财政而不贪墨，失权势而不颓废，熟旧学而不保守，办洋务而不西化，玩文物而不丧志，立浊世而不同流。这一评价，是很合乎事实的。正因为叶恭绰始终保持了浓厚的书生本色，所以民国文艺界、学术界的许多名流都不把他看作"官僚"而视为学者，很乐意与他交往。像陈三立、梁鼎芬、陈垣、虚云、谛闲、印光、丁文江、罗振玉、陈衡恪、张大千、齐白石、徐信符、陈寅恪、李四光、钱玄同、龙榆生、高奇峰、吴湖帆、简又文、陆丹林、许地山、张元济、沈钧儒、章伯钧、章士钊、徐悲鸿、梅兰芳、柳亚子等人，就与他关系很密切。

叶恭绰一生，其活动涉及的社会领域很广，所做出的贡献也很大，因此，要像别的人物一样给他戴上一顶"帽子"，以确定他在历史上的角色与地位，那是很困难的。如果一定要戴，便只能笼统地说他是"交通前驱"与"文化名流"。下面，就让我们来看看这位"交通前驱"与"文化名流"的传奇人生吧！

非序之序

——写在《跬步集》① 之前

在中国这个讲"德望"的社会，人们出书往往爱问序于长者。因此当明基提出要我为他的《跬步集》作序时，我就揣摩，这是不是意味着在他的心目中，我已经"老"得够可以了。

但我不知道，在他看来，我之"老"是指年龄，还是指资历。若是指年龄，我的确比他年长几岁，但马齿徒增，学无寸进，说明不了什么问题；若是论资历，他从事出版工作的时间比我还要早两三年——1987 年，当我来中山大学出版社服务的时候，他已是社里出版科的老员工！后来，我学剑不成，便离开火热的革命出版队伍到门可罗雀的古文献研究机构坐冷板凳锻炼屁股去了。而他时至今日，依旧雄赳赳、气昂昂地战斗在出版工作的第一线。

这么看来，说到出版，其实并不该由我为他作序，倒是该由他为我作序。当年蒋百里撰成《欧洲文艺复兴史》，请梁任公作序，任公满腹经纶，才气纵横，下笔便收刹不住，结果写出来的"序"的篇幅几与原著相垺，连他自己也觉得好笑——"天下古今，固无此等序文！"最后只好把这篇超级序文单独出版，而反问序于蒋百里。可惜我才疏学浅，在出版领域又不用心，从前固未能写出一部像《跬步集》这般有模有样的论著，现在也没有能力把这篇小文演绎成巨制，只好先欠着明基的一笔文债。

---

① 姚明基《跬步集》，云南大学出版社 2012 年 2 月版。

曾子说："士不可以不弘毅，任重而道远。"在明基身上，适有一股弘毅之气。这种"气"，应当是他当年在部队里涵养出来的。兵士出身的他，在生活上、工作中，时时都那么精神抖擞，干起活来雷厉风行，连走路也是大步流星的，与我这类缚鸡无力的散软文人大不相同。与明基共事这么些年，我就觉得他这个人有两个明显的特点：一是头脑清楚，信心坚定。他非常懂得自己应该朝什么方向前进，一旦明确了奋斗的目标，他就会义无反顾地朝前迈进，无论遇到什么困难也不气馁停步，就像电视剧《士兵突击》里所说的"不抛弃，不放弃！"二是爱岗敬业，工作勤奋。多年来，不管组织上安排他从事何种工作，他都会用心琢磨工作，快速熟悉业务，使自己很快成为本领域的专家。正是依凭上述的良好素质，他从部队复员来中山大学出版社工作后，从一个工人编制的普通人员干起，然后任出版科副科长、科长、办公室主任、党支部书记，一步一个脚印，最后位至副社长，并兼印刷公司总经理，其人生轨迹，颇为亮丽。用"文革"的语言来说："真是进步很大！"须知他破茧化蝶，是在一个很特殊的环境里实现的。有一句给人打气的话说："是锥子总会冒出尖来。"其实锥子冒尖要讲条件：在布袋里要冒尖固然不难，在铁皮袋里要冒尖就难上加难——除非它足够坚硬尖锐。明基就是一把在铁皮袋子里冒出尖的锥子。作为一名复员士兵，他在"博士满校走，硕士不如狗"的老牌学府里闯荡，既无学历，也无人脉，只靠一根等腰哨棒，便打出了一片江山，真是不简单！要论"成功系数"，那是很高的。现在军队里都说要培养"军地两用人才"，明基便是"军地两用人才"的典型。我很纳闷：怎么到了现在，他当年所在的那支驻扎在罗浮山的部队，为何还不敲锣打鼓把他请回去，给正在服役的兵士们"传经送宝"？

《跬步集》是明基的第一部出版业专题文集，汇聚了作者近年来在此领域的研究心得。其中，有的文章在《出版与印刷》《大学出版》等杂志发表过，有的则是首次面世。它们以出版为中心，旁及相关的问题，有研究图书定价的，有研究成本控制的，有研究印刷质量的，有研究人力资源管理的。不管研究什么，都融入了明基个人对问题的独特思考。他是个有心人，唯其有心，故能写出有价值的文章来。我想这些论文对出版界同仁一定富有启迪意义。毕竟是当过兵的，他的文风也显露着军人的色彩。何以见之？一是语言尖锐凌厉，句子干净利索，有如利剑出鞘，没有丝毫的拖泥带水；二是结构严整细密，条理清楚分明，就像兵营里的床铺，每件物品都合理整齐地摆放在应在的位置。人们常爱把"文""武"对举，似乎两者互不兼容，而在明基的这部文集里，我们却看到了二者的相辅相成。

明基把他的这本著作定名为《跬步集》，当出自《大戴礼记·劝学》的"不积跬步，无以至千里；不积小流，无以成江海"。"跬步"，是指行进中迈出了一脚。以明基的性格，迈出了第一脚，就会有第二脚、第三脚，他是不会轻易停下脚步的；而且其行进速度通常会很快，就像《水浒传》里的"天速星神行太保"戴宗，脚上安了"甲马"。我可以预见，在《跬步集》之后，明基在此领域很快又会有新的作品问世。为了省却他起名的麻烦，我姑且越俎代庖，为他起几个备用的书名吧：《更步集》《健步集》《动步集》《天步集》《正步集》《信步集》……

有人说作书序比写书评难，因为作书评是附骥尾，可以旁逸斜出，肆无忌惮，而写书序是著佛头，必须敛息屏气，正襟危坐。我颇有同感。但明基是我的老同事、老朋友，他问序于我，我不能有叩无应，只好信笔写了这篇文字来交差。因为文章无"敛息屏气，正襟危坐"的面目，加上自觉没有替人作序的资格，故定名为"非序之序"，明基海涵了！

成鹫及其《咸陟堂集》

（点校本《咸陟堂集》[①] 前言）

姜伯勤先生曾指出："在岭南，突出反映禅寺名僧士人化趋向的有天然系禅僧与'莲社'系禅侣，以及鼎湖山系禅僧及'东林社'系禅侣。"[②] 而曾在香山建立东林庵并仿明东林党故事结社，又次曾担任肇庆庆云寺第七代方丈的成鹫，既是鼎湖山系也是东林社系禅僧的代表人物。这位在清初岭南佛教史上具有重要地位的高僧，就是《咸陟堂集》的作者成鹫。

成鹫，俗姓方，名颛恺，字麟趾，广州府番禺县韦涌乡人。其父方国骅（字楚卿，号骑田）是当时的名士，曾中过南明隆武朝的举人，清朝征服岭南后归隐林下，以砚耕糊口，学者称"学守先生"；其母苏氏是一位虔诚的佛教居士，曾受优婆夷五戒；其从兄方殿元（字蒙章，号九谷子）是清康熙进士，工诗文，为"岭南七子"之一。

成鹫出生于明崇祯十年（1637）三月二十一日，九岁就外傅，受诗书之学。他天性聪慧，卓荦不凡，有"神童"之号。十三岁时曾出应南明永历朝童子科试，被录为博士弟子员。若是在清平世界，成鹫也许就循着科举之途一路走下去了。然而他生不逢时，其少年时代恰是南明与清朝在南方激烈角力的时代，广州地区曾发生了一系列令人惊心动魄的事件。先是

---

① 〔清〕成鹫和尚《咸陟堂集》，曹旅宁、蒋文仙、杨权、仇江点校，广东旅游出版社2008年8月版。

② 姜伯勤《石濂大汕与澳门禅史：清初岭南禅学史研究初编》，学林出版社1999年12月版，第576页。

清顺治三年（1646）清抚军佟养甲、督师李成栋潜师攻入广州，南明绍武帝自尽。接着"广东三忠"——顺德陈邦彦、南海陈子壮和东莞张家玉揭竿而起，这场最终被血腥镇压的起义拖住了清军西进的步伐。顺治五年（1648），李成栋出人意料地杀死佟养甲并反正，宣布两广反清复明，南方形势一时变得有利于永历帝。顺治七年（1650），清平南王尚可喜、靖南王耿继茂率师南下，在打败了李成栋之后，围城八个月，最终攻陷了广州。清军屠城七日，造成六十余万人死亡，在城男子靡有孑遗，是为"庚寅之劫"。方家在这场惊天动地的大事变中也遭受了劫难，方国骅为营救陷于城中的眷属，不得不向清军输饷二千余金，这笔数额巨大的赎金使方家元气大伤，从此一蹶不振。面对生计萧然之局，成鹫只好辍学耕稼，"不复知有《诗》《书》"。那时成鹫年少气盛，喜任侠，"见猎心动，日与乡里恶少交游，举重扛鼎，运槊试剑，横行市井，莫敢谁何。……出遇不平，奋臂而起，锄强扶弱，不避权贵，敬贤疾恶，不择亲疏"。不过到十七岁时，他又恢复了向学之心，取出家藏旧籍攻读，"尽弃制科业，力究濂、洛、关、闽之学"①，"攻苦逾年，经学淹贯"。为了糊口，他十九岁出为塾师，从此开始了断断续续长达二十余年的教学生涯。在教书的同时，他继续刻苦自修，学问日渐博洽。这个时期的成鹫，以"晚世之真儒"自任，立言设教无不以儒行为务，"非圣人之言不言，非圣人之行不行"。但当时"大江以南阻于声教，四方不轨之徒相继蜂起，岭南山海半为啸聚之场"，动乱的社会现实与成鹫美好的道德理想之间存在着巨大差距。②

如果说成鹫在其前半生中留给世间的是一位为淳民气、化风俗而孜孜以求的儒生形象的话；那么，在后半生中，他所留给世间的，则是一位矢志皈依三宝而不脱士人习气的方外遗民的形象。因为他在初逾不惑那年，

---

① 胡方《迹删和尚传》，成鹫《咸陟堂集》，清道光刻本。
② 成鹫《纪梦编年》，清同治二年（1863）岭南遗书本。

也就是康熙十六年（1677），忽然自我断发，宣布离俗。

是什么原因导致了成鹫出人意料地放弃多年所持奉的儒家价值观而遁身佛门呢？这是一个曾令学者疑惑的问题。①对此，成鹫并未正面回答过，他只是在其自传《纪梦编年》中说自己与佛门向有"夙缘"，因为其母在生他前夕曾梦"老僧入室"。另外，成鹫还提到自己的母亲一生崇信三宝，焚修不断，这种敬佛态度对他自然会有影响。但是，难道这点夙缘和影响，就足以使成鹫出家么？事情不会这么简单。仔细析读《纪梦编年》，会获得某些有用信息：

> 是时，丁巳岁五月五日也，余年四十有一矣。闻变而起，仰天大笑曰："久矣夫，吾之见累于发肤也！"左手握发，右持并剪，大声疾呼曰："黄面老子，而今而后，还我本来面目，见先人于西方极乐之世矣！"

"闻变而起"四字，透露了成鹫的出家与当时政局有密切的关系。成鹫所说的"变"，是指"三藩之乱"被平定，清朝重新克服南方。康熙十二年（1673）清廷宣布撤藩，握有重兵的平西王吴三桂与平南王尚之信、靖南王耿精忠相继拒命并举兵反叛，史称"三藩之乱"。这一事件在性质上本是地方割据势力与中央朝廷之间的利益争斗，但是，由于为首的吴三桂是打着"兴明讨虏"的旗号与清廷对抗的，②因此，使当时的不少人产生了错觉，以为大明江山恢复可期。成鹫虽未像大名鼎鼎的屈大均一般兴冲冲地离乡从军，但其内心对"三藩"的前途无疑是充满期待的。然而，经过四年的政治与军事较量，"滇黔之炎炎者，将见扑灭；闽广之滔滔者，渐睹安澜；冠冕之峨峨者，又不免于裂冠毁冕，退修初服矣"。这个结果，

---

① 沈德潜《国朝诗别裁集》卷三二说："（成鹫）中年消发，不解其故。"
② 吴三桂曾传檄远近，声称拥立"先皇三太子"，并规定士民皆要蓄发、易衣冠。

无疑给成鹫泼了一头冷水,并最终促成了本有厌世之心的他离俗。所以,与成鹫同时代的李来章在《咸陟堂诗集序》中这样分析:"意其人固豪杰倜傥之流,殆有所托而逃焉者乎?"① 从表象来看,成鹫出家似有心血来潮的意味,其实不然。胡方《迹删和尚传》谓成鹫年"十五遭时变,飘然有出世想,以亲在未获如愿",可知他早有离俗之念,只是因为"亲在"而未能付诸行动。到康熙十年(1671),方国骅辞世,出家的道路就差不多铺平了。其父故后,成鹫"出家之念更切",其母"苏宜人正崇信三宝,一请得命,遂决志剃染"②。

自我落发后的成鹫最初在广州府南海弼唐的亦庵自修,由来又寄迹于其老友陶握山在小漫山的别业。他的奇特出家方式曾惹来人们的耻笑,尽管他在与时僧的辩论中曾理直气壮地以"师心"来回击对方对自己的攻击,但是作为一个出家人,"无师无名,且无戒体",总是说不过去的。好在不久之后这种令成鹫颇为尴尬的局面便结束了。康熙十八年(1679),临济宗高僧离幻元觉入云门扫祖师塔,与成鹫邂逅于小漫山,二人一见相契,遂成师徒。元觉原名成安,字离患,是愚关和尚宗符智华的法嗣,而智华曾主乳源云门山大觉禅寺法席,"会下支派,皆从云门分芳",自他开始以"智""成""光"三字演辈,因此方颛恺最初法名光鹫,字即山。不过智华又是临济宗虎丘支天童系平阳派祖师木陈道忞③的弟子,④ 而平阳

---

① 成鹫《咸陟堂集》,清道光刻本。
② 胡方《迹删和尚传》,成鹫《咸陟堂集》,清道光刻本。
③ 道忞是浙江宁波四明山天童寺密云圆悟和尚的法嗣,为临济下三十一世。他本人晚年开山于绍兴平阳寺,康熙十三年(1674)示寂后亦塔于平阳黄龙峰下,因此被称为"平阳祖师"。
④ 智华年二十五,在肇庆鼎湖山谒栖壑和尚离际道丘(即云顶老人)圆具,后又"别众出方,遍参丛席,如朝宗(通)忍、罗峰(弘)丽、天界(道)盛、三宜(明)盂、费隐(通)容、玉林(通)琇,莫不升堂入室,一见刮目,针芥相投。最后谒弘觉国师(木陈道忞)于天童,相比契合,棒喝之下,尽得其大机大用,遂受密印焉"。见释成鹫《鼎湖山志》卷五《愚关和尚传》。

派是按"道本元成佛祖先,明如杲日丽中天。灵源广润慈风溥,照世真灯万古县"的诗偈演代的,① 故光鹫后来改从平阳派,易名成鹫,字迹删,晚号东樵山人。作为临济宗平阳派僧,成鹫的师承关系如下:

幻有正传──→密云圆悟──→木陈道忞──→宗符智华──→离幻元觉──→迹删成鹫

初受石洞法的成鹫最先在西宁(今郁南)主持翠林僧舍,当时西宁有"僧海"之称,高僧鼎峙角立,应求相望,其中以云窝山的中介禅师、龙华寺的无尽禅师和石门梅坪寺的传谞禅师最为著名。成鹫在此盘桓数月,不时向这些高僧问学。特别值得一提的是他与湛兹传谞的交往,这位后来任肇庆鼎湖山庆云寺第三代住持的高僧,号石门,是南京天界寺觉浪道盛的法嗣,在宗派上属洞上正宗的天界系。传谞早年曾参遍诸方,学问渊博,禅理精通,四方学者多从之游。成鹫相见恨晚,十分折服,遂乞为门人。但传谞以成鹫乃非凡大器,坚辞不纳,三请三却。此为清初岭南佛教史上的一段佳话。成鹫在西宁盘桓数月之后,于康熙二十年(1681)回广州礼其师于华林寺(其时元觉正任华林寺第二代住持),禀受十戒,随即遵师命入罗浮山,掩关于石洞禅院,耕凿之暇,日夜参究,渐有所悟。不久元觉圆寂,合众共推成鹫继主华林寺法席。其时华林寺正"为魔外所侵,莫可摇拔",成鹫毅然入院除莠安良,立规垂训,"微师,则堂堂宝刹化为狐兔之窟矣"②。然而,因为元觉生前曾有"子性禀孤高,不能容物,出则恐为众的,只可住山,不可为人"③ 之嘱,所以成鹫坚辞不就方丈之职,而举师叔铁航和尚自代,在整顿好寺院之后,就返回了罗浮山。

---

① 据湖北省随县程湾乡境内的白竹园寺寺碑。
② 胡方《迹删和尚传》,成鹫《咸陟堂集》,清道光刻本。
③ 成鹫《纪梦编年》,清同治二年(1863)岭南遗书本。

偏僻的罗浮山虽宜于禅修，却不是世外桃源。尽管成鹫在入石洞时曾指江而盟："此去大事不明，生恩不报，誓不复过此河！"① 但是他在山上待未及一年便狼狈地逃下了山，因为盗贼之啸聚抢劫与官兵之狂捕滥杀使他无法在山上待下去。飞锡出山的成鹫希望寻一个"无贼无兵无名之地"托命安身，他听说海南气候温暖、民风淳朴，便翛然浮海，乘官船来到了当时人迹罕至的海南岛，托迹于会同县（今琼海）多异山海潮岩的灵泉寺。在海南待了两年之后，他又于康熙二十三年（1684）返回内地。久客初归的成鹫身如飘叶，心若悬旌，正当感到世路茫茫、未知归定的时候，他在华林会上听说有一位闲云禅师得法于天目，便前往拜访，请受具足戒。为了进一步参通佛理，同时也为了趋避风鉴家所言的"大难"，受具后的成鹫从五十一岁至五十四岁在故里闭关三年，通过这种强化式的修炼达到了大自在。出关后，成鹫结庵于南海的马山之阳，与一群贯通三教、博极群书的友朋组建了一个文化学术团体——莲社。过了一年余，他受闲云和尚之招到佛山仁寿寺，先当书记，后任首座。康熙二十九年（1690），成鹫辞去在仁寿寺担任的职务，到香山（今中山）铁城建立了东林庵，并仿晚明东林党故事结社，入社者共有僧俗三十余人，俱为声应气求、志同道合的清流。成鹫在东林庵五阅寒暑，时与社员聚会酬唱，活得颇为自在。

康熙三十四年（1695），成鹫应泽萌今遇和尚之邀，北上仁化丹霞山，客居于别传寺。泽萌是清初岭南遗民大众的精神领袖天然函昰禅师的第八法嗣，于康熙二十五年至三十五年（1686—1696）主别传寺法席，在法脉上属曹洞宗。二人虽宗派不同，但相处得十分融洽。"主宾之投契者，有

---

① 成鹫《纪梦编年》，清同治二年（1863）岭南遗书本。

生未曾有也"①。成鹫本以为"幸丹霞之有人，可藉以休老矣"②，想不到在他上山后的次年，其母便辞世了，他只好返回番禺尽孝。待他办完丧事返回丹霞，今遇已往匡庐主法栖贤寺。成鹫与继席者合不来，遂离开别传寺，先是寄迹于山麓的锦岩寒梅古寺，后应肇庆鼎湖山庆云寺第四代方丈契如元渠之邀到肇庆修纂《鼎湖山志》。修志工作告一段落后，他以旧社难忘辞返东林。在此期间，他曾到过澳门的普济禅院活动。在重返东林的两年中，成鹫前后大病了两场，几致丧命。待身体稍为恢复，他返回故里，先养疴于其早年的出家之地弼唐亦庵，后又借居于庞氏的梅园。

康熙四十年（1701），成鹫受请入主坐落在广州珠江南岸的大通烟雨宝光古寺（今海幢寺）。此寺本建于南汉，规模宏大，但至明万历时已废毁。入清后曾有善士捐资兴复，惜乎事未竟而人先卒，寺庙复将废堕。成鹫入院后，日督徒众补葺破漏，终于使古刹基本恢复了旧时模样。成鹫总共在大通古刹生活了七年。康熙四十七年（1708），鼎湖山虚席，成鹫应合山大众之请入山主法，成为庆云寺第七代方丈，当时他已经七十二岁。其时庆云寺以开山日久而弊端丛生，成鹫主法后目击颓风，痛心疾首，遂立规矩，定祖训，大刀阔斧整顿寺务。成鹫经营庆云寺长达六年之久，对寺庙的建设做出了很大的贡献，但是其"不能容物"的性格也招致了寺僧的不满。康熙五十三年（1714），面对横议奇谈风起的局面，成鹫宣布退席，还居广州大通寺。

康熙六十一年（1722）十月初，成鹫患了痰气疾，不食十余日，而对客谈论如常。二十一日，呼众详嘱后事，又口授封龛偈及封条称呼，让门人逐一记下。待一切吩咐完毕后，他平静地说："我七日复来，有话与汝

---

① 成鹫《纪梦编年》，清同治二年（1863）岭南遗书本。
② 成鹫《纪梦编年》，清同治二年（1863）岭南遗书本。

辈说。"① 言毕而逝。就这样，这位岭南佛门的旷世奇才走完了其人生的历程，世寿八十六，僧腊四十五。②

因为成鹫在其盛年时到过海南岛，后来又曾到澳门普济禅院，所以近代学者邓之诚在其《清诗纪事》初编卷二认为他有"通海"——即秘密联络海上反清势力——的嫌疑，此说影响甚大，几成定谳，但这不过是捕风捉影的臆测而已。③ 不过，从《咸陟堂集》所收的某些诗文及《纪梦编年》所载的某些事实来看，成鹫在内心深处对以异族入主中原的清朝统治者是持排斥态度的，对明朝的天下是怀有留恋之情的。因此，有无现行反清活动，都改变不了他是袈裟遗民的事实。

成鹫学问博洽，才气纵横，一生著作颇丰，见诸著录或尚存世的作品有《楞严直说》十卷、《纪梦编年》一卷后附续编、《金刚经直说》一卷、《老子直说》（书名或作《道德经直说》）二卷、《注庄子内篇》一卷、《鹿湖草》四卷、《诗通》、《不了吟》、《自听编》、《鼎湖山志》八卷、《渔樵问答》一卷，以及我们现在所见到的这部《咸陟堂集》。

《咸陟堂集》是成鹫的诗文合集，分初集与二集两部分。初集包括文二十五卷、诗十七卷；二集包括文八卷、诗六卷、赋一卷。④ 对"咸陟"一名的来历，《纪梦编年》有如下解释：

> 《周礼》太卜氏占梦之法，其梦有三：因思虑而致者曰致梦；思虑所不及者曰觭梦；无思无虑，感于物而通者谓之咸陟之梦。吾少也贱，多能鄙事，学为诗文，本乎家学，不由师说。著述经论，自成一家之言，不敢出以问世，恐见笑于大方。窃念万法惟心，我无心而感物，物

---

① 胡方《迹删和尚传》，成鹫《咸陟堂集》，清道光刻本。
② 胡方《迹删和尚传》谓成鹫卒于康熙壬寅年（六十一年，即公元1722年），并说成鹫"世寿九十有余，僧腊五十有奇"，当误。
③ 对此问题笔者将另文讨论。
④ 这是笔者点校整理所依版本的卷数，实际上各书所记卷数有很大出入，见下文。

将从吾心以应之,咸陟之谓也。遂自名其堂曰"咸陟",著述因而名焉。

此书收录了成鹫在一生的不同时期所作的序、跋、志、铭、记、传、启、疏、引、赋及祝寿、祭祀、题赠、书牍、问答、警语、题辞等共数百篇,诗歌一千多首。这些形式不同而内容丰富的作品,从不同角度记录或反映了作者的政治立场、思想倾向、生活态度、艺术见解、审美意趣、宗教信仰、处世哲学以及社会交往情况,包含了其所处时代的政治、经济、军事、文化、宗教等诸多方面的信息,具有很高的文献价值和历史价值。例如,集中所载的僧人传记、寺塔碑铭、书信尺牍以及有关诸山形胜的文字,便是研究明末清初岭南佛教史的珍贵资料。像文一样,成鹫题材广泛的诗作亦是证史的重要素材。例如《仙城寒食歌》之四,描述了顺治七年(1650)清军攻陷广州后"海珠海水流腥血,十万生灵冤莫雪"的悲惨局面,揭露了清廷血腥屠杀人民的罪行。又例如在澳门的吟咏是研究澳门社会状况的第一手资料,像《三巴寺》这样的诗,活脱脱是当时澳门社会的掠影。其《观李雪樵明府新制龙尾车图式,述为长歌,寄邑明府姚齐州,冀广其传》有"曾闻西洋利玛窦,师心巧过公输般。制器尚象无不有,玉衡平衡浑等闲"句,反映了明末西方理论与技术在中华传播的情况。成鹫本人在书法、绘画艺术方面有很深造诣,是岭南名家,因此收入集中的题画诗,是研究清初岭南书画史的有用素材。

《咸陟堂集》不仅对于研究明末清初岭南的历史具有重要价值,它本身也是文学雅苑的奇葩,在清初岭南文学史上具有重要地位。成鹫学问渊博,极富才情,其文学才华向来备受论者推崇。胡方在《迹删和尚传》中说:"大抵其才,以敏捷雄浩推倒一世,艺苑之士无与抗衡者。"沈德潜则断言成鹫"所著述皆古歌诗杂文,无语录偈颂等项,本朝僧人鲜出其右者"①。从收入《咸陟堂集》的作品来看,这些评价并非过誉。成鹫为文笔力纵横,直抒胸臆,有一股浩荡之气,"尽情发泄,不拘守八家准绳,颇有似庄子处"②。例如其《南华问答》以佛说道,极言"逍遥"之义,汪洋恣肆,极富辩才。《菊说》状写菊花名品"一捧雪"之玉质冰姿、冷魂皓魄,文采飞扬,落英缤纷。《会祭陈独漉文》把陈恭尹屠杀获存、南明任官、草泽苦学、渡岭北游、闭户著书等经历都说成是"造物主"的意志体现,立意十分奇特。在《咸陟堂集》中,还有一类幽默轻松的作品,给人留下深刻印象。例如《石癖记》记述名士邝露以美姬换奇石、作者自己把"似我"的顽石视作宝贝的趣闻,把癖石者对石之"痴"描写得活灵活现。《与友人》拿《宋史稗钞》所记的一只"屡游相须,曾经御览"的虱子来作游戏文章,令人忍俊不禁。甚至在囊中羞涩、生计无着之际,成鹫的文字也不失其风趣幽默,相信读过其《借笔》《借米》《借钱》一类文字的读者,都忍不住会心一笑。

成鹫诗歌创作方面的成就也不在其文章之下。其古体豪迈奇崛,旷达浩荡,近体则凝练清切,颇饶高致,显示了超群拔俗的艺术功底。樊泽达《咸陟堂诗集序》曾把成鹫比为古代的文畅、高闲、惟俨、秘演一类的人物;邓之诚则说成鹫之诗"快吐心臆,不作禅语,无雕琢摹仿之习,仍是经生面目"③。确实,成鹫的诗作或意度娴雅,或郁律有神,非一般作手所能望其项背。例如,"其写景则模山范水,往往如泉喷珠,着壁成绘,清奇而不失自然。"④像《飞水潭观瀑》以飞花飘雨与万銎奔雷来极言"飞水"之动,又以石乳之新与莓苔之古来极言澄潭之静,动静相映,绘形绘色,意趣盎然。

---

① 沈德潜《清诗别裁集》,中华书局1975年版,第586页。
② 邓之诚《清诗纪事》初编卷二,中华书局1965年版。
③ 邓之诚《清诗纪事初编》,上海古籍出版社1984年2月版,第295页。
④ 覃召文《岭南禅文化》,广东人民出版社1996年12月版,第135页。

成鹫诗文出众,其诗文理论也自成一说。他在《藏稿自序》中说:"自为诗文,无所取法,第惟根于心,出诸口,发之而为声,歌之咏之,自适其情而已。"有本于从心适情的宗旨,他对那些出自真情至性之作总是给予高度肯定。例如,《九带堂诗跋》称赞天藏禅师"假声律以抒写其性情";《缶鸣草序》褒扬庞子"当其患难时,舒其牢骚愤懑之气,出为不平之鸣";《纪游诗序》自论作诗之旨是"足之所至,兴之所寄,即事遣情,往往有诗,不复计其工拙"。这种见解既系出自禅家"明心见性"的意旨,与中国诗文理论的传统也保持了一致。重视真情直抒,必然强调写诗为文以自然为本。在成鹫看来,诗文创作是作家与自然融合为一的过程,自然有待于作家的创作而熠然生辉,作家有待于自然的丰富而蔚然成文。其《鼎湖山志·艺文碑碣》说:

> 苍松古柏,文之质也;黄花翠竹,文之华也;响泉幽磬,文之韵也;云蒸雾蔚,文之态也;渊停岳峙,文之正也;奔雷訇瀑,文之奇也。天地有自然之文章,目遇之而成色,耳遇之而成声,意遇之而成理,神遇之而成形。名山非作者无以写其真,作者非名山无以成其文。二者相得益彰,缺一不可。

成鹫还继承了肇自东晋、经唐宋而在宋末严羽《沧浪诗话》那里获得了丰富的以禅喻诗的理论,并在前人基础上进行了发挥。其《陈伯云诗草序》便是以禅史喻诗史,以禅品喻诗品,以禅宗五家的宗风比附诗家诸派的诗风。他在《浪锡草序》中借用了中国画学的"真""妙""神"三品说,认为"真品为骨,妙品为髓,神品为神,出之以游戏三昧,虽日吟咏风雅烟霞之场,不自知其为诗与道也"[①]。

---

① 对成鹫诗文理论的评价,参考了覃召文《岭南禅文化》,广东人民出版社1996年12月版,第137~139页。

《咸陟堂集》最初由"耕乐堂"刊刻于清康熙年间。成鹫在《咸陟堂集》自序中提到："东樵老农日以稊稗为业，敛而藏之，几盈廪矣。不敢出以示人，虑献笑故。有布田先生者，解百金以出之，曰：'此奇货也可居，人弃我取，人取我与，宜若可为也。'老农有同好矣，遂发其藏，为稊稗之言，以报知己。"而书后确有"古冈布田吴琨仲山甫"所作的跋文，可知这位出资刊刻《咸陟堂集》的热心人士便是冈州（新会）人吴琨仲，他是一位"由明经出身，通籍吏部"①的官员，与成鹫的关系颇为密切。②考虑到字与号的联系，笔者估计"耕乐堂"很有可能是他的斋号。至于《咸陟堂集》最早刊行的具体时间，版刻未明示，但诗集前分别有李来章作于康熙四十六年（1707）的序和樊泽达作于康熙四十八年（1709）的序，故可断定成鹫在主法广州大通寺时已有把此集付诸剞劂的想法，而集子正式出版是在其任肇庆鼎湖山庆云寺方丈之后。

　　由于成鹫作诗为文讲求抒发真思想真情性，其文章不免触及时忌，因此《咸陟堂集》在乾隆时曾遭朝廷查禁，被列入《禁书总目》与《违碍书目》。清《禁毁书目补遗》一载："《咸陟堂诗文集》一部十四本，书中多涉愤激，应请销毁。再此书文集内尚有缺卷，应行令该督抚再将全部查明销毁。"朝廷的查禁，阻断了此书在社会上的流传，是以道光时与张维屏、谭敬昭并称"粤东三子"的著名诗人、曾任内阁中书的香山人黄培芳已有"惜乎（《咸陟堂集》）版片久已无存，艺林末由遍览"③之慨，而冼玉清先生在20世纪五六十年代撰写《广东释道著述考》时亦未能亲睹康熙本《咸陟堂集》。直至20世纪90年代北京出版社出版《四库禁毁书丛刊》，收入首都师范大学图书馆所藏的康熙耕乐堂刊本《咸陟堂集》之

---

　　① 成鹫《在野封君宣冥寿序》，《咸陟堂集》卷一一，清道光刻本。
　　② 《咸陟堂文集》卷二一有《布田说》，卷九《送熊剑文归丰城因祝乔梓寿》称吴布田为"吾友"，《咸陟堂诗集》卷一有《慰吴布田并挽逝》。
　　③ 黄培芳《重刻咸陟堂集叙》。

后，一般的读者才得以见到这个版本的面目。①

康熙本《咸陟堂集》虽然在乾隆时受到了朝廷的查禁，但在社会上并未完全绝迹。道光二十五年（1845），广州华林寺僧明超祇园通过某种渠道获得了此书，并在香山人黄培芳等的资助下把它重新刊刻出版。这个道光重刻本与《四库禁毁书丛刊》所收的康熙本《咸陟堂集》的最大不同，是在初集基础上增加了二集。② 至于初集，从行款、版式到字体都与康熙本差不多一致（个别字有出入），不过序跋略有不同（增加了道光乙巳黄培芳叙，胡方、郑际泰、乐氿《读咸陟堂集题辞》，胡方《迹删和尚传》，康熙壬寅孙绳祖跋），正文则增加了《南山研农传》《与华林方丈书》《复华林寺方丈书》《再复华林方丈书》《与法属》《南衡字说》等六篇文字。这个本子流传较广，中山大学图书馆与广东省立中山图书馆均有收藏。从新增的叙跋可悉，它是根据康熙旧本重刊的。既然是重刊，为什么又与旧本有这么大的出入呢？这可能与《咸陟堂集》的成书过程有关。《咸陟堂集》由耕乐堂初次刊刻的时间应是在康熙四十八年（1709）或稍后，其时距成鹫去世尚有十余年，其间作者还有不少作品面世。这些新作的文字，有可能在作者去世前后被陆续增入了集中。一个证据是道光本有康熙壬寅（1722）孙绳祖跋，跋文提到他曾于成鹫去世的当年初秋探访过成鹫并为此《咸陟堂集》写了跋，而康熙本并没有这篇跋文。当然，也存在另一种可能，这就是此书的旧刻不止一种。因为阮元修《广东通志》、戴肇辰等修《广州府志》著录《咸陟堂集》均作《初集》二十二卷、《二集》八卷，郑梦玉等修《南海县志》著录作前后集不详卷数，胡方撰《迹删和尚传》作《文集》十七卷、《诗集》十五卷、《诗文续集》三卷，成鹫自

---

① 据《中国善本古籍总目》著录，全国共有四家图书馆收藏有康熙本《咸陟堂集》。

② 《通学斋广东书目》载康熙耕乐堂刊本还包括《二集》三卷，其中诗一卷、文二卷，但首都师范大学图书馆藏本并无此内容。

撰《纪梦编年》说"为文二十有七卷,为诗十有五卷,诗文续集三卷",而陈澧《香山县志》卷二十《仙释》则说成鹫著有《咸陟堂集》五十余卷,各处所记都有出入。

写于2007年12月28日。原载《资讯管理研究》,中山大学出版社2009年4月版。

《隆兴佛教编年通论》① 点校本前言

《隆兴佛教编年通论》，亦名《隆兴佛运通论》，是现存最早记载中国佛教重要历史事件与人物的编年体通史。对《隆兴佛教编年通论》这个书名，著名史家陈垣在《中国佛教史籍概论》卷六《佛祖通载》曾做过解释："曰隆兴者，作书之时地；曰佛教者，书之内容；曰编年者，书之体制；曰通论者，每条之后，多附以论断也。"②《隆兴佛教编年通论》大量引用宋以前的各种相关文献资料，详备、条理、清晰地记录了许多佛教方面的史实，内容颇为丰富，在中国佛教史籍中占有独特的地位。兹简要述论其内容与价值。

一、作者与版本

《隆兴佛教编年通论》成书于南宋隆兴二年（1164），作者为释祖琇。关于祖琇的事迹，今日所能掌握的资料颇为有限，我们仅知道他生活在南宋初年，是江西隆兴府（今南昌）僧，号石室。南宋天台宗僧人释志磐在《佛祖统纪·修书旁引》中提到过他，说他"隆兴初居龙门"。除了《隆兴佛教编年通论》之外，祖琇还撰有《僧宝正续传》七卷，记录罗汉系南等三十位两宋之交的高僧的行状事迹与宗乘语要，卷末附代古塔主《与洪

---

① （南宋）释祖琇撰，杨权整理《隆兴佛教编年通论》，广东人民出版社 2020 年 1 月版。

② 陈垣《中国佛教史籍概论》，中华书局 1962 年 11 月版，第 146 页。

觉范书》而诘其僧传之失。该书现尚存世，被收录在《卍新纂大日本续藏经》第七十九册。《佛祖统纪·修书旁引》并载祖琇另撰有一部《佛运统记》，说此书"放《左氏》，寓褒贬法，兼述篡弑反叛灾异之事"；还说南宋永嘉名士薛洽在叙释氏谱时有过这样的评论："琇师《统记》多附小机所见，学最上乘者尚深病之。"南宋释本觉在其《历代编年释氏通鉴》罗列的采摭书目中分别提到了《佛运统纪》与《隆兴佛教编年通论》，可见两书曾同行于世；可是后来不知什么原因《佛运统纪》失传了，到元代释念常撰《佛祖历代通载》时已不见其踪影。

对祖琇撰著的《隆兴佛教编年通论》，陈垣曾给予较高的评价。他在《中国佛教史籍概论》卷六《佛祖通载》中说，《通论》"其书采摭佛教碑碣及诸大家之文颇备，编纂有法，叙论娴雅，不类俗僧所为"①。但是这部受到名家好评的著作却不彰于世，这是为什么呢？主要原因是其内容已为后出的元释念常撰《佛祖历代通载》所掩袭。陈垣曾对"文抄公"念常有严厉批评："今《通载》前数卷，二十八祖悉抄《景德传灯录》，自汉明帝至五代十余卷，悉抄《隆兴通论》，其所自纂者，仅宋元二代耳。其抄《通论》，不独史料抄之，即叙论亦抄之。计所抄叙论三十八段，明著为石室论者，仅藏本卷五及卷十一等三段，其中有立论主体者，如《五代叙》云：'予尝以唐新旧本纪参校，粗见文忠师仰《春秋》纪事褒贬之妙，因采数十端著《新唐史本纪略例》一篇。及得《五代史》，阅其自发述作之意，与予亦颇合。'此所谓予，祖琇自谓也，今抄之于《通载》，而不明著为琇叙，则所谓予者，念常自谓乎？念常亦尝著《新唐史本纪略例》乎？'作奏虽工，宜去葛龚'，此《笑林》之所以为笑也。而卷首凡例，并未明言本书叙论悉采《通论》。又五代以后，汉明帝以前，不复见

---

① 陈垣《中国佛教史籍概论》，中华书局1962年11月版，第147页。

一叙论，不啻表暴其除抄袭外，不能自撰一论也。"[①] 从陈垣的严厉批评中，可见《佛祖历代通载》对《隆兴佛教编年通论》抄袭得很严重。正是这种"攻城略地"一般的抄袭，抢去了祖琇的风头，掩盖了《通论》的光亮。

《隆兴佛教编年通论》收在日本编集的大型佛教丛书《卍续藏》中，在中国原已不存。《卍续藏》有新旧两个版本：旧版是前田慧云、中野达慧等编集，京都藏经书院于明治三十八年（1905）至大正元年（1912）间刊行的《卍大日本续藏经》，版面一页四栏，采用"编·套·册"的格式印制，共3编150套750册（每套5册），经号1659部。后来台北的新文丰出版股份有限公司以它为底本进行影印，于1994年出版了《新编卍续藏经》，版面改为了一页双栏，共分150册刊行，每册对应原书1套。新版《卍续藏》是河村孝照等编集，东京株式会社国书刊行会于昭和四十二年（1967）至平成元年（1989）间出版的《卍新纂大日本续藏经》，版面一页三栏，正文88册，加总目录、索引、解题共90册，经号1671部。在据《卍大日本续藏经》（即旧版《卍续藏》）影印的台北新文丰出版股份有限公司版《新编卍续藏经》中，《隆兴佛教编年通论》被收录在第130册；在《卍新纂大日本续藏经》（即新版《卍续藏》）中，《隆兴佛教编年通论》被收录在第75册。《卍新纂大日本续藏经》（即新版《卍续藏》）本《隆兴佛教编年通论》在出版时，曾与《卍大日本续藏经》（即旧版《卍续藏》）本进行过校对。

除了上述两个入藏版本外，还有一个《隆兴佛教编年通论》单行本存在于日本。它原是17世纪的日本大儒林罗山（名信胜）的旧藏（在林氏旧藏中的编号为249），现归日本国立公文书馆的"内阁文库"，被编为"汉书门"3321号，请求番号310-0116；每卷卷首均盖有"林氏藏书"

[①] 陈垣《中国佛教史籍概论》，中华书局1962年11月版，第147页。

"日本政府图书""浅草文库"等印鉴。这个单行本也是二十八卷附一卷，不过被分装为 15 册。关于它的出版年代与印刷方式，日人土屋裕史在《北の丸》第 47 号发表有《当馆所藏林罗山旧藏书（汉籍）解题①》一文，记为"〔宽永〕刊（古活）"，即日本古代的活字本出版物。① 这个宽永时期刊印的单行本，内容与《卍新纂大日本续藏经》本基本一致，只有个别文字有出入。

二、内容特色

像《历代编年释氏通鉴》《佛祖历代通载》《历朝释氏资鉴》等宋元时期的同体裁著作一样，《隆兴佛教编年通论》的写作很明显受到了司马光《资治通鉴》的影响，对这一点，作者在卷二十八末的"论"中说得很明白："故今博采累朝外护圣贤绪余，及弘教秉律韵人胜士，与夫禅林宗师提纲警策法要，规仰司马文正公《通鉴》，裁成此书。"不过，《隆兴佛教编年通论》属宗教领域的专史，作者撰写它并不是为了"资治"，而是意欲在所谓"末法时代"保存史料、弘扬教义、砥砺宗门；写作动机的不同，决定了它不可能像世俗编年体史籍那样相当关注国家的兴衰、政治的得失、君王的成败与臣子的进退，而是更多地把注意力投置在佛教传播与僧人活动上。

《隆兴佛教编年通论》广采正史、别史、僧传、经录、文集、笔记、灯录、碑刻等资料，对宋朝以前各代的佛教事件与人物进行了详细的梳理，较为系统地记录了佛教在中国的流播情况。全书共二十九卷，记事上

---

① 笔者还在某韩文网站找到一个与日本"内阁文库"的所藏完全一致、每卷卷首均盖有"朝鲜总督府图书馆藏书之印"的单行本，不过出版与印刷情况被著录为"刊写者未详""日本木板本"。

起东汉永平七年（64），下迄五代后周显德四年（957），共八百九十三年。前面二十八卷为正文，卷一记载东汉的史实，卷二至卷四记载三国两晋的史实，卷五至卷八记载南北朝的史实，卷九与卷十的前半部分记载隋朝的史实，卷十的后半部分至卷二十八的前半部分记载唐朝的史实，卷二十八的后半部分记载五代的史实，最后一卷附录宋太宗《御制新译三藏圣教序》、真宗《御制续圣教序》、仁宗《御制天圣广灯录序》及徽宗《建中靖国续灯录序》。祖琇记事从东汉永平七年开始，而不是像有些佛教史籍那样从西周昭王二十四年即释迦牟尼诞生之年开始，这反映了他对佛教史的两个价值判断：一是不认同佛教在周、秦或西汉已传入中土之说，而把东汉明帝夜梦金人及其后沙门迦叶摩滕、竺法兰以白马驮经至洛阳作为佛教传入中国的开端；二是只关注佛教在震旦的流播，而对佛教在其发源地天竺的历史不予考究。又此书虽为通史，记事却是以唐朝为重心的（约占十八卷）。作者之所以厚近薄古，究其原因，有两个方面：主观上，相对于宋而言，唐史属"近代史"，本来就被宋人格外重视；客观上，如祖琇在《通论》卷十五末之"论"所言："若吾释之盛，莫盛于唐。凡三百年间，以道德为天下宗师者，不可悉数。"也就是说，唐朝是佛教的盛世，可记之事、可写之人本来就甚多，而可资利用的材料也格外丰富。被祖琇浓墨重彩记录下来的唐代佛教史，实际上成为《隆兴佛教编年通论》最有价值的部分。

编年体是一种不易驾驭的文体，因为它既要求遵循按时间顺序编排人事的原则来记史，又要求记载必须能够体现事件的连贯性与人物的完整性。而有的事件进行的时间或人物活动的时间长达数年甚至数十年，如果机械地以年月顺序为记事的框架，就有可能造成历史的支离破碎。祖琇显然注意到了这一矛盾，并在写史实践中试图解决这一矛盾。他的处理方式是，对那些延绵时长、经过复杂的事件，或者活动频繁、影响广泛的人物，采用分时间节点的方式来记事。如唐代的高僧澄观，卷十四说他在贤首法藏没后"宗其教，天下学者宗之，目为一念圆融具德宗，谓之贤首教"；卷十八记载他从得度具戒到成为华严宗继承人的种种经历；卷十九记载他入京向德宗讲解《华严经》，被赐号教授和尚；同卷又记载他入内阐扬华严宗旨，被赐号清凉国师；卷二十一记载他在元和五年（810）就《华严》法界问题与宪宗的玄谈，以及被宪宗指定统冠天下缁徒事；卷二十五记载他于开成三年（838）示寂，相国裴休奉敕为其妙觉塔撰写碑铭。而对那些相对而言不那么重要的人物，或者过程较为简单的事件，则在某个时间节点记事本末。例如圭峰宗密禅师的事迹，便只出现在他圆寂的那一年，即唐文宗开成五年（840）。为了彰显史事的完整性或系统性，作者有时会恰当地插入一些其他书的材料来作记事的补充或总结，像卷一将范晔《后汉书》的《西域传论》、袁宏《汉纪》的佛说文字移植至东汉末，卷四将魏收《魏书·释老志》对佛教的记述抄录在"魏托跋焘叙"后，卷八在介绍阮孝绪《七录》内外篇的书籍著录情况时兼及《唐书·艺文志》，都属这种情形。

《隆兴佛教编年通论》的一个显著特点，是大量引用石刻碑铭来记述历史人物与事件。记人的碑铭，如张说的《国师神秀碑》（卷十四），张正甫的《怀让禅师碑》（卷十六），李华的《玄素禅师碑》（卷十六），严郢的《不空三藏碑》（卷十八），梁肃的《律师昙一碑》（卷十八），独孤及的《三祖大师赐谥碑》（卷十八），许尧佐的《律师熙怡碑》（卷十九），柳宗元的《律师法证碑》《般舟和尚碑》《禅师如海碑》（卷二十）、《弥陀和尚碑》《大明律师碑》（卷二十一）、《无性和尚碑》（卷二十二），权德舆的《章敬禅师碑》（卷二十二），白居易的《律师上弘碑》（卷二十二），唐伸的《药山禅师碑》（卷二十四），裴休的《法师端甫碑》《清凉国师碑铭》（卷二十五），郑愚的《灵佑禅师碑》（卷二十六）等；记事的碑铭，如唐高宗的《御制慈恩寺碑》（卷十三），京城迎《大慈恩寺碑》事（卷十三），颜真卿的《天下放生池碑》（卷十七）、《抚州戒坛碑》

（卷十八），柳宗元的《六祖赐谥碑》（卷二十一）等。引用碑铭，实际上是对史料采集范围的扩充。碑铭在镌刻前通常经过了严格校对，文字讹误相对较少，而碑铭作者对自己所评述的人事往往有具体深入的了解，其言多真实可信，因此，祖琇常用它们来补正僧史的缺失。例如卷二十四记澧州药山惟俨，所用材料纯为唐伸的《药山禅师碑》。为什么不用别的材料？作者解释说："《传灯》与《曹洞宗派》皆以药山嗣石头迁，今碑乃谓得法于大寂马祖。其说历三百年，世未有辨其所以然者。要知药山去世八年而门人相与立碑，乌有门人而不考师所承耶？予谓当以碑为正。"除碑铭外，本书还引用了大量档案材料，其中包括论（如卷七的沈约《中食论》《设会论》、卷十的法琳《破邪论》、慧乘《辩正论》、李师政《内德论》）、表（如卷十四的张廷珪《谏铸像表》、卷二十二的韩愈《佛骨表》）、记（如卷十八的颜真卿《抚州戒坛记》，卷十九的刘轲《黄石岩高僧记》，卷二十四的元稹《石壁法华经记》）、序（如卷七的梁武帝萧衍《涅盘经疏序》、卷十二的唐太宗李世民《三藏圣教序》、卷十六的张说《般若心经序》、卷十九的权德舆《送灵澈上人序》《送玄禅师序》）、颂（如卷二十的白居易《哭凝禅师八渐颂》）等。《通论》引用的档案材料，以诏最为丰富，因为它们最能反映佛教与政治的关系。例如卷十一就引用了唐高祖的《沙汰二教诏》，卷二十五引用了唐武宗的《废释氏诏》、唐宣宗的《复释教诏》，卷二十六引用了唐宣宗的《贬李德裕崖州司户诏》，等等。对这些档案材料的采撷，不仅增加了编年史的内容，也在较大程度上增加了记载的可信性。

宗教是超脱于世俗的，但是宗教活动却是在世俗的社会框架中进行的，因此世俗社会的种种因素——尤其是政治因素——难免会对宗教产生影响。对这层道理，祖琇是有清楚认识的，他曾在卷二十五唐"开成三年"（838）的"论"中说："佛法盛衰常与帝道相望，帝之盛莫甚于唐，佛法因之大振于中夏，抑内外护相资而成其美也。清凉生历九朝，为七帝门师,至宪宗别铸金印,加号僧统国师。迹其住世,帝道、佛法之盛可想见矣。洎其没,继以会昌之难,佛世下衰,唐亦终于不竞。呜呼!兴替常理也,然亦系乎其人也如此。"以是之故,《隆兴佛教编年通论》没有只是就佛教而言佛教,而是除了叙述僧史之外,也适当记录若干世俗的史实,尤其是与佛教相关密切的政治史实。例如,卷二在开篇分析了曹魏的政治形势及其对佛教的影响;卷四记载了东晋安帝在位期间朝野就沙门该不该"敬王者"的问题所发生的激烈争论;卷五记载了崔浩鼓动北魏太武帝诛天下沙门、毁诸经像的事件,之后又记载了北魏太武帝之孙文成帝在群臣劝请下下诏复兴佛教的事件;卷十一"贞观十一年"(637)记载了唐太宗诏称"老子,国家先宗,号位宜居释氏之右"事;卷十五"景云元年"(710)记载了武周令老子复在释氏之下、唐睿宗使为永式事;卷十二记载了唐太宗对从印度取经求法东返的玄奘的种种优礼;卷二十五记载了会昌五年(845)唐武宗大规模拆寺废教的事件。值得注意的是,《通论》除僧侣外,还记述了大批教外人物,例如帝王君主(如吴主孙权、宋文帝、梁武帝、唐太宗、唐武宗等),官宦大夫(崇佛的如萧瑀、柳宗元、白居易等,反佛的如崔浩、韩愈等),道教人物(如寇谦之、孟景翼、陆修静、吴筠等),名士逸民(如孙绰、许询、刘程之、周颙、何点、陆羽等),平民百姓(如马郎妇、凌行婆等),他们都与佛教有某种关系,对他们的记载,在一定程度上丰富了中国佛教史的内容。

《隆兴佛教编年通论》记载的某些史事,有时也见载于传世史籍,但是比后者更具体、更详细。例如武德七年(624)唐高祖曾释奠于国学,新、旧《唐书》都记载了此事,不过文字都很简略,均不超过十字。而《通论》卷十记载,高祖在释奠于国学期间,曾召儒、僧、道论义,道士刘进喜、沙门慧乘与太学博士陆德明奉诏到场、展开辩论,事后高祖对辩论情况作了点评,内容比两唐书要详细得多。又例如对咸通十四年(873)唐懿宗迎佛骨之事,《旧唐书》所记很简略,《新唐书》卷九《懿宗皇帝纪》只有一句："三月，迎佛骨于凤翔。"而《通论》卷二十七具体记录了当时的盛况："三月庚午，诏两街僧于凤翔法门寺迎佛骨。于是以金银为刹，珠王为帐，孔翟周饰之，小者寻丈，高者倍之。刻檀为檐柱，陛墄涂黄金，每一刹数百人举之。香舆前后系道缀玉瑟瑟，幡盖殊彩以为幢旌，费不赀限。以四月八日至京师，彩观夹道，天子御安福门楼迎拜，引入内道场，三日后出京城诸寺。诏赐两街僧金帛，京师耆老及见元和事者悉厚赐。所过乡聚，皆衰土为刹。相望于途，光景昼见。京城高贵，相与集大衢，作缯台缦阙，注水银为池，金玉为树，集桑门，罗像设，考鼓鸣螺继日夜。下诏曰：'朕以寡德缵承洪业十有四年，顷值寇兴，王师未息。朕忧勤在位，爱育生灵，遂尊崇释教，至重玄门，迎请真身，为百姓祈福。今观睹之众，隘塞路岐，载念狴牢寝兴在虑，嗟我黎人陷于刑辟，况渐当暑毒系于缧绁，京畿及天下诸州府见禁囚递减死一等。'"这种记载显然比一句话之记史学价值要高。《通论》引用的文献资料，有些也见载于传世史籍，但是比传世史籍的所记更准确、更可信。根据郭琳《现存最早编年体佛教通史：〈隆庆佛教编年通论〉价值略述》一文①的比对研究，唐武宗的《废释氏诏》，《旧唐书》在卷十八上《武宗本纪》曾引用其文，中有"驱游惰不业之徒，已逾十万；废丹臒无用之室，何啻亿千"之句；而《通论》卷二十五所引是："驱游惰不业之徒，几五十万；废丹臒无用之室，凡六万区。"两相比较，"已逾十万"显然没有"几五十万"准确，"何啻亿千"也没有"凡六万区"来得记实。郭琳还注意到，卷六提到北宋太平兴国七年（982），舒州民柯萼遇异僧于万岁山之下得瑞石，宋太宗因遣使致斋钟山，并记录了致斋文，其中一段是："近以至真临格，宝训躬闻。审墓绪之由来，积庆灵之永久。询于故府，获乃贞珉。觊篆刻之如新，若符节之斯合。"这段文字亦见于明葛寅亮所纂的《金陵梵刹志》

---

① 载《中国典籍与文化》2016年第4期。

（题为《致斋宝志公青词》）与清释德铠所纂的《灵谷禅林志》（题为《宋太宗遣祭宝志公文》），不过略有不同："近以至真，临格宝训，躬闻审墓，绪之由来，积于故府，获乃贞珉。睹篆刻之如新，若符节之斯合。"两相比较，前者行文流畅且语意清晰；后者由于缺了"庆灵之永久"与"询"六字，遂至句读讹误，语意乖舛。陈垣在《中国佛教史籍概论》的开篇说："中国佛教史籍，恒与列朝史事有关，不参稽而旁考之，则每有窒碍难通之史迹。"① 笔者认为，《隆兴佛教编年通论》即属于这类可疏通史迹"窒碍"的中国佛教史籍。

虽然从总体上来说《隆兴佛教编年通论》是一部写得不错的史书，但是其不足之处也是明显的。其缺陷，首先表现为繁冗。例如《牟子理惑论》三十七篇，已被南朝梁的僧祐收入《弘明集》，《通论》卷一引用了二十篇；慧远的《沙门不敬王者论》五篇，被全文抄录于卷四。这些文章反映了佛教教义、戒律与中国传统儒家纲常伦理的冲突，内容虽然非常重要，但是把它们的大部甚至全文都抄录下来，实在没有必要。卷十记述李师政所撰《内德论》三篇，卷二十四记述李翱所撰《复性书》三篇，也都有同样的问题。其次表现为好记"神迹"。例如卷二西晋"太康四年"（283）记道："有出长安者，见（耆）域在寺中。有贾胡湿登者，其夕会域，宿于流沙，盖一昔万里，沙门神迹于此为显云。"同卷西晋"永嘉五年"（311）记道："（佛图澄）自言百余岁，常服气自养，能积日不食，善诵咒，役使鬼神。腹旁有孔，以绵塞之；夜读书，则拔绵，出光照室。又每临溪，从孔中出肠胃洗濯，还纳腹中，能听铃音，言吉凶莫不奇验。"卷四东晋"义熙二年"（406）说天竺尊者佛驮跋陀"感二青衣童子，每旦自庭沼中出，炷香添瓶，不离座右，暮夜则潜入沼中，日以为常"；卷五南朝宋"元嘉三年"（426）记神僧杯渡自孟津乘杯绝岸至金陵；同卷

---

① 陈垣《中国佛教史籍概论》，中华书局1962年11月版，"缘起"第1页。

"元嘉二十八年"（451）记沙门昙始刀枪不入；同卷南朝宋"太始二年"（466）记大士宝志吐食水中皆成活鱼；卷七南朝梁"天监三年"（504）记法师道英解衣入水，宴坐深渊七日而出；卷十六唐"开元二十三年"（735）记三藏无畏驼经入龙河，被龙王邀入宫说法，所载梵夹不湿一字，等等。此类不经的故事在书中大量出现，不能不说是缺陷。最后表现为记人记事有缺漏。比如像三论宗吉藏、三阶教信行、净土宗善导、律宗怀素、曹洞宗本寂等名僧，在书中便都没有反映。

三、独具特点的"论"

除了能详备、条理、清晰地记述各个时期的人事之外，《隆兴佛教编年通论》给人印象深刻的地方还在其"论"，即作者对某些事件或人物的点评。全书共有"论"一百零二则，除曹魏、西晋有两则安排在朝代起首以为"叙"的延伸外，其余各则都置于点评对象之后。其作用大致包括以下三个方面：

一是分析、评价人物。《隆兴佛教编年通论》的功能是对过去的人事"系年"，不过在记史的同时，作者也常常对所记对象进行分析、评价，而且所见每每精当。例如卷三"嵩明教题法师影堂"条后评净土宗的始祖庐山慧远，说他地位犹如儒家的"孟子"："去孔子百年而有孟轲。当孟轲时，孔子之道几衰焉，轲于是力行而振起之。自大教东流，凡三百年而有远公。当远公时，沙门浸盛，然未有特立独行、宪章懿范为天下宗师如远公者，吾道由之始振。盖尝谓远有大功于释氏，犹孔门之孟子焉。"又如卷二十五唐"会昌四年"（844）在记述了僧知玄与道士辩论及谏武宗佞道之事后论曰："昔周武废教，沙门犯颜抗争殆数十人，虽不能格武之惑，然足见吾法中之有人也。及唐高祖议沙汰，而慧乘、玄琬、智实、法林等皇皇论争，引义慷慨，亦不失法王真子之职。凡自大历而后，祖道既兴，吾门雄杰，多趋禅林，至是武宗议废教，而主法者才知玄一人而已。虽武宗盛意不可解，佛运数否莫可逃。凡释子者处变故之际，无一辞可纪。佛法尊博如天，亦吾徒失学之罪也。"卷二十六在"尚书白居易"条后对白居易做了令评："《唐史》称居易与元稹齐名。稹中道徼险得宰相，名望灌然。居易当李宗闵时，权势震赫，终不附离为进取计，完节自高。居易其贤哉！窃谓乐天不特贤于当时，如本朝韩魏公之德业、苏东坡之文章，皆景慕之，斑斑著于翰墨。然则乐天贤于百世可也。观其雍容谈道，深彻宗教之源。于唐三百年间唯乐天、柳子厚、裴公美、梁肃数公而已，虽各本师承，亦皆性自通悟，发于天纵，非大士乘愿力再来，畴能及此哉？"

二是辨析、考订史实。在叙述佛教事的过程中，有时会碰到与史籍记载差异颇大的情形，这就要求作者必须考辨是非、做出取舍，祖琇便是这么做的。例如《景德传灯录》载，禅宗中土初祖菩提达摩于南朝梁普通八年（527）九月二十一日抵达广州，刺史以表闻奏，帝遣使赍诏，于十月一日把他迎到了金陵。祖琇认为其说有误，便在卷七末的"论"中做了辨析："然自广至金陵亡虑三千余里，将命者往而复师方启行，岂以十日之间能历三千里乎？"又唐道宣的《集古今佛道论衡》《续高僧传》和神清的《北山录》均载陆修静在晋末访过慧远，祖琇认为这是不可能的事，遂在卷八后梁"绍泰元年"（555）的"论"中分析："由晋抵北齐凡一百七十余载，其对显之术极为疏鄙，疑非修静所为也。而南山宣公《论衡》《僧传》及神清《北山录》皆有是说，二老非诬人者也。然则修静向二百岁矣，使其果在，必有非常之术。予意对显之徒，盖宗事修静者。既败矣，故二公冒其名而罪之。此不得不辨。"卷十八唐代宗"大历七年"（772）收录了颜真卿的《抚州宝应寺律藏院戒坛记》，其文提到佛教在汉朝已有戒律，祖琇经过考证，认为颜氏之说不确，于是在"论"中指出："鲁公碑称汉建宁元年天竺沙门译出《戒本》，与大僧受戒，而梁《僧传》及隋《三宝录》皆谓曹魏嘉平中西域昙柯罗始出戒本，予读《后汉·笮融传》，谓融于汉末每岁佛生日辄多设饮饭，敷席幡员五六里，其来就食及观者常数万人，以此验汉时未有戒律，凡斋事法如祠祀状。戒律自魏时方来，信矣！鲁公之说，疑为传之者惧，当以僧传为正焉。"卷二十七在"大中十二年"（858）记唐宣宗驾崩后论曰："唐新、旧史唯宣宗朝事实相返特甚，唯旧史与《资治通鉴》皆合。新史贬之，谓宣宗以察为明，无复仁恩之意。呜呼！斯言莫知何谓也。大凡人君宽厚，长者必责以优游无断。至于精勤治道，则谓以察为明。然则何从而可乎？《孟子》曰'尽信书不如无书'，盖诚然也。"有时面对记载的分歧，祖琇也兼采异说，并做出说明。例如卷五南朝宋文帝"元嘉二十九年"（452）论曰："梁《高僧传》载昙始事迹，与《魏书·佛老志》殊不类，今合二说兼着之。"这类文字在一定程度上廓清了历史的迷雾，纠正了记传的失实，也使《通论》有了史评的意义。

三是提炼、阐发材料。如卷十隋"大业二年"（606）在记载禅宗三祖僧璨示寂之事后复录其《信心铭》，并在"论"中提示："尝闻古宗师垂训学者，每晨兴必诵三祖《信心铭》数番，诚哉斯言！凡历古以来，诠道之作多矣，至于穷澈法源，妙尽宗极，无出此篇。言约而义丰，旨深而词雅，所以嗣承祖位，为大法王真身住世，不如是，岂虚然哉！"又如卷二十一唐"元和五年"（810）"敕孟简、萧俛监护译经"条论曰："及是元和以后，译经遂废。本朝太平兴国初有梵僧法贤、天息灾、施护三人自西竺来，雅善华音。太宗夙承佛记，建译场于太平兴国寺，悉取国库所贮梵夹，令三梵僧择未经翻者集两街义学僧详定译之。并募童子五十人，令习梵字。"

从总体上来说，作者以"论"的方式出现的点评大都立场公允、分析中肯、见解恰当，对所记的事件或人物能起到画龙点睛的作用，借助这种点评读者可加深对历史的了解。

原载《图书馆论坛》2018年第4期

《出版物标点符号规范用法》[①] 编著者的话

大抵标点符号也者,从语言文字学的大范畴来看,只是细枝末节的东西;而研究标点符号的用法,充其量只能算"雕虫小技"。因此,曾有人问笔者:"标点符号也有那么多可写的吗?"别人的好奇不足为奇。中国语文中的新式标点符号本来就是后出的,古人著书立说,连"句读"也不用,文章著作照样行世。这足证标点符号在语文中只是一种辅助性的东西。地位如此,也怨不得人轻视它。但是,你要说标点符号很不重要,恐又未必。近代先贤费那么多的气力去鼓吹"文学革命",变语体文为白话文,最终倡导出一种为全民所接受的使用标点符号的行文格式,岂非"瞎折腾"不成?不是的。这个所谓的"国语运动",显示了中国语文对标点符号的内在需要。诸如"人多病少财富""下雨天留客天留客不留"一类的断句趣事虽然是不必当真的笑谈,却也证明了标点符号作用的不可低估。郭沫若当年曾说过:"标点好像一个人的五官,不能因为它不是字就看得无足轻重。标点错了,意义也就变了。"[②] 郭氏乃一代文宗,对标点符号尚且如此看重,我们又有什么理由等闲视之?

笔者是学史的。以非中文出身,在标点符号规范用法上下功夫,在外人看来,多少有"越界"的嫌疑;而在笔者自己看来,又有"捉鱼摸虾,误了庄稼"的担心。但有嫌疑也好,有担心也好,书毕竟写出来了。笔者写这本书的动因,是由于在长期的编辑出版工作中,常常需要解答作者、

[①] 杨权编著《出版物标点符号规范用法》,广东人民出版社 1999 年 9 月版。
[②] 《新观察》1958 年第 7 期。

编辑、校对乃至自己提出的标点符号用法方面的疑难问题。这些问题有的易答，有的却很"刁钻"，逼得你不得不结合编稿实践对国家标准《标点符号用法》做一些揣摩。愚者千虑，必有一得，形诸文字，便成了书。

中文标点符号从创造、改进到增补、定型，经历了逾百年的时间，但标点符号用法作为国家标准来颁布，却不过是几年的事情。早在19世纪中期，同文馆出身的清朝外交官张德彝就曾撰文介绍了西文标点符号。20世纪前后，文字改革先驱王炳耀（1897）和朱文熊（1906）先后制定了两套早期的新式标点符号。后来，刘半农在王氏和朱氏方案的基础上，制定了一套更为科学、事实上影响至今的标点符号。严复、鲁迅、陈独秀、钱玄同、胡适、周作人、李大钊等大家在推广新式标点符号方面，亦不遗余力，贡献良多。1919年，以钱玄同为常驻干事的"国语统一筹备会"向当时的北洋政府教育部提出了一个"请颁行新式标点符号议案"，内含12种标点符号，次年由政府公布推行。以后，在超过30年的使用实践中，出版界人士对其时有增损改进。中华人民共和国建立后，1951年9月，中央人民政府出版总署制定了《标点符号用法》，提出了一套比较科学的标点符号体系，把标点符号定为14种；同年10月，中央人民政府政务院下令全国遵照使用。文字的书写排印格式由直行改为横行后，标点符号的用法也发生了某些变化，国家语言文字工作委员会和新闻出版署遂于1990年3月22日联合发布通知，对《标点符号用法》进行修订，变14种标点符号为16种。1995年12月13日，国家技术监督局在对国家语言文字工作委员会、新闻出版署联合发布的《标点符号用法》进行修订的基础上，批准颁发了中华人民共和国国家标准《标点符号用法》（GB/T 15834—1995），规定于1996年6月1日起实施。这个国家标准，就是目前在全国采用的标准。

中华人民共和国国家标准《标点符号用法》虽然只是一个非强制执行的推荐标准（"GB"的意思是国家标准，"GB/T"的意思是国家推荐标准），但它对于规范标点符号的用法，意义显然十分重大。任何用现代汉语书写的文章著作，都应该以它为依据。但是，国家标准《标点符号用法》篇幅简省，它只是对标点符号的用法做了原则性的规定，而语境是千变万化的，标准没有也不可能对各式各样的情形都做出具体回答。这就给研究工作留下了很大的空间。而且，国家标准《标点符号用法》所确认的标点符号只有16种，而目前在出版物中所使用的"准标点符号"远不止此数。这些标点符号究竟应该如何用，也有必要加以探讨。正是在这样的前提下，笔者试图结合出版实践，对国家标准《标点符号用法》做延伸性的阐释。当然，这种阐释本身在很大程度上包含了个人的认识和理解。

有心的读者会注意到本书的名字叫《出版物标点符号规范用法》，而不是叫《标点符号规范用法》。这样命名，原因有三：第一，本书是针对正式出版物中的文章著作编著的，而不是针对现代汉语教学或日常的一般写作编著的。诚然，为文、著书，不管是不是以出版物的形式发表出来，都会遇到如何使用标点符号的问题，而且这些问题大多具有共性意义；但是，的的确确，有的问题只有在正规出版的时候才会凸显，有的问题则毫无疑问是出版物特有的。本书除了关心共性问题外，对与出版有关的个性问题也给予了注意。第二，本书所设定的基本读者对象是出版物的作者、编辑和校对，在内容安排和问题设置上，特别考虑了他们的需要。就笔者阅读所及，国内论说或涉及标点符号用法的书并不是没有，但这些书有很多停留在对标点符号用法的一般性讨论上，而基本上不触及出版物作者、编辑、校对很想了解而又不得其详的若干问题。这样的浮泛讨论，对一般人也许有用，对上述人士则用处不大。不怕有"王婆卖瓜"之讥，笔者敢肯定，本书不是这样的书。笔者多年来集作者、编辑和校对三重角色于一身，很清楚什么样的问题成其为问题，怎样解答才是有的放矢。第三，目前的出版物（主要是图书、杂志、报纸）错漏百出，编校质量有问题的不合格品比比皆是，以至于社会上有"无错不成书"之讽。书之"错"，当然也包括标点符号使用的不规范在内。笔者撰写此书,就是想消除标点符号使用上的讹误,提高出版物的规范化水平。当然,本书并不因为其鲜明的针对性而排斥其普适性,对于不想发表文章、著作,或不是从事新闻出版工作的其他人士,它无疑也是有用的。

在动笔撰写本书前,笔者对书"写什么"和"怎么写"颇费斟酌。经过一番思考,最后决定,本书要以实用为特色,为了突出实用,一切与用法无关的内容(比如标点符号史、标点符号趣话之类),均不予采纳;在章的设置上,则与国家标准逻辑对应,以每种标点作一章,交叉性问题另作一章,并辟专章(附编)讨论尚未为国家标准所确认而早已以约定俗成的方式在出版物普遍使用的17种"非正式"标点符号;在写法上,则采用答问的形式研究问题。这种写法,对读者解决疑难问题也许会更便捷。笔者的撰述,力求做到文字简洁明白,例句贴切典型,内容宽泛全面。目前,社会上有一些书,文字臃肿,眉目不清,看似洋洋洒洒,实则"水分"甚多,读者需要花费许多的时间,才能把书中的一些有用成分"提炼"出来。这是一种很不好的文风。考虑到举例只是为了在语文形式上说明问题,例句的内容与本书所讨论的问题实际上并无关系,因此,所有的例句均不注出处。这样做,既是为了节省篇幅,也是为了便于对例句进行必要的处理以使其更具典型性。

在撰写本书的过程中,笔者曾参考了若干文章、著作和文件,它们均罗列于书后的"参考文献"中。其中,苏培成先生编写的《怎样使用标点符号》(北京出版社1980年2月第1版)、吴邦驹先生编著的《最新标点符号用法》(华艺出版社1999年1月第3版)和吴直雄先生撰著的《实用标点符号手册》(国际文化出版公司1996年10月第1版),这三部篇幅、体例、风格迥异的著作,对笔者扩拓视域、增进识见,帮助尤大;本书有少量的例句,也采自上述三书。在此专门说明,并敬表谢忱!

除了上述作者外,笔者在搁笔之际要鸣谢的两位人士:小学时代的语文老师唐忠励女士和初中时代的语文老师钟扬燊先生，正是他们二位出色的启蒙教学，奠定了笔者的语文基础，使本人受益至今。此外，笔者的老领导、在编辑理论与实践方面都有精深造诣的中山大学出版社前常务副总编辑刘翰飞老前辈，从头至尾对本书进行了细致审阅，并指出了书中的若干讹误；广东人民出版社编辑室主任戴和副编审，不仅对本书的出版大力支持，而且对书稿做了细致的编辑；中山大学原副校长张荣芳教授以及笔者的同事和朋友、中山大学出版社社长徐镜昌先生，对本书的编著出版关心有加，在此一并致谢！书中倘有讹误，欢迎大方之家匡正！

1999 年 6 月 1 日

《兵仙——楚汉风云中的韩信》[①] 序

对"韩信"这个名字，想来没有人会感到陌生。即便是贩夫走卒、引车卖浆者流，也多少也会听到过"韩信点兵，多多益善""萧何月下追韩信"这样的话语；而今天我们使用的许多成语、俗语、熟语，诸如"一饭千金""背水一战""胯下之辱""十面埋伏""四面楚歌""独当一面""拔旗易帜""推陈出新""大丈夫能屈能伸""置之死地而后生""成也萧何，败也萧何"之类，也都与韩信相关。这位与张良、萧何并称"汉初三杰"的奇士的惊天动地与惊心动魄的事迹，以及他为高祖刘邦打天下坐江山所创立的盖世功业，在司马迁的《史记·淮阴侯列传》与班固的《汉书·韩信传》等篇中有翔实而传神的记载，后来更因小说家、戏剧家的不断演绎，学者文人的反复论评与墨士骚客的无尽吟咏而广为人知。

在中国古代军事史上，韩信真可称得上是一位广袖长舒、收放自如的"兵仙"，一位攻无不克、战无不胜的"战神"，一位驰骋天下、所向披靡的"奇帅"。他似乎就是为了在战场上纵横捭阖而降生到这个世界上的，而波澜壮阔的楚汉战争恰好为他叱咤风云提供了一个绝妙的舞台。作为一位不世出的天才军事家，他从被刘邦高坛拜将的那一刻起，就显示了非凡的指挥才能。他用兵奇险诡谲、出神入化，从明修栈道到暗度陈仓，从进袭章邯到经略三秦，从擒魏灭赵到降燕伐齐，从困死项羽到全歼楚军，数载之中，指挥战役战斗无数，居然无一败绩！试问当时英雄能与争锋者谁？后世将帅可与比肩者几？但是，这位军事天才却不懂生活哲学，更不

[①] 李肖肖《兵仙——楚汉风云中的韩信》，广东人民出版社2015年10月版。

懂王霸政治，是以在天下初定之后便受到了主公的疑忌，最终更因"谋反"而惹来"族诛"之祸，在历史上留下了"狡兔死走狗烹，飞鸟尽良弓藏"的永久哀叹。然而，也正由于其人生的戏剧性，韩信才成为古往今来人们百说不厌的话题——无论是在历史著述里还是文学作品里，无论是在官方表达中还是民间叙述中。

现在，读者在李肖肖先生的《兵仙——楚汉风云中的韩信》这部作品中，又看到了对韩信故事的新演绎。

《兵仙》以秦汉易代的历史为背景，用时下颇为流行的网络文学表达形式，从容不迫又有声有色地描绘了楚汉战争的宏大场面，并以此为背景，活泼、生动地述说了韩信的一生。故事内容包括宾萌寄食、胯下之辱、寄身项梁、扶助项羽、投奔刘邦、获荐萧何、登坛拜将、进袭关中、击败章邯、出兵东征、渡河败魏、出师破赵、背水而战、破齐之役、潍水之战、击败龙且、请封齐王、决战垓下、罢王封侯、获罪族诛等，所涉人物有陈胜、项羽、刘邦、张良、萧何、陈平、曹参、章邯、周勃、樊哙、张耳、陈余、彭越、黥布、郦食其、广武君、蒯通、田横、吕后……几乎覆盖了楚汉战争期间的所有的重要的人与事。作品通过政治的冷酷、战争的惨烈，凸显了"兵仙"的奇谲、"战神"的从容，让我们看到了一代军事家韩信是怎样在波澜壮阔的历史舞台上成就其盖世功业的。同时，也让我们了解到了他在秦汉易代过程中所发挥过的重大作用。一部历史文学作品，自然首先应当具有历史性，也就是说，它的内容必须是真实的，它所依据的资料必须是可信的，它对人物与事件的论评必须是有据的；一部历史文学作品，同时还应当具有文学性，也就是说，它的人物必须色彩丰富、性格鲜活，它的故事必须曲折回环、一波三折，它的语言必须形象生动、妙趣横生。我们看到，《兵仙》这部作品，应当说大致达到了这二者的统一。作品所记录的历史本身是沉重的、残酷的、血腥的，但作者所采用的表达方式却是调侃的、嬉戏的、有趣的。因此，我们阅读这部作品时，不会因为历史本身的沉重而产生挤逼感，反倒觉得书里所写的一切都那么引人入胜。作者思维活跃，想象力丰富，对史实常有自己的独特解读；他很喜欢用夹叙夹议的方式来讲故事，在述说历史时融入自己对人对事的推理、判断，有时甚至还会有一点发挥、杜撰。但作者的议论并不会妨碍我们对历史的了解，反而会加深我们对历史的认识。因为他的议论是经过认真思考的，他对若干问题的推理、判断合乎历史逻辑。比如他对韩信有可能是韩非子遗腹子的考证虽有戏论成分，却不见得全是捕风捉影。他在叙述垓下之战时，曾提到战前韩信被刘邦授予指挥作战之全权一事，其中有若干想象成分。作者解释说："这段情景出于我个人的发挥，它借鉴了《三国演义》的部分情节，意在说明战争前的形势。虽然系发挥，但绝对是在对历史事实、人物性格和当时情景充分尊重的基础上，按历史逻辑演绎的。"对历史人物心理活动的分析，是作者夹叙夹议的主要内容之一，作者在这方面所做的工作显然是成功的。作品对韩信甘受"胯下之辱"的原因的分析，对各次战役的双方主帅的心理活动的分析，对刘邦与韩信微妙关系的分析，对萧何、张良辞封户原因的分析，对韩信在纵横家蒯通的策反攻势面前的心理分析，都相当深入精当。我认为，对一部历史文学作品而言，这样的心理分析不仅是允许的，而且是必要的，因为它往往能对事件的发展走向做出某种合理解释，并使故事的过程与人物的形象变得立体丰满。

　　作者在讲故事时很重视还原历史的真实，并不以成败论英雄、不使人物脸谱化，这一点给人的印象很深刻。例如，项羽虽然是楚汉战争的失败者，但是作者并没有丑化他，反而在许多地方表达了对他的好感，说就综合素质而言，他是一个"好同志""好将军""好男儿""好丈夫"，之所以在历史舞台上成为失败者，是因为本身不具备领导的素质却坐到了领导的席位上。同样，作者对刘邦也做了合乎事实的评价，说他并没有什么过人本领，"武不能杀敌，文不能抚众"，而且为人秉性不好，是一名"江湖无赖"，在各方面的表现都乏善可陈；但他是一个天生的领导者，懂得识人用人，所以能在逐鹿天下中胜出。

《兵仙》给我印象很深的一点，还在于作者对历史的叙述似乎是没有时空边界的，他写作也像韩信用兵一般，具有很高的自由度。在《兵仙》的叙事框架中，似乎存在着一条可以贯通古今中外的"时空隧道"，作者可随意穿越其中而不受任何限制。于是我们看到了这部讲述秦汉之争的作品，居然会出现商鞅、赵奢、孔子这样的前代的历史人物，出现诸葛亮、关羽、张飞、赵云、水浒梁山一百零八将这样的后世的文学角色，出现毛主席语录，出现阿里巴巴时任董事局主席马云的言论，出现德鲁克的管理学，出现传销的概念，出现房地产开发，出现态势分析（SWOT）模型，出现希特勒的"闪电战"理论，出现……而奇特的是，这些人物或元素在书中的存在，并不让我们觉得有什么唐突！

特别值得注意的一点，那就是作者并非为写历史而写历史，而是通过写历史来总结过去的经验教训、揭示社会人生的真谛。作者与其说是在写韩信，不如说是在借韩信这个载体来表达自己的人生体验与心灵感悟。因此，读者阅读本书，就不仅仅是一个了解历史、体验文学、享受娱乐的过程，同时也是一个理解社会、研究管理、思考哲学的过程。

肖肖几年前在中山大学中文系攻读硕士学位，在学期间曾修习过我开设的课程，在课外与我也有较多接触，毕业后与我的联系更为密切。他对我执弟子礼向来甚恭，不过在我的心目中他更多的是一位忘年友。我喜欢与他交往，首先是因为欣赏他的上进心。《周易·乾·文言》说"君子学以聚之，问以辨之，宽以居之，仁以行之"，他是把此语作为座右铭的。他平时好学善思，一旦被某个什么问题吸引住，便会一门心思钻入其中，非探个究竟不可。这种品质，在他在学时期便显露出来了。记得有一次，他曾把自己撰写的论文《〈古诗十九首〉研究》送来，请我"斧正"，文章有好几万字长，厚厚一大沓，我尚未阅读，已先为他的钻研精神所感动。我喜欢与他交往，还因为欣赏他思想的独立性。2011年他硕士毕业时，本来是有机会在上海就业也有条件在广州深造的，但是他却选择了到新疆去当志愿者，在一个为戈壁沙漠包围的西陲边城一待就是三年！这段独特的社会经历给了他许多人生体验，使他在开阔了视野、磨砺了意志、锻炼了能力的同时，也潜心研读了一些著作，思考了许多问题，从而加深了对历史的认识与对现实的感悟。这部《兵仙》，便是他在援疆期间的业余创获。

《兵仙》是肖肖的处女作。既然是处女作，就难免在生气勃勃的同时，也会有生涩幼嫩的一面。在我看来，后者主要表现为三点：一是文字打磨不够，有粗糙冗长之嫌；二是网络写作手法用得过滥，有欠节制；三是作品因围绕人物展开，故事轮廓不够清晰。对作品的不足之处，我想肖肖是有自知之明的，他曾在自序说："我只是一个总结者，一个传布者，切不可因为我轻看了古人，更不可因为古人高看了我。"

因为是《兵仙》这部作品的最早读者，所以我接受了肖肖的请求，把自己的阅读心得写出，用为本书的序言。相信读者在阅读肖肖的作品后，会有比我更深的见解。

2015年7月4日杨权于中山大学沁庐

《词林别裁》[①] 序

  词是中国古代文学园地中的一朵艳葩。像诗一样，词也是我国文学中极具民族风格与表达特色的诗歌体裁。词本指歌词，是一种可以入乐歌唱的诗歌。它由古乐府演变而来，是传统诗歌与外来音乐——所谓"胡部新声"——结合的产物。因为这个缘故，古人有把自己的词集命名为"乐府"的，宋代贺铸的《东山寓声乐府》与康与之的《顺庵乐府》便是两例。与音乐直接相关，是词的基本特征，因此词又被称为"曲子词"，此外还有"琴趣""乐章""歌曲"等等异名。南宋以后，乐谱散失，词不再能唱了，逐渐演变成了一种别样的诗体。尽管与音乐分离了，词仍需按词谱所规定的声律来进行创作，因此制词便被说成为"填词""倚声"。词不管长调、中调、小令，都有特定的调名，也就是词牌，如"十六字令""菩萨蛮""风入松""满江红""水调歌头"之类。除了个别情形之外，词牌并不是词的题目，一般不反映、体现词的内容，对作品只起到定调、定句、定字、定声的作用。为词牌所限定的词作，其句式差不多都是错落不齐的，属于"杂言"（只有极少数是"齐言"），故词又有"长短句"之称，宋代秦观的词集便被命名为《淮海居士长短句》，辛弃疾的词集也被命名为《稼轩长短句》。词属于广义的"诗歌"，而不属于狭义的"诗"，但它又具有明显的"律化"倾向，显示出与诗的密切关系。有的词牌，如"清平调""渔歌子""生查子""鹧鸪天"之类，实际上是诗的变体，与律绝简直相差无几，因此词又被称为"诗余"——诗的余绪。基

[①] 卢家明编著《词林别裁》，中华书局2019年12月版。

于这种看法，古人也有把自己的词作集命名为"诗余"的，比如南宋林淳的《定庵诗余》与廖行之的《省斋诗余》。当然，虽然词与诗存在着某种联系，但是它说到底还是一种新体诗歌，无论是结构格式、押韵规则、对仗要求、题材内容、语言风格还是情感意境，都与诗有很大的不同，对此前贤曾进行过很多讨论，有"诗庄词媚""诗显词隐""诗刚词柔""诗阔词长""诗广词深"等说法。古来词家例分"婉约""豪放"两派，婉约为正，豪放为变；故就主流而言之，词多含蓄蕴藉、柔软细腻，往往思绪深长、情意连绵，带有某种"女性化"的色彩。

古近代词林，名家前后辉映、灿若繁星，流派争奇斗艳、异彩纷呈，作品汗牛充栋、不可胜数，究竟应当如何寻脂玉于和阗、拾珍珠于合浦，精当地把历代的佳作挑选出来并加以展现，这在历代都是一件让选家颇费斟酌的事情。清人陈廷焯便在《白雨斋词话》卷二中发出过"作词难，选词更难"的感叹。自从曾慥的《乐府雅词》于南宋初年刊行以来，各种词作选本接踵出现，令人目不暇接，著名者有南宋无名氏的《草堂诗余》，黄升的《花庵词选》，赵闻礼的《阳春白雪》；宋末元初周密的《绝妙好词》；明杨慎的《词林选》，卓人月、徐士俊的《古今词统》，陈耀文的《花草粹编》；清朱彝尊的《词综》，王昶的《明词综》《国朝词综》，张惠言的《词选》，王士禛、邹祗谟的《倚声初集》，顾贞观、纳兰性德的《今词初集》，陈维崧、吴本嵩的《今词苑》，蒋景祁的《瑶华集》；近人陈匪石的《宋词举》，胡适的《词选》，俞平伯的《唐宋词选释》，夏承焘、张璋的《金元明清词选》，龙榆生的《唐宋名家词选》《近三百年名家词选》，唐圭璋的《唐宋词简释》等，林林总总，不胜枚举。这些选本在选材上固然均别具只眼、可圈可点，然而若论到呈现形式，则不免相袭成法，难脱窠臼，有不能令人满意处。而在词选家族中，我们今天欣喜地看到了一种令人耳目一新的品种的问世，这就是卢家明先生编著的《词林别裁》。

《词林别裁》是一部复合型作品，它既是词选，又是词作赏析集，还是填词教科书。作者给它冠以"别裁"之名，想必是从清人沈德潜的《唐诗别裁集》《明诗别裁集》中获得了启发。在我看来，这本书也确当得起这么一个利落典雅的名字。什么是"别裁"？别裁便是鉴别取舍别出心裁，便手书写表达与人不同。《词林别裁》的"别裁"处，我想至少表现在以下四个方面：一是以词牌统领全书。古代以来的各种词选，不是按时代按作者便是按流派按风格来编选作品，鲜有例外者；而本书与传统做法大有不同。它吸取了清《钦定词谱》与《白香词谱》等著作的长处，改为以词牌为中心择选作品、展开内容。这样做，高明者或会不屑，普通人却大受其用。许多读者可以在欣赏名作、记诵佳构的同时，领略与掌握词牌格律；一旦熟记了某些典范作品，便可以"依样画葫芦"进行创作了。二是结构别具一格。本书分上、下两卷，共包括五十八个部分，即五十八个词牌，每部分均按"华音流韵""临风赏读""古今汇评""词人心史""词林逸事""低吟浩唱""依声依韵"等栏目编排内容，将名作赏析、词史回顾、词学研究与创作教学有机地结合在了一起，信息量非常丰富。三是选采眼光独到。一般认为，词产生于唐，经过五代的发展，至两宋而达到大盛，因此词常被看作是宋代的标志性诗歌体裁，从而被称为"宋词"。但其实词在金、元、明三代亦有可观，至清更是出现了全面复兴的局面。清人文廷式便曾说过"词的境界，至本朝方始开拓"，朱祖谋则认为"清词之独到，虽宋犹未能及"，现代学者饶宗颐甚至说"词之有宋有清，正犹诗中之有唐与宋，故清词之地位，可与宋诗相比拟"。基于对词史的全面认识，本书的作者在选采词作时厚远而不薄近，既充分肯定宋代的成就，也注意勾勒宋以后的作品，尤其是清词，如实反映了词创作历史的实际。四是设计典雅新颖。本书在有条理地讲述词史、解析作品的同时，还随文选配了许多古代遗迹图片与古今书画作品，使版面显得既古朴传神又活泼生动；读者阅读本书，有如在传统的美学长廊中漫游。至于该书资料翔实、汇评丰富、解析得当、语言活泼等优点，读者开卷必有体会，我在这里就不赘述了。

家明是吉林大学毕业的研究生，曾在该校的古籍研究所亲炙金景芳、罗继祖等名宿，在文史学术方面有良好的功底，尤酷爱经学与文学。我与他在20世纪90年代初因出版而结缘，相识已逾二十五载。当年我们曾同在广东出版界效力，既是朋友，也是同行。后来我转行学术界，成了一名职业学者与教书匠；而家明作为优秀出版家，依旧植根深厚地坚守在出版领域。他曾任广东教育出版社副总编辑、广东人民出版社总编辑，现为华南理工大学出版社社长，在这些岗位上，他都有出彩表现，干得有声有色，因此2016年入选"广东十大出版名家"。而更难能可贵的是，虽然在出版方面承担着很大的责任，工作异常繁忙，但是家明始终没有放弃学术，多年来一直笔耕不辍。早在20世纪90年代末，他便出版过一部内容丰富、记叙翔实的《欧阳修传》，令学者瞩目。2010年，他为来裕恂前辈的《易学通论》作了精要的校注，出版后大受称道。现在他又推出了这部孑然独立、不同凡响的《词林别裁》，作为他近年词学研究的结晶，我相信这部著作问世后，也必然会给读者留下深刻印象，赢来良好口碑。作为老朋友，我在为他的成就喝彩的同时，更期待他下一部新作问世！

是为序。

《近四百年五百家诗》① 序

吾国声诗之起久矣。《尚书·舜典》云:"诗言志,歌永言,声依永,律和声。"故五声调应,《周南》《召南》成风人之旨;八音克谐,《小雅》《大雅》实化俗之由。自三百篇成,海内吟咏之风未尝稍衰。屈唱宋随,楚辞导古体之源;秦兴汉盛,乐府结五言之孕。高清超骏,魏晋结文章之风骨;艳丽浮华,齐梁崇词语之绮靡。主情主理,判然两水分流;有唐有宋,卓哉双峰并峙。元逊风骚,毕竟尚承诗脉;明彰才情,终归学步盛唐。至清,则又挖雅扬风,振拔乎骚坛;效唐法宋,昌明于诗道。大抵古今风习所尚,廊庙之英类谙声律,山林之彦亦解辞章。穷达殊途,同好秋风黄竹之辞;悲欢异境,不离白雪幽兰之唱。群怨兴观,多为伤时感事;赋颂风雅,无非托物寄情。堂陛之赓和,友朋之投赠,处世之杂感,怀古之幽思,与夫登临谦赏之即景抒怀,劳人迁客之触物寓兴,无不托之于诗而各具风致。江河万汇,湖海沖瀜,煌煌上国,遂有诗邦之誉。

今人言诗,类多崇古远而轻晚近。以为后代诗苑衰靡,已失大唐神气;骚坛不振,难求故宋精光。此见得无偏乎?窃以为三千年诗史,名家辈出,宛似江波相逐;佳制频兴,有如星宿生辉。即就近四百载而言,有清挟学术之隆昌,亦彬彬乎称依永和声之盛。斯时作手,大则瀁洄磅礴,洋洋乎如修江万里,高峡千寻;小则绰约柔和,宛宛然似清渠几弯,幽峰独秀。洎乎民国,诗家则伤世忧时,借吟哦寄哀愤;振聋发聩,发块垒为

---

① 香港瀛海诗词学会主编《近四百年五百家诗》,香港日月星制作公司 2007 年 12 月版。

长歌。求质求文,妙意伏游于楮间;变风变雅,余音缭绕乎笔底。及至现当代,亦有作手不施绳墨而中矩,不效孔步而逼古。此段诗史,若熟视无睹,无异乎见璞遗玉;忽而略之,实等同买椟还珠。

去岁仲夏,余初识峰回园叟蕉岭林公于鹏城。公本粤东诗豪,后移居香江,以古稀之龄出长香港瀛海诗词学会。公情虚色界,临车水马龙之地,逍遥自适以乐天地之性不改;意重诗坛,入灯红酒绿之乡,吟咏独痴而倡风雅之心尤殷。因思所以嘉惠士林、启迪后学,乃建言编纂《近四百年五百家诗选》,群彦闻风响应。公等广征博求,探奇珍于珠海;精挑细择,选秀树于邓林。孜孜不倦,经之营之,数阅寒暑,厥功乃成。于是众卉纷罗,尽掇囿园之秀;群流共集,蔚为湖海之观。四百载诗歌之菁华,遂有以见之于一编之内矣!

自晚明迄今,积月累年,册籍不知凡几;汗牛充栋,篇什莫可穷计。择选之编纵称闳博,亦难达千百于十一,更何况取舍标准又见仁见智。故选本之意义,乃在以百家精粹涵养读者,俾使采今摭古,转益多师。《文心雕龙·通变》云:"先博览以精阅,总纲纪而摄契,然后拓衢路,置关键,长辔远驭,从容按节。"若龌龊于偏解,无非是闲庭之逸步;矜持乎一致,岂可致袤野之驰驱?与其仰望孤峰峭拔,何如纵观群岭逶迤?与其幽赏一卉独开,何如遍览万花争艳?兹选也,厚今爱古,博选方家五百;铸银铄金,精求佳作三千。短制鸿篇,格调固然相殊;高吟低唱,章句各有可读。雄者、豪者,疏者、淡者,刚而健者、婉而柔者,高古而典则者、自然而平和者,均可为来学矜式。余愚钝不敏,既未能窥诗歌之堂奥,孤陋寡闻,又岂敢序风雅之菁华?惟有感于峰回园叟等诸君搜求之精勤,遂于是集将授剞劂之际爰弁数言以为嚆引,所以志钦佩之深也。博雅君子,幸垂教焉。

丁亥季秋鬱林杨权谨草于中山大学

《知止集》[①] 序

谢君家杰，攻诗有年，近将习作汇成一帙，将授剞劂，托星海音乐学院庞国权教授问序于余。予展而读之，见其作或写人事，或状景物，或记游踪，或发感慨，或啸月咏风，或触物寓兴，或序天伦之乐事，或寄思古之幽情，皆由胸中之雅致而发为激扬之音，自端至末，有一股天真自洽之气贯乎其中。高吟低唱，每为真情所遣；短制长篇，时有佳句可观。当此斯文衰微之世，尚有此扬风扢雅之心，实属难能可贵。惜作品稍欠工致，若能叶韵合律，品格或更胜一筹。谢君以"知止"名集，当本自《大学》之"知止而后有定"。夫"知止"者，知止之所当止也。"知止"较诸"知足"，似又更高一层。盖"知足"由人，"知止"由己；"知足"谓不贪，"知止"谓不随；"知足"戒求，"知止"能舍；"知足"未够而坦受，"知止"可获却坚辞；"知足"似水注瓮盆，"知止"如山立川野。故"知止"之道，实乃人生之上境，非定力具足智慧圆满难为之，诚《增广》所云："非上上智，无了了心。"谢君以"知止"为座右，自有其深意在焉。然窃以为诗道精微，与其倡言"知止"，莫如先言"知致"。"知致"者，知己所当达而匡所不逮之谓也。何以知之？思也。何以致之？学也。子曰："学而不思则罔，思而不学则殆。"学思日久，自有境界，所谓不期深而自深，不期远而自远，何容心焉。予本匪知诗者，以谬承委托，故敢贡芜言，谢君当不以我为迂。

丁亥冬至后八日鬱林杨权于中山大学

[①] 谢家杰《知止集》，花城出版社2008年4月版。

《闲斋漫拾》① 序

余与揭阳许子昭华相交有年。初惟知其精猗顿、陶朱之术,而不知其于诗词一途亦为作手。甲申岁杪,许子以诸什见示,比读其作,讶其不凡,乃击案而叹曰:"君,诗家词家之秀者也。超拔若是,欲楷模香江乎?"其后许子扬风挖雅之心益盛,日夕吟咏赓和,作乐其中,锤炼磨砺,靡或有间。于是日进月化,鸿作累积,而成别集《闲斋漫拾》。

清初岭表名僧澹归有言,文章之为用,浩浩荡荡,如江如河如海;而诗词之为用,则如醴泉之体,束万顷于一泓,从清而轻。许子习诗词有年,自深得个中三昧也。故拈韵飞毫,每有万斛泉涌之势,而于曲折回环之中,自成波澜丘壑。其作神远韵隐,闲雅清逸,写境而境空,写心而心活,无论抒情寄志、咏物述事,俱有冲融自洽之气贯乎其中,淋漓畅快。诚《抱朴子》所云:"崇琬琰于怀抱之内,吐琳琅于毛墨之端。"

许子幼居真腊,返国后曾习岐黄之术于羊城,后定居于香江。彼虽弄潮贾海,而立身处世儒雅,断无商家做派,迎送往还,有古君子风。世之读者吟诵其作,或可想见其为人。

余与许子向称莫逆,故于其书付梓之际聊草数语,用致旧友相贺之意云尔。

己丑夏杪鬱林杨权衡之谨序于沁庐

---

① 许昭华《闲斋漫拾》,香港日月星出版社 2009 年 10 月版。

《明末清初广东文人年表》[①] 序

　　吾友李子隐庐君明，以大著《明末清初广东文人年表》将授梓，问序于余。子本陕中俊彦，古貌素心，浑金璞玉，早岁师事史坛耆宿江阴黄公永年于陕西师大，未几卒业，教授于滇东。以学然后知不足，乃南游岭峤，入中山大学中国古文献研究所教授茂名陈公泝斋永正之门，攻读博士学位。泝公，南粤胜流也，才高学富，文苑学界同推翘楚。君程门立雪，日夕请益，耳濡目染，学问日进。乃遵师命，以明清之交粤东士人之活动为研究课题。为毕其事，搜求文献不遗余力。非金亦宝，寻脂玉于和阗；粒米俱丹，拾珍珠于合浦。又爬梳资料，采撷人事，因年月以条列之，自明泰昌至清康熙皆附焉。经之营之，阅三寒暑，厥功乃竣。固可喜可贺也！权囊读张文烈家玉《军中遗稿》，深有感焉，曾赋诗曰："岭表惊鼙鼓，干戈寄梦吟。途穷征马瘦，日暮战云深。愍国孤臣泪，抛家烈士心。碧波沈野魄，旧月照山林。"后读剩人禅师之《千山诗集》，亦忘情于五中，至泫泣陨涕不能自已。尝慕和尚之高风，作《岭南遗民僧函可私携"逆书"案述析》考其形迹；复越岭北上，行数千里而至辽阳千山，以心香泪酒凭吊之，当时得句云："百年寺刹怀骚客，万里关山吊罪僧。"千山，师流放地也。读赤、峤二《雅》，则心折于真名士之倜傥，以为广州城破邝中秘抱绿绮台琴不食卒，与昔嵇中散奏《广陵散》毕尔后就死，潇洒从容，相辉映于异代。读翁山三《外》，则惊叹于屈子之特立独行，敢言举世所难言、行举世所难行，真天下奇士也。至读陈文忠、陈岩野、陈

[①] 李君明《明末清初广东文人年表》，中山大学出版社2009年12月版。

独漉、梁药亭,读元气堂、蒯缑馆、莲须阁、二丸居,读天然、迹删、阿字、澹归诸释氏,亦无不感喟万端,敬由中生。因悟士实为事几之衡石、朝端之砥柱,士气正尔后众心可期,士志定尔后世变可当。吾粤虽处要服,然洎明岭学勃兴,文宣教化已垺三江,故当社稷将倾、外族来侮之际,士人每能履洁怀清、求仁赴义。卷蔬之草,拔心不死;忠肝义胆,泣鬼惊天。乾隆编《贰臣传》,甲乙二编均无粤人,岭海士风之淳之正,可见一斑。昔永晦序九龙真逸《胜朝粤东遗民录》谓:"明之亡也,桂王西奔,吾粤倡义为牵缀之师,同志响应。其败者,沉身陨族,濒九死而不悔;其存者,间关奔走,亦至万不可为,而后遁居穷山,或溷迹方外以终。余若一介草茅,抗节高蹈者,复所在而有。视宋之亡,加烈焉。"斯非知史之论欤?故吾粤士人,实以品致清正、气宇伟雄名世,非洪承畴、施琅一类二家臣、三姓奴所可比拟者。其瑰行奇节,实应大彰于竹素。惟明季距今已逾三百载,沧桑之变,巨何如之。岁侵月蚀,旧简湮沉,士之事行失载于史乘者多矣。非有心者阐微索隐,无以发潜德之幽光。斯其人乎,李子隐庐?今其大著成,则吾粤明清之交士人之事迹德行,遂得彰于今日矣。书洋洋洒洒,凡三十万言,其有功于学术自不待言。权近岁以襄助沚公编纂全国高校古委会重点项目《全粤诗》故,与隐庐过从颇密,向喜其敦厚淳朴,有直质而无流心,讷于言而敏于行。今其书将授梓,遂不揆狂斐,谬贡芜言而弁诸首帧,不知所裁,用致相贺相期之意云尔。

岁次戊子冬至鬱林杨权衡之谨序于中山大学

《李黼平家族诗词钞》[①] 序

嘉应山岑毓秀,河川钟灵,自清以还人文浸昌,风雅独盛,金声长振于五岭,精光四射乎九州,文苑俊杰辈出,骚坛巨擘接踵。诗家或古香独绝、深远古澹,或笔力老健、思意深醇,或意度闲雅、疏快清逸,或悯国忧民、苍凉深沉,或激情喷薄、新旗高举,或意雄志奋、激越率直,诗风虽有异,然皆能独运匠心、各铸伟词,卓荦而为一时翘楚。昔张榕轩、张耀轩兄弟荟萃客都众作,采择孔翠,编为《梅水诗传》,自唐迄清得四百余家,入集之作,多含华佩实,驯雅可诵,梅水人物之盛,于斯可见一斑。斯客人所深以为荣而外邑之士所同赞而共羡者也。

嘉应诗家虽多,而为近世论者所津津乐道而目为大家者,芷湾、绣子、香铁、蛰庵、公度诸子耳。五子之中,著花庵主人绣子与红杏山房主人芷湾均为嘉庆进士,才学亦相颉颃,其诗宛曲典赡,沉凝奇警,深得风人之旨,有"粤诗冠冕"之誉。绣子又为汉学名宿,学问沉博婠雅,著述深醇宏阔。昔仪征文台阮公督粤,尝延入保安书院及羊城学海堂课士,门下士成材者众,其中以南海章冉梁公最具时名。惜因文献散失,其事不彰,可嗟可叹!

绣子胞弟锡侯之来孙国器李公,现居湛江,年将杖国而雅重斯文,向以扬先祖之令誉、发潜德之幽光为己任。为彰先辈诗名,壬辰曾筹资重刊《绣子先生集》及《读杜韩笔记》,大获艺文界、学术界令评。事毕,又

[①] 李国器辑录《李黼平家族诗词钞》(梅州先贤丛书 01),梅州文史编委会 2020 年 8 月版。

贾余勇，辑《李黼平家族诗词钞》。两载之中，广索文献，见遗珠必掇而拾之，吉光片羽，亦珍同拱璧。书成，都为一帙，见示于余。余对李公本敬佩已久，受而读之，乃慨然而叹曰："稽古右文，可佩焉，可钦焉！李氏一门风雅得藉此而不湮矣！"因抽毫为序。

甲子岁莫鬱林杨权衡之于中山大学沁庐

读书万卷始通神

——谈陈泩斋先生的书法与学问

(《古雅清刚——当代书法大家作品研究·陈永正》[①] 前言)

"退笔如山未足珍,读书万卷始通神",这是苏东坡诗《柳氏二外甥求笔迹》的头两句。我想,若借以评说著名书法家、中山大学中国古文献研究所教授陈泩斋(永正)先生,是恰如其分的。泩斋先生尝说:"说我是第一流的诗人,当之无愧;第二流的书家,还有待时间的检验;至于学者,只能算是三流。"[②] 这当然只是泩斋先生的自谦之辞。以我与泩斋先生多年交往的感受,他的诗艺、书法、学问其实均已臻化境,在当代堪称一流。最近其门人李隐庐(君明)博士的学位论文在中山大学出版社出版,请我作序。我在序文中说:"君以学然后知不足,乃南游岭峤,入茂名陈泩斋教授之门,攻读博士学位。泩公,南粤胜流也,才高学富,文苑学界同推翘楚。""文苑学界同推翘楚"之说,应当是很客观的。

泩斋先生从前并不想当"书法家",可是"一不小心"就成了书法家,而且成了很著名的书法家,这说来实在是一件有意思的事情。他的书名比诗名要来得迟,而且迟很多,若是我没有记错的话,其书法是20世

[①] 许晓生主编《古雅清刚——当代书法大家作品研究·陈永正》,安徽美术出版社 2012年7月版。

[②] 丁正《先生本色是诗人》,《岭南文史》2003年第3期。

纪 90 年代初或稍后才引起社会较多关注的。当年我与他初交,也只是把他目为学者与诗人,而没有目为书法家——虽然他当时的字已很好。但大器晚成的泹斋先生一经露面于书坛,便声名鹊起,人望日隆,最后竟至一发不可收,成了岭南书法界的"总舵主"——广东省书法家协会主席,后来又出任中国书法家协会副主席,这是他始料莫及的。因此,他尝戏言:"百无聊赖以书名。"

我把泹斋先生的书法称为"止水体"(泹斋先生字止水),这种笔力极为雄健的书法,既深合古代的传统法度,又有鲜明的个人面目。它以"古雅清刚"为特色,貌拙实巧,外朴内秀,碑意蕴含帖情,金石味糅合书卷气,给人的印象非常深刻。其友人华南师范大学张桂光教授曾评曰:"(陈永正)用笔讲究含蓄内敛,藏锋内拓,巧拙兼施,动静契合,秀美刚健而无媚姿俗态,处处流露出典雅的风采和个人的笔墨情趣。"[①] 因其个性鲜明,不少人一次寓目之后便能记住其特征,以后再见,不看落款就能判定出自谁的手笔。我自己就有这种"本领"。广州地铁磨碟沙站的站名,并未署名,我一看便断定是泹斋先生所写,求证于泹斋,果然。我只有一次看走了眼,把陈夫人黄锦儿女士所写的几可乱真的"仿止水体"当成了泹斋先生的亲笔。泹斋先生学书,最早走的是帖派之路。他少年时代曾师从岭南书法大家李天马先生,从《九成宫》与《圣教序》入手学欧、王。后又在大学者陈垣之子陈约的指导下习苏东坡之书,以不得笔法而弃之。"文革"期间,他由帖入碑,开始研习汉魏南北朝的碑刻,如"二爨"(《爨龙颜碑》《爨宝子碑》) 和《嵩高灵庙》《杨淮表记》《瘗鹤铭》等。在中大读研究生期间,他又随著名古文字学家容庚教授、商承祚教授摹写金鼎文、甲骨文,学书秦篆、汉篆。他从金文《散氏盘》《毛公鼎》,秦篆《泰山刻石》《琅琊刻石》《会稽刻石》《峄山刻石》,汉篆《开母庙》,

---

① 张桂光《评陈永正先生书法》,《书法》2002 年第 12 期。

以及《楚帛书》《侯马盟书》等作品中得到启发，书法越来越古拙。①近年来，沚斋先生更把汉隶与章草的笔意融入自己的书法中，结体愈加沉着稳重，笔法则愈加苍劲老辣。平心而论，"止水体"并不迎合一般的审美口味，因为它不怎么"漂亮"，我本人就曾听到过有人说自己不喜欢这种字。但是不管你喜不喜欢，你都得承认，这种字刚劲典雅，自有一种韵味在其中，而这是许多书家的作品所没有的。

话说到这里，就涉及书法的雅俗问题了。书分雅俗，这是许多人都明白的道理。雅书高尚纯正，俊逸优美，神清气爽；俗书粗鄙趋时，软媚无格，面目可憎。对于文人书法而言，雅俗简直就是评判书法优劣的核心标准。而书法是雅是俗，不仅取决于书者的先天禀赋，而且取决于书者的后天修养。早在明清时代，前贤就提出"字外工夫"的著名理论。根据这种理论，人的书法水准说到底并不由技法决定，而是由学问决定。也就是说，一个人，只有学问深厚渊博，书法才可能超凡脱俗。为什么"书"关乎"学"呢？因为博览群书能使人胸怀广阔，识见深刻，境界超拔。清人汪法《书法管见》有言："不博群书，胸次鄙俗者，往往尽力临摹，亦多形似，绝少烟霞灵气。"而书法一旦入雅境，便会显现一种读书人才有的品格、学识与气度，这就是所谓的"书卷气"。清人陈其元云："学者苟能立品以端其本，复济以经史，则字里行间，纵横跌宕，盎然有书卷气。"② 清人杨守敬亦云："学富，胸罗万有，书卷之气自然溢于行间。"③清人龚自珍、近人李瑞清都把书卷气放在书法的首位来认识。龚自珍认为，有书卷气的书家才是第一等的书家。李瑞清则说："学书尤贵多读书，读书多则下笔自雅。故自古来学问家虽不善书，而其书有书卷气，故书以

---

① 参见丁正《先生本色是诗人》，《岭南文史》2003年第3期。
② 陈其元《庸闲斋笔记·蒋振生书法论》。
③ 杨守敬《书学迩言》。

气味为第一。"① 汕斋先生对个中三昧是有深刻认识的,他曾在《岭南书论:近五十年广东书法论文集》②发表过一篇长文——《中国书学史上的雅俗论》,系统表达自己在此问题上的见解。他在文中所阐述的并不仅仅是书法艺术史上的理论,而且是自己几十年从事书法艺术探索的心得。

张桂光教授曾说汕斋先生"首先是学者、诗人,然后才是一位书法家"③。中山大学中文系的张海鸥教授亦说:"陈永正的学问,人罕能及;他的书法,世所珍贵;他的诗词,享誉海内外,俗人难解而雅人深敬之。"④ 这都是知人之论。作为书法家,汕斋先生的成就与水准已见于上述。作为诗人,汕斋先生本乎性情,宛曲成咏,其作品格律之严、意境之深,亦早有令评。曾有诗家称赞诗"风韵飘潇,才情掩映,拟之现代侪辈之作,汕斋诗词得不谓绝代风华遗世独立者乎"⑤,又有论者说他"诗似梅花"⑥。由于《书艺》不论诗,故本人不拟在此话题上置喙,下面只谈谈作为学者的汕斋先生。

汕斋先生出身于有家学渊源的书香门第,其祖父是一位有名气的收藏家,其父明德公则是一位交游颇广的文士。天生聪颖的汕斋幼承庭训,三岁即开始识字习帖,四岁在私塾发蒙,在传统文化方面打下了扎实的基础。少年时代,他曾拜岭南的著名书法家、词学家朱庸斋先生为师,成为"分春馆"的门人。读中学与大学时,他在陈约先生的引导下研读四部目录之学,并大量阅读古典文学作品。1978年,他考取了中山大学中文系研究生,又在容庚、商承祚二老的指导下研究古文字。天生的聪颖资质、

---

① 李瑞清《玉梅花庵书断》。
② 广东书法家协会编《岭南书论——近五十年广东书法论文集》,黑龙江人民出版社2003年版。
③ 张桂光《评陈永正先生书法》,《书法》2002年第12期。
④ 张海鸥《论陈永正的旧体诗词》,《学术研究》2005年第8期。
⑤ 孔凡章语。见《汕斋诗词钞》附录,花城出版社1993年11月版。
⑥ 徐续语。见《汕斋诗词钞》附录,花城出版社1993年11月版。

勤奋的钻研精神与良好的教育背景，培养了沚斋先生的博学与通识。他后来在古文字学、古代文学、古典文献学、岭南地方文献研究、方术研究等领域均有建树，其中又以在诗歌注释学方面的成就最为显著。

  沚斋先生如今已年近古稀，形容清癯，一头银丝，展现在人们面前的是一副儒雅长者的形象。但是在我十九年前①与他相识的时候，他还正当盛年。1990年，他与张桂光、古健青、张解民三位先生合编了一部《中国方术大辞典》，在中山大学出版社出版，我当时被该社的领导指派为此书的责任编辑，于是便有了与沚斋先生认识与交往的机缘。那时沚斋先生尚未"知天命"，头发还是黑的，但学问已经相当深厚。《中国方术大辞典》在出版界抢得了先机，一面世，便以其选题的独特与内容的宏富引起了阅读界的轰动，成为当年第一届"南国书香节"的最畅销书，一时洛阳纸贵。而我作为此书的第一位"读者"，也领略了编著者的博学，因为书中的内容竟有许多是我的知识盲区！在此之前，我满以为像自己受过中国古代史专业训练、有研究生学历的"学者型"编辑，在中国传统文化领域是不会有知识盲区的。我在佩服沚斋等先生的同时，也开始了对所谓"神秘文化"的关注。后来我翻译高罗佩的《秘戏图考》，参加《中国道教大辞典》的编纂，研读《周易》，均和与沚斋先生的相识有关。《中国方术大辞典》出版后，我与沚斋先生便有了一点私谊，我一有机会，就到其府上造访。二人清茶一杯，对席而谈。有时是闲聊，有时则是就某些学术问题展开讨论。后来沚斋先生又陆续有新作在中山大学出版社出版，如《王国维诗词全编校注》《屈大均诗词编年笺校》《国朝诗人征略》等，而我无论是作为书稿的责任编辑，还是作为出版社的主要负责人，都免不了与沚斋先生有往还。有一次，在沚斋先生的搭桥下，我还与著名书法家、广

---

  ① 本书各篇文章写作时间与出版时间有差异，但为保持文章原貌，行文一律以写作时间为准，不作改动。——编者

东文史馆馆员李曲斋先生（清代探花李文田之孙）签订了出版《粤东诗海》的合同。与沚斋先生接触越多，彼此的关系也就越密切。2000年，在沚斋先生的鼎力提携下，我弃"商"从"学"，从出版社转岗中国古文献研究所，任专职研究员，从此成为沚斋先生的同事。从那时起，在长达八年的时间里，我一直在沚斋先生身边工作，一边从事研究生教学，一边作为副手襄助他主编全国高校古籍整理与研究工作委员会重点项目——《全粤诗》。由于沚斋先生与老一辈学者如黄国声先生、梁雪逸（守中）先生的引领、影响，中国古文献研究所形成了相当浓厚的人文氛围，所中同仁诗文书画各有造诣，有人甚至还是太极高手。我在这样的环境中工作，感到其乐融融。由于与沚斋先生走得近，我便有了随时请益的机会，年长日久，日积月累，自觉学问修养亦渐有增进。

因为与沚斋先生太熟，所以我时常事先不加通报就跑到陈府去见他。陈府原先在康乐园的西北角，住宅后面有一个面积达四百多平方米的大花园，沚斋先生在里面手植了许多名花嘉木，还搭建了一个用于读书写字的书斋。在这种雅致的环境中与他这位饱学之士谈天说地、道古论今，那真是一件快事。20世纪90年代，其父明德公还健在，老人家耳朵又大又厚，眉毛灰白而且粗长，一双眼炯炯有神，看人很犀利。我与沚斋先生攀谈时，他总爱坐在一旁，并不插话，只是竖着耳朵听。但假若我们说错了什么，他便会在一旁嘿嘿冷笑。而遇到这样的场合，沚斋先生便会苦笑着自嘲："糟糕，又让老人家揪住把柄了！"沚斋先生告诉我，老人家虽然一生都未以学术为业，却精通文史，善为古文辞。他少年时代的蒙学基础，便是在他老人家的督导下打下的。后来由于某种缘故，陈府又搬到了蒲园区某栋住宅楼的一个单元，东面紧挨着小花园。住宅不作任何装修，连家具都是旧的，这是陈府的一个特色。陈府的另一特色是文史藏书甚多，多得书房无法容纳，有几架被挤出在客厅中。沚斋先生每天便在这个简朴又书香扑鼻的天地中过着充实的读书生活。沚斋先生不仅天生记忆力超群，而且阅读速度奇快，到了花甲之年看书依旧一目十行。他曾告诉我说，他在少年时代曾接受过快速阅读训练，只要对着书页瞄上三四秒，便能基本记下其信息。我认为他阅读速度这么快，除了训练的因素之外，恐怕也与其天生的神经传导速度有关。由于阅读速度快，他每日对书的"消化量"就很大，脑子记下的东西也比常人多得多，这就不奇怪了。

中山大学哲学系的冯达文教授——他本身就是一位硕学——有一次在与我闲谈中，曾谈及沚斋先生的学问。他说："就古典文献的修养而言，中大当数陈永正第一，尤其文学文献。"历史系的姜伯勤教授是国务院学位委员会历史学科评议组副召集人，在学术界享有很高的声望，也同样对沚斋先生推崇备至。姜先生曾好几次对我说中国古文献研究所"藏龙卧虎"，并举沚斋先生为例。他很诚恳也很谦虚地说："我们哪里能跟陈永正比？他是有'童子功'的。"姜著《石濂大汕与澳门禅史》是一部讨论清初岭南禅学的专著，因为感到对某些问题没有把握，姜先生便在著作出版前特意把稿送到陈府，请沚斋先生把关。眼光独到的沚斋先生一过目，便看出了若干讹误。为此姜先生十分感激，几乎每遇到沚斋先生一次，便抱拳道谢一次。

沚斋先生是天生的读书种子。他一个人待着的时候，如果不是在撰文写字，就必然是在读书，绝不会有一刻闲着。故我去拜访他，进门往往先问："陈公最近在读些什么？"

"唉，现在不想读书了。"有一次，他居然在叹了一口气之后，这样回答我。

他从前患有心脏病，我以为现在旧病又发了，赶紧劝导他："您老人家还是应以保养身体为第一要务。"

沚斋先生回答："我不是这个意思。我是说现在出版的书，谬误多得可怕，根本读不得！"说完，他把一本自己刚看完的《韩偓诗注》递给我。我一看，不少书页的天头地脚上密密麻麻地写满了他在阅读过程中发现的讹误。作者有的诗注的确错得离谱,例如把"国储"注为"太子"(实应为"岁储",即粮食储备),把"阴精"注为"人体的阴气(实应为月亮),与'阳精'相对"之类。沚斋摇着头说:"明朝人为学已够空疏,现代人的学问还要空疏百倍,可是他们什么书都敢写,什么书都敢注!"我建议他写一篇文章纠谬,他苦笑着摇头说纠不胜纠,又开玩笑说还是不要砸了人家的"饭碗"吧。

在我与沚斋先生共事的八年时间中,我在书法、绘画、诗歌等方面,都曾得到过他的指授。我深深地感到,他与我虽名为"同事",实等同师生。因为他是艺文领域的顶尖高手,所以有时他简单的一句话,就能使你茅塞顿开。他指导人有一个特点:开始时,总是尽量发掘你的"优点",讲你的好话,让你受到鼓励;等你水平有长进之后,反倒不再说好话,而是直率地指出你的不足,让你明白差距所在。几年前,我首次把自己的旧诗在他面前献丑,我知道他是此道的高手,已做好对其批评洗耳恭听的准备,想不到他看后却称赞不迭:"哎呀,真没想到杨兄诗也做得这么好!"称赞后还特意从中挑出两首,拿给《诗词报》发表。但以后我再以诗作请教,他便不再说好话,不是皱着眉头说"太密太密",便是认真地说"写诗也是要'习帖'的"。我们就是这样在他的鼓励和鞭策下,水平慢慢提高的。至于我在学问方面受惠于他的地方,那就不可胜数了,兹举几例为证:

有一次,我在编纂《全粤诗》时,遇上了一位明代的海南籍诗人,名叫"卢宁",刻本写作"盧寧"。因为《全粤诗》用繁体字排版,所以我便想当然地把他的名字转成了"盧寧"。我的同事仇江先生心很细,看到后提醒我:转成"寧",与原刻本不合。我便以此事求教于沚斋先生。沚斋先生告诉我,"宁"转作"寧"是错的,在古代"宁"与"寧"并不是同一个字,虽然如今"宁"成了"寧"的简体。在刻本中,凡"宁"均读作"伫",其意思是从门口到屏风的空间。我一查《汉语大词典》,果然如此。

又有一次,我在研究室看一位古人的传记,传文中有"应道侔伊吕科"等语。我一时不明其意,便自言自语地把"应道侔伊吕科"这几个字念了一遍。当时沚斋先生正在一旁拆信,听到后脱口告诉我:"'道侔伊吕科'是唐朝科举的一门。伊是商初的大臣伊尹,吕是周初的太师吕尚。"停了一会儿,他又问我:"你是不是在看张九龄的传记?"我听了暗吃一惊,心想这老陈真是高人,因为我在读的正是《张九龄传》!在佩服之余,我也对自己的孤陋寡闻而感到惭愧——自己攻读硕士学位时的研究方向是隋唐史,居然不知道"道侔伊吕科"!

在明嘉靖时人陶益的《榽墩集》卷五中,有一首诗《腊日代简速郑过斋》,中有"子曰何其怜独念,岁云暮矣忆同游"之句。我觉得"子曰何其"与"岁云暮矣"对偶奇特,便拿去给坐在旁边的沚斋先生欣赏。沚斋先生看后告诉我:"子曰何其"出自《诗经·魏风·园有桃》,"岁云暮矣"则是从《诗经·小雅·小明》中的"曷云其还,岁聿云暮"化出来的。在同集卷三中,还有一首诗《涉江采芙蓉》,开头为:"美人隔千里,□德齐凤凰。"第六个字原缺。沚斋先生看后说,这个字必是"四"。

我在整理明朝从化人黎民衷的诗作时,见到一首《读书泰泉精舍》,诗的最后四句为"临渊非钓国,委运殊凿坏。灵修去已远,吾将与天游",第二句结尾的"坏"字与格律明显不合。我感到很奇怪,便向沚斋先生请教。沚斋先生回答说:"这个'坏'字音"否"(平声),与"游"字同韵,都属十一尤。'凿坏'一词,出自成语'凿坏而遁',即凿穿了屋子的后墙逃走。"

在清陈恭尹纂《番禺黎氏存诗汇选》中,有一首黎瞻的《都中元夜》,最后两句作"香车宝马金吾勺,谩道都城春可怜"。沚斋先生在作为主编审稿时,一眼就看出了其中的错误——"金吾勺"应为"金吾夕"。"'金吾卫'在明代掌宫廷宿卫。'金吾夕'意思是京城元夜除禁。"

沚斋先生告诉整理者。后来整理者拿清黄登的《岭南五朝诗选》卷四来校勘，"勺"果然是"夕"。

在整理古典文献时，我们年轻一辈的研究人员，由于功底差，经验不足，常会犯一些低级错误。例如清初移民僧函可的《千山诗集》卷一七《遥哭一门师》有句："松已为薪鹿为腊，争教破衲不成尘。"我在整理时，想当然地以为"腊"字是"臘"字的俗写，就把它转成了"臘"。沚斋先生看后告诉我，"腊"音"昔"，是干肉的意思，与"臘肉"的"臘"意思不同。

清人汪法云："必读书之士出笔见雅人深致。"沚斋先生的学问精到到如此地步，其书法有"神"，能入于雅境，就是合乎情理的事了。沚斋先生在为学方面，给我们后辈树立了良好的榜样，很值得我们学习。鄙人对他向来心怀敬佩——"高山仰止，景行行止，虽不能往，然心向往之"。

罗东震古文字书法集弁言

天下卓荦不凡者夥矣,而崒兀峥嵘如高凉东震罗子(玉霆)者罕。何以言之?罗子业余为学,文字师范乎四堂,书法羽仪乎二王,入门既正,出路自广,斯非"野狐禅"辈所可比拟者也。余尝语客曰,罗子有两奇:供职于公廨而痴迷古字,殷契周金、古籀秦篆、楚帛汉简,皆洞然腹笥,一也;劳形于案牍而雅好法书,落笔每每匠心独运,骨韵兼擅,二也。借此二奇,本已可独步江湖,然罗子深明地山谦卦之理,虽翘然突出而不矜才使气,拜师无论长幼,问道不分畛域,故为学日进而识力岁增,胸怀境界而腹有卷帙。去岁十月罗子寿,余喜而录醇儒白沙子之语"鸢飞鱼跃,其机在我"以庆;今岁四月"罗玉霆古文字书法展"揭幕于广东药学院,余躬逢其盛,又书"稽古右文"四字为贺。癸巳五月罗子曾刊古文字书法集《六祖坛经》《道德经》《金刚经》三种于佗垣,宏构既出,即斗春色于书林,夺秋光以寒魄,士子欢呼,学者瞩目。今罗子欲广其事,再以楚简之书写圣贤之文,俾振旧学乎式微,挽古风于既坠,负抱深弘而用心良苦,闻者莫不击节而称善焉。余与罗子相交有年,素知其托意高远,故特于其新作问世之际再弁数言,以申惺惺相惜之意。

乙未仲商前二日鬱林衡之杨权于中山大学沁庐

楚竹书《六祖坛经》序

有如来禅,有祖师禅。达摩前所传如来禅,达摩后所传祖师禅。如来禅正信因果,依教修心,落功渐次,祖师禅顿悟本然,以心传心,迥绝言思;虽俱证入般若,而门径迥异也。达摩祖师以《楞伽》传宗,述究竟空如幻有之相,上承天竺灵山会上世尊所授迦叶尊者无上正法,下开震旦最上乘禅之权舆,其圆论妙说经慧可、僧璨、道信、弘忍,五传至六祖慧能而光大之。洎《六祖坛经》出,禅宗遂面目焕然矣。六祖,其中土之佛邪?《坛经》,其般若之蕴邪?六祖本岭表獦獠,采樵为生,目不识丁,然以下下人具上上智,一闻经说,心即开悟。嗣法东山之后,承前而启后,融摄儒道诸家之学,贯通大乘各系之说,南宗顿教法门于是乎立。其心外无佛、法在自性之说,性体清静、定慧等一之见,于相离相、无念为宗之论,如风行草偃,摧陷廓清,一扫僧徒章句之繁琐。自唐迄今,天下之人言佛,其有过于六祖之深之邃者乎?天下之书论道,其有过于《坛经》之广之大者乎?久矣夫,曹溪法乳沾溉天下!

吾友罗子东震玉霆,高凉俊彦也,供职省垣公衙而雅好斯文,年甫知命,习上古文字已逾三十载。案牍劳形之余,藏珍秘,研经史,究字源,玩法书,亹亹不舍昼夜,远绍甲骨"四堂",私淑容商二老,以大利根性登堂入室,进境日新,成绩斐然,自殷契周金、古籀秦篆、楚帛汉简乃至党项番书、泐雎鬼书、长脚坤字、蝌蚪爨文,匪不条解而贯通之,文林固目为奇士,学界亦嗟赏之,诚所谓自学之翘楚也。权原不识荆,庚寅岁以文字缘与交,初晤梅花村,即叹其勤龟而讶其不凡。夫学术乃天下之公器,固非学者所独专,然罗子业余治学,既无师长面命提撕,亦寡同道切磋琢磨，克臻斯境，实有其不可思议者也。无极痴之心、至勤之功，孰能与于此？今罗子起意趣求大菩提，费心耗时，以楚竹之书写《坛经》之文，欲借古文字书艺申六祖直指人心、见性成佛之旨，其创意之奇、式样之新，前未之有也。权本西粤曲士，孤陋寡闻，学殖粗浅，于上古文字符不敢置喙，唯近岁以研究岭南佛教文献故，与方外过从甚密，颇受宗门熏染，因见罗子鸿作而生欢喜心，遂越俎代庖，为之序。

玄黓执徐冬十一月鬱林杨权谨草于中山大学沁庐

《晚清风尚——十九世纪中华帝国图解西洋铜版画》[①] 总序

版画在艺术史与印刷史上都具有独特的地位。在照相制版技术发明之前，人们若想复制某幅画作，必须先把其图样雕刻在印版上，然后再用墨或颜色把它翻印在纸张上。而雕版印刷本身，也是一个艺术再创造的过程，因为它不仅实现了对原作的精准复制，而且赋予原作以新的韵味。正由于这个缘故，版画成为造型艺术之苑的一个独立门类，并一直存留至今。

铜版画是一种以铜作版材的凹版印刷画，其工作原理是用刀具雕刻或酸液腐蚀等手段使铜版的表面形成凹凸图样，再通过机器压印办法使涂抹于铜版凹处的油墨或颜色附着在纸张上从而获得图画。这种印刷方法是在15世纪发明的。早期铜画版主要用"干刻法"来制作，即用硬度很高的金属工具直接在铜版上雕刻，然后上墨上色印刷。这种方法不仅技术要求很高，而且耗工费时，因此并不是很理想的方法。后来铜版画界为了提高工作效率，也为了适应不同作品的复制要求，在实践中陆续创造了一些新制版方法，如美柔汀法、腐蚀法（又分"飞尘腐蚀法""树蜡腐蚀法""沥青腐蚀法""松香腐蚀法""软蜡腐蚀法"）等。这些新方法不仅简单易用、省工省时，而且艺术表现力也更为丰富，因此一经发明，即风靡泰西。技术手段的革新，极大地促进了铜版画事业的发展，到17世纪，欧

[①] 可园博物馆编，晓怡居藏，赵长庆、王晓强主编《晚清风尚——十九世纪中华帝国图解西洋铜版画》，香港中国文艺出版社2017年4月版。

洲各国都形成了各自的铜版画市场,而法国是当时欧洲最繁荣的铜版画制作中心。19世纪中期,铜版画制作技术已被应用于书刊印刷,创刊于1842年的《伦敦新闻画报》是世界上第一家采用铜版印刷的画报。当时照相术已经诞生,但是人们还无法将照片直接印刷在书刊上,而只能是先把照片制成铜版,再通过铜版印在纸张上。因此,铜版印刷对当时的文化发展、学术传播等都发挥了重要的作用;而用铜版印刷出来的图画也具有"阳春白雪"的意味,成为深受中产阶级青睐的艺术精品。

西洋铜版画传入中国大约已有二百年的历史。明朝万历年间,意大利传教士利玛窦(Matteo Ricci)曾把宗教题材的西洋铜版画传入中国。清朝乾隆时期,皇帝曾命在内廷供职的意大利画家郎世宁(Giuseppe Castiglione)与另外三位传教士画家王致诚(Jean Denis Attiret)、艾启仁(Lgatuis Sic Keltard)、安德义(Joannes Damascenus)合作,共同设计了大型组图《乾隆平定准部回部战图》与《乾隆平定湖南战图》。它们后来被送到法国巴黎,以铜版的形式镌刻印制。作品通过西人之手,表现了中国的政治、军事状况与地理、人文环境。上述两套战图的产生是西方铜版画技术引入中国的标志,不过由于当时中外的政治、军事、经济、宗教、艺术等因素的影响,在以后的150年间,铜版画在中国并未能获得进一步推广,这种局面直到近代西画引入中国才发生了改变。

虽然铜版画在中国清朝未能发育起来,但是在同时期欧洲出版的铜版画集中却有不少中国题材的作品。

西方有关中国的最早铜版画出版物,是简·纽霍夫(Jean Nieuhoff)于1665年(康熙四年)出版的《荷兰东印度公司使节团访华纪实》。纽霍夫是荷兰的商人与探险家,1656年曾随荷兰东印度公司使节团来华访问。他将自己从澳门到北京的一路见闻用文字记录了下来,并且把其中的一些场景绘成了图画,回国后用荷兰文出版了此书。书中详细介绍了大清帝国的历史、地理、风景、建筑、习俗、礼仪、服饰、物产等,甚至提到与平南王的会面、对顺治帝的觐见、与汤若望的交谈等。书里的折页铜版画是西洋出版物中最初的中华影像,颇具大航海时代的气息。该书后来被译成法文出版。

1793年,大英帝国以乔治·马戛尔尼(George Macartney)为首的使团航海东来,以"庆贺乾隆皇帝八十大寿"为名访问中国,这是英国与中国的首次官方接触。在历时近两年的访问中,使团成员在北京、天津与东南沿海地区做了大量的采访调查,随行画师威廉·亚历山大(William Alexander)更是以强烈的好奇心捕捉了自己在新世界里看见的事物,并以灵动、娴熟的技法将之描绘了下来。回国后,他以铜版画形式把自己的作品结集出版,为在照相术诞生之前的西方人了解中国人的社会生活提供了珍贵的资料,同时也激发了西方人对东方的更强烈的好奇心,引发了新一轮的赴华潮。

随着中西交往的进一步密切,出自赴华探秘的西方画师之手的中国题材绘画越来越多,而由中国画师制作的洋味外销画亦不断传入欧洲。为了扩大这些画作的受众面与影响力,满足欧洲民众了解大清帝国的愿望,欧洲出版界在鸦片战争前后出版了一系列中国题材的铜版画集。这些既具纪实性、又具艺术性的画集细致地反映了中国的社会风习与市井百态,从不同角度向西方民众揭开了大清帝国的神秘面纱。在鸦片战争之前,最具代表性的中国题材西洋铜版画集有如下几种。

英军少校乔治·亨利·梅森(Major George Henry Mason)的《中国服饰》和《中国刑罚》,分别于1800年与1801年出版。前者含铜版画60幅,后者含铜版画22幅,内容皆取材于广州画师蒲呱(Pu Qua)的外销画作。梅森与蒲呱的事迹于史无考,有论者推测,在18、19世纪之交,梅森可能曾作为固定客户包销蒲呱的外销画作品,或者曾开订单请蒲呱为其作画;后来前者出于市场推广的需要,将后者的画作改成了铜版画形式结集出版。这些画作既采用了西式绘画的透视明暗手法,又保留了中式绘画的线条勾勒方法，精准地描绘了中国的民俗风情与官府刑罚，上至达官贵妇、下至贩夫走卒俱有所触及，社会覆盖面很广。梅森之书促进了西方对中华社会的了解，也开启了中国题材铜版画集出版的先河。

马帝尼耶·布列东（Breton de la Martinière）的《中国艺术与服饰》。最先用法文于 1811 年出版，次年被翻译成英文出版。共有手工上色的铜版画 80 幅，资料来自法国耶稣会神父贝丁（M. Bertin）的收藏，有部分图画是对梅森《中国服饰》及《中国刑罚》的临摹。全书 80 章，每章围绕一幅铜版画展开，内容包括清朝的服饰、工艺、行当、贸易、民俗、音乐、兵器、皇宫、印刷、造纸、酿酒、丝绸、家禽、士兵、刑罚、妇女等，凡三教九流、各行各业都在其关注之列。

威廉·亚历山大的《中国服饰》，1814 年在英国出版。内含铜版画 48 幅，画作向人们展示了乾隆之世多姿多彩的社会风情，具有很高的历史价值与艺术价值。

在鸦片战争之后，西方最具代表性的中国题材铜版画集是英国建筑师与版画家托马斯·阿罗姆（Thomas Allom）分别于 1845 年与 1859 年出版的两种《中华帝国图景》。前集有铜版画 128 幅，后集有铜版画 158 幅。阿罗姆之作可称"奇书"，因为他本人并没有到过中国，只因好奇心驱动，便在约翰·纽霍夫、威廉·亚历山大、乔治·钱纳利（George Chinnery）等访华画家画作的基础上，融入自己的想象，有趣地再现了 19 世纪的中国市井风情与民生世态，地点包括北京、天津、苏州、杭州、广州乃至香港、澳门，覆盖半个中国。许多西方人正是通过它了解了中国的万里长城、大运河、圆明园、武当胜景、富春江图景、虎丘塔、雷峰塔、报恩寺、金山寺、龙舟、灯笼、闸门、渔具、男人长辫、剃头挑子、迎春赛会、制茶手艺……由于没有过接触中国的亲身经历，他笔下的人物模样有些怪异——穿着东方的服饰，却长着西方的脸孔；他笔下的中国建筑也带有西方建筑的特点。尽管如此，《中华帝国图景》还是填补了这段时间大清帝国的图像出版空白,成为当时欧洲有名的插图本中国文化教科书。

上面这类西方铜版画集在当时出版固然有着很强的文化传播意义,在今日看来亦依旧颇具历史研究价值。但是由于出版年代久远,时至今日,它们存留下来的印本已不多。而且这些印本不是存放在大型图书馆的书库里,便是成为某些私人藏书家的个人收藏,普通读者难以一睹其面目。我的朋友晓怡居主人王晓强先生是东莞的文史研究者,他年纪并不大,才三十多岁,却已是东莞数一数二的集邮家,也是颇有名气的艺术品收藏家。十多年前,他以职业收藏家的敏感,注意到了中国题材西洋铜版画的特殊文化内涵与历史价值,于是通过各种渠道着力收集这类作品。在拍卖会上购买具有典型意义的欧洲铜版画著作,是他的收集方式之一——上文已说过,在这些著作问世的时候,照相术或尚未发明,或虽已发明而尚未被应用于书刊出版,因此出现在著作里头的插图都是用铜版手工印制的;换言之,它们都是"原作"。经过不懈努力,现在晓强手中掌握的中国题材西洋铜版画为数已比较可观,于是便产生了一个怎样利用它们的问题。晓强的收藏理念与某些收藏家有所不同,有些收藏家收藏只是为了满足个人对藏品的癖好,因此在一般情况下是不愿意把它们向公众展示的。而晓强却把藏品收集看作再传播的一个环节,他不仅常常对自己的藏品进行研究,以了解它们的来龙去脉与文化价值,还会想方设法寻找机会让藏品展示于公众面前,以发挥它们的文化效用。他对中国题材西洋铜版画所持的态度正是这样。2015 年 2 月,他曾在东莞市可园博物馆的支持下,以"晚清风尚——19 世纪西方艺术家笔下的中国经典铜版画作品展"为题,向市民展示自己收藏的中国题材西洋铜版画,引起了良好的反响。现在,他又在展览的基础上进一步与可园博物馆合作,推出《19 世纪中国题材西洋铜版画系列丛书》。丛书由以下四种著作组成:(一)乔治·亨利·梅森的《中国服饰》;(二)托马斯·阿罗姆的《中华帝国图景》;(三)马帝尼耶·布列东的《中国艺术与服饰》;(四)威廉·亚历山大的《中国服饰》。这个出版计划显然是很具创意的,通过这批出版物,读者将能看到 19 世纪欧洲人眼中的中国社会的流风遗韵,也能看到中西方交往的蛛丝马迹。因此,我相信丛书的出版,将会受到各领域读者的欢迎与肯定,丛书对那些研究版画艺术史、出版印刷史、清代社会史与中外交流史的学者,意义尤为重大。

在本丛书出版前夕,晓强专程从东莞来广州找我,希望我能为丛书作一篇总序。我觉得自己并不是为丛书作总序的合适作者,因为我主要从事古文献研究,对西洋铜版画了解有限——虽然我有友人是版画家。最初,我曾想把这个任务转移到更有资质的知名学者身上,然而,由于某些原因,这一努力未能成功。而晓强却坚持认为我就是"合适"的总序作者,理由有三:第一,我在成为职业学者之前曾长期在出版界工作,在广东可称"资深出版家",懂得图书出版的方方面面;第二,岭南文献是我目前的主要研究方向,而中国题材西洋铜版画有许多内容反映的正是广州及周边地区的生活,也可看作"广义的岭南文献";第三,我也喜爱艺术品收藏,是他的"同道"。我拗不过这位执着的年轻朋友,只好越俎代庖为之序。既然是外行人,说出的话就不免外行,望晓强,更望方家多加包涵!

2015 年 6 月 13 日于中山大学沁庐

"畏人嫌我真"

——"陶瓷张"与他的个性收藏

(张家添古陶瓷藏品集序)

"陶瓷张"痴迷陶瓷,痴迷得让人忘了他的本名;几乎所有人都这么称呼他,包括他自己。

这位痴迷陶瓷的汉子叫张家添,五十三岁,地道的广州人。

"陶瓷张"给人的感觉有点特别:他长得熊腰虎背,五大三粗,一张过分大的黄脸上长着一个矮鼻,看上去像个蒙古人。他不仅样子粗壮,说起话来嗓门也很大,常惹来四座的惊异而自己却浑然不觉。如果单从他那粗线条的外表来看,你很难想象得出他是一位崇尚斯文的陶瓷收藏家。

"陶瓷张"虽"粗",却自有魅力在。他性豪爽,富激情,"粗"得率真,"粗"得坦诚。对中国的传统文化,尤其对中国的陶瓷艺术,他有一种融化在血液中的爱。不论何时何地,不论在何背景下,只要一提起陶瓷,他全身的细胞就会都动员起来,就像那些走火入魔的练功者,喋喋不休,唾星四溅,手舞足蹈,如醉如痴。

"青花釉里红的'红',着色剂是铜。它和青花的着色剂钴同施于一器,在高温下要做到呈色都恰到好处,很不容易!最妙的釉里红效果应该是像一点鸡血滴到水里初扩散时的样子,你看,是这样……"他坐在餐桌上,一边向你讲解,一边把酱油滴到自己的啤酒杯里做示范。

"所谓'斗彩',是先在釉下用青花勾出图案的轮廓,烧成后在釉上填充五彩,然后再烧。两次烧制的温度不同。"为了把这种复杂的工艺阐述得更明白,他用筷子蘸了用作北京片皮烤鸭调料的面酱,把盛饭的碗涂抹得脏不拉几的。

"×××是专家,当然有独到之处;但专家不是神仙,眼光也有局限性。对他的某些观点,我不敢苟同。对'权威',我的观点是不能不信,也不能迷信!你说对不对?"他紧盯着你,然后拿起摆在你跟前的半杯剩茶,一口喝下。

"你看看这口玉青大缸,"他指着一张图片,充满情感地说,"你看看,这造型,这瓷质,有多美!与其说是用瓷土烧制出来的,不如说是用青玉雕刻出来的!你再看看,这雕花纹上覆盖的釉,多薄,多匀,多亮,就好像是美人身上的轻纱。美人不穿衣裳,身上的肉露出来了,并不好看;穿的衣裳过厚,把身体的线条都掩盖了,也不好看。陶瓷何尝又不是这样!"他咽下一口口水,痴痴地看着那口据说是从宫里流散出来的大缸,仿佛它真是一位穿了轻纱的美女。

"乾隆瓷器的特征是瓷质精细,但装饰过于繁缛,奢华有余而神韵不足。你看这件瓷器,呈色鲜艳明丽,花纹清晰,装饰味很浓……"他从多宝格上取下一个"玉壶春",不小心"哐咚"一声,瓶子掉到地下,成了碎片。他摇了摇头,一边心痛地弯下腰来收拾地上的宝贝,一边继续他的解说。

如果以受教育的程度来衡量,"陶瓷张"算不上"知识分子",但他对中华艺术的精妙却有常人所不及的理解力和悟性。正是这种天赋,造就了他的收藏。60年代,他曾在陶瓷之乡江西当"大兵"。八年的军营生活,使他接触了美轮美奂的中国陶瓷,并与之结下不解之缘。数十年收藏之路不寻常:为了收藏,他的足迹踏遍了中国的山山水水;为了收藏,他与许多陶瓷名家交上了朋友;为了收藏,他花费了经商所得的大部分资金……如今,在"陶瓷张"的藏品中,有如银如雪的白瓷,也有如冰如玉的青瓷；有高雅青翠的青花，也有颜色缤纷的彩器；有精致的官窑，也有粗犷的民窑；有古代的精品，也有现代的杰作。其规模，让参观者个个惊讶不已。"陶瓷张"的收藏是一种很富个性的收藏，他也喜欢古瓷，但并不像有些收藏家那样，把瓷器的制作年代是否久远作为第一标准，而更注重瓷器制作的工艺水准。换言之，"陶瓷张"兼收并蓄，厚古而不薄今，把追求真真正正反映中国陶瓷艺术最高水准的陶瓷作为自己的目标。因此，他的藏品给人以工艺至上的印象。"陶瓷张"对时下收藏界以赝充真，或把一般藏品的价值无限拔高的歪风深为鄙视。在他收藏的一幅清代的国画上，有一方篆体图章，图文是"畏人嫌我真"。这五个字很能激起他的共鸣，因为他自己的收藏就贯穿了一个"真"字，而这种"真"有时反得不到理解。这些年来，"陶瓷张"在收藏上是"天马行空，独来独往"。而恰恰是这样，这位收藏界的"独行侠"的藏品便有了人所不及之处。

在"陶瓷张"的数百件藏品中，大约有半数属于旧器，其中有些是不可多见的精品。例如：

洒蓝釉钵 所谓"洒蓝"，即古代文献中所说的"吹青"，其工艺创始于明宣德时期。虽然清康熙时民窑曾多烧制，但明宣德洒蓝器却极其珍稀，除景德镇御器厂有标本出土外，传世品凤毛麟角，其中一件藏于首都博物馆。因此在拍卖市场价格不菲。"陶瓷张"的这件藏品得自景德镇陶瓷世家的后人，有"大明宣德年制"的题款，器型与首都博物馆的藏品相同，而味道更古拙。

影青梅花洗 此器造型典雅，釉色沉着，一看即知是明以前的产品。

天青水仙盆 这件瓷器釉色润蓝柔和，给人"雨过天青"之感。它原是民国景德镇"珠山八友"之一、著名陶瓷艺术家刘雨岑的藏品，"文革"后期刘氏之子刘平把他赠送给了"陶瓷张"。上有"大清雍正年制"的题款。

黑地九龙万花珐琅彩葫芦瓶 珐琅彩瓷为清御用器，创烧于康熙朝晚期。它多由宫廷内务府专造，偶尔也有在景德镇直接烧制的，制作极为考究，传世品不多。"陶瓷张"的这件 46 厘米高的中器，把清三代雍容华丽的气象表现得淋漓尽致。

"三英战吕布"青花大碗　有"福海藏珍"的室款，在碗沿上有表现琴棋书画的开窗图案，碗的外面则是三国题材。造型雍容，瓷质细腻，发色纯正，笔墨灵动，显示出制作者要把它制成传世品的追求。

在"陶瓷张"所藏的旧器中，值得一提的还有：清青花桃型壶、清嘉庆"三国演义·空城计"青花大缸、民国粉彩瓷画"风尘三侠"、国民革命军军用瓷壶（上有"军人读训"）等等，其中以民国瓷为最多。

如果说"陶瓷张"在古代陶瓷收藏方面尚算不上卓然大家的话，那么，他在当代陶瓷收藏方面，则毫无疑问地处在制高点上；换言之，他的陶瓷收藏代表了新中国陶瓷艺术的最高水平。景德镇的老艺人说，要看新中国陶瓷的顶尖东西，得到广州找"陶瓷张"。

"陶瓷张"收藏有两只精致绝伦的薄胎碗，平时深藏于保险柜，只有好友才偶得一开眼界。一只是高白釉八骏图碗，边沿用的是真金图纹，图案是乾隆时的宫廷画师郎世宁的西洋画八骏图；一只是荷口双面叠彩金鱼图碗，在碗的内外面均有六条形体、神态、颜色不一但两面完全重合的金鱼（类似"双面绣"的效果）。这两只碗均为正德碗的式样，雍容端庄，无论是胎质型制、烧制技术还是绘画工艺，都堪称前无古人后无来者，可谓是新中国陶瓷艺术的登峰造极之作。它们是曾为斯大林烧制瓷像而由毛泽东作为寿礼带到苏联的当代陶艺泰斗章鉴先生生前的作品（瓷胎则出自当代景德镇瓷胎第一高手聂新根老师傅）。章鉴存世的八骏图碗只有两只，一只存景德镇中国陶瓷馆；"陶瓷张"收藏的这只本来是章鉴为全国工艺美术展览会而精心制作的，展览会结束后，这碗就下落不明了。"陶瓷张"足足追踪了十三年，最后终于说服以它为陈列品的某友谊商店卖给了他。金鱼图碗则是章鉴当年赠送给"陶瓷张"的，章鉴此举，有"宝剑赠烈士，红粉送佳人"之意。在"陶瓷张"的藏品中，还有一只"人面桃花相映红"豆青象耳开光瓶，在笔者看来，瓷器上的女子，娟秀美丽，绝不在林墉笔下的仕女之下。它也是章鉴的作品。

在"陶瓷张"的当代藏品中，还有两件很惹人注目的作品，一件是大梅瓶，一件是皮灯，均为景德镇首位中国工艺美术大师王锡良先生的作品。这位已年至耄耋的中国陶瓷艺术家如今名气可谓如日中天，但要说他最好的作品，还是盛年时期的。这件作品制作于70年代，绘制了三个半月，可谓作者的黄钟大吕之作。它首开陶瓷国画写生之先河：画面是一株盘结于全瓶的大榕树，空白处点染青峰、红帆、水牛、牧童，给人以田园诗般的恬静感。这个瓶子，如今被誉为"新中国第一瓶"。后者是一件高白薄胎作品，作者参照明画家仇英的构图，把李白《春夜宴桃李园序》所描述的场面，用粉彩烧制在晶莹剔透的灯罩上。这盏皮灯，大概也可被称为"新中国第一灯"。

谈论"陶瓷张"的当代收藏，不能不提"最后的官窑"——"主席用瓷"。"主席用瓷"是景德镇原轻工业部陶瓷工业科学研究所（简称"陶研所"）于1975年专为毛泽东烧制的瓷器，代号为"七五〇一产品"。这批瓷器胎质冰清玉洁，极其温润晶莹，器型有碗、碟、杯、壶等，画面有"水点桃花"和"梅花翠竹"两种。当年产品制成后有十套共一千三百件上送，少量存留在陶研所内。因为偶然的机会，"陶瓷张"从当年主持"七五〇一产品"研制工作的陶瓷艺术家汪桂英（"珠山八友"之一汪野亭之女）的家中获赠一套"主席用瓷"，后来又无意中从陶研所的仓库中收购到若干。近年"主席用瓷"炒风四起，这些瓷器愈显珍贵，陆续有收藏家与"陶瓷张"洽谈，希望得到一两件"主席用瓷"。顺便一提，"文革"结束后，富于想象力的"陶瓷张"买下了烧制"主席用瓷"剩余的全部瓷泥（制作这些瓷泥的原料是在江西抚州一粒一粒地淘选出来的），并用它烧制了两千只十分精致的小瓶——暗寓"邓小平"。这些小瓶有不少绘有图饰,绘制者都是如今景德镇第一流的工艺美术大师,其中如刘平(陶研所时任总工艺美术师)、徐亚凤、彭友贤还是"主席用瓷"的研制者。

"陶瓷张"收藏的景德镇名品,还有人民大会堂专用芙蓉纹青花陈列瓶,古彩蝙蝠"农业机械化"饰瓶。邹甫仁的花鸟瓷画《桃园春晓》《紫藤飞鸟》,嵇锡贵的茶叶末釉窑彩鲤鱼挂盆,张松茂的松梅鹦鹉挂盆,陈庆长的游鱼瓷绘,彭友贤窑彩奇峰笔筒、豆青青花"赤脚医生"鱼尾瓶,等等,难以尽述。

"陶瓷张"说:"陶瓷是中国的伟大发明,是中国人对世界文明做出的杰出贡献。外国人是先识 china(陶瓷),才知 China(中国)的。尽管现在某些国家依靠先进的科学技术,也造出了精致的陶瓷,但只有中国的土中国的水,才能传神地展现陶瓷的天趣与特质。当代中国的陶瓷,依旧是技压群芳的。"

"我在这个世界上已活了大半辈子,什么都经历过、体验过了,我觉得别的什么都不能给我以慰藉,只有陶瓷艺术品,才能给我的心灵以终极的满足。晚上对着它们,我才能安然入睡……"

不过,从陶瓷收藏中获得了诸多快乐的"陶瓷张"也因收藏而有了烦恼——因为他已举家移居美国,而他的藏品仍留在中国。中华瑰宝应该留在中国,"陶瓷张"在这一点上是坚定不移的。但如何处置这些宝贝,却成了"陶瓷张"的心病。他正在不遗余力四处奔跑,希望能为这批"养在深闺人未识"的藏品找到一个理想的归宿,以让其回归社会,凸显价值,在促进文明方面发挥作用。

写于1999年11月18日。原载香港《纯文学》复刊第20期,1999年12月。

中国古典家具的神韵

（中山市三乡仿古家具展弁言）

中国古代家具，是中国文化的重要组成部分，是"由木头构建的诗篇"，具有强烈的民族风格与东方特点。而由明入清，历时几个世纪的明式家具，更是中国古代家具的典范。它材美工巧，情调高雅，风格隽永，温文尔雅，浸润着超尘脱俗的诗情画意，蕴含着浓厚醇和的书卷气韵，是中华文化的优秀遗产。

文化背景

高雅精致的明式家具，是某种文化理念与艺术情趣的物化形态。以"天堂"苏州为中心的中国江南地区，是明式家具的发源地和制作中心，古代许多优秀的家具都出产于这个地方。明式家具的产生，与士人的生活方式有着密切的关系。明清时期，江南地区出现了许多工极精致的私家园林，这些私家园林表现了文人崇尚"雅致""疏简""天然""高逸"的审美趣味。它们既是一种居住环境，也是一种文化形式。与这些"文人园林"的风格相对应，作为室内用品和陈设的家具，自然也需贯彻同样的审美理念；因为在院宅十分考究的情况下，屋内的榻案几椅若过于随便，就会煞风景。另外，作为中国古代绘画史上的"文人画"正宗的"吴门画派"，其寄情山水、推崇隐逸、疏淡高远的画风，也对当时的家具制作产生了潜移默化的影响。因此，明式家具空灵简约，飘逸洒脱，充溢着文人的闲情逸致。明式家具最有代表性的作品，是当时在文人书斋中普遍使用的型器，例如架子床、罗汉床、围床、坐榻、书箱、官皮箱、交椅、圈椅、官帽椅、躺椅、禅椅、玫瑰椅、文椅、画案、翘头案、琴桌、炕桌、花几、香几、交杌、方凳、禅凳、春凳、鼓墩、开光墩、镜台、插屏、围屏、挂屏、梳妆盒之类。无论哪一种型器，均能以简洁清绮、典雅朴实的品性，与同时代的诗歌、小说、书法、绘画、戏曲、建筑、园林等有机呼应；它们以"材"之"美"，"工"之"精"，展示了设计者、使用者"情"之"逸"，"味"之"趣"。所以，当时文人在居室生活方面的寄情主张，孕育了明式家具这种独特的艺术品种。

木材原料

江南盛产榉木，此种木材又称南榆。它质地比较坚实，色泽美如琥珀，纹理如层峦叠嶂，虽不十分贵重，却是制作家具的良材。因此，明式家具在开始制作时多用它为原料。明代嘉靖、隆庆后，"海禁"逐渐松弛，到南洋各地从事贸易的商人增多。海外贸易，使出产于南洋和海南的优质硬木源源不断地输入中国大陆，于是明式家具制作越来越多地使用名贵的紫檀、黄花梨、鸂鶒、酸枝、铁力等硬木。紫檀木产于热带或亚热带地方，木质极其坚硬，色泽棕紫沉古，纹理细密坚致，是制作家具最上乘的材料；黄花梨即老花梨木，主要出产于海南与两广，它数量很少，质地细腻而不变形，色彩不静不喧，或隐或显的纹理有如行云流水；鸂鶒木又称杞梓木，产于广东与海南，木质坚硬，纹理酷似鸡的羽翅；酸枝木亦称红木，为热带植物，主要出产于印度、南洋群岛和中国的广东、云南，在硬度、重量、色彩上仅次于紫檀；铁力木也叫铁栗木或铁梨木，出产于印度和两广，体型高大，质地沉重耐用，色泽和纹理像鸂鶒木而略粗。明清两代的实物告诉人们，优秀的家具必以名贵硬木作材料。硬木细密的质地，美丽的纹理，雅洁的色泽，给家具的外观带来了天然的纯朴，迎合了文人崇尚典雅、追求自然的旨趣。上述名贵硬木的使用，改变了自古以来家具制作所习用的漆饰工艺，使人们更注重发挥木材的本来属性。不过明式家具并不是完全不上漆，而是上"隐漆"——即把透明或半透明的漆液或蜂蜡，一点点滴落在家具表面上，然后用棉絮慢慢研磨，通过压力和热量使其渗入木质。经过这样的处理，家具的表面会形成一种"包浆亮"，能充分展示珍贵硬木的纹理美和色泽美。

工艺特征

世不经见的良材，需依赖能工的匠心独运，才有可能制成人间的美器。明清时代硬木家具的设计者、制造者便是这样的能工。他们精益求精，一丝不苟，把传统的家具制作技术推向了登峰造极的高度。明式家具的制作工艺，现在民间称为"明工"。明工在方、圆、平、直、楞、角、顺、和八字上最见功夫。这八个字既是对明式家具加工的基本要求，也是评判一件家具器型好与"病"的重要标准。

明式家具，不管是直足方腿的还是马蹄足圆腿的，不管是壶门案式类型的、四面平式类型的还是鼓腿膨牙式类型的，不管有束腰还是没有束腰，有托泥还是没有托泥，在制作工艺上都借鉴了中国古代建筑的"大木梁架"原理，采用框架结构和榫卯接合方法来制作。框架结构和榫卯接合方法相辅相成，前者是后者的内容，后者是前者的形式。明式家具的框架组合方法大致有两种：一种是以四足立柱作支撑，而以边框、横档作连接；另一种是先以横档分别接合两足，再用边框或横材固定四足。不管用哪一种方法组合，家具都极其坚固，有"千年牢"之美誉。这是因为阴阳交合、凹凸错落、相反相成的榫卯系统在其中合理、科学地发挥了作用。

明式家具的造型是依赖独特的艺术语言——线条来实现的，例如椅子的搭脑、桌案的牙条、各类型器的腿足，都有相互呼应而富于节奏的线条，西方研究者把这种优美的线条称为"明代曲线"。这种曲线使明式家具很适合于人体的使用功能，而且也使家具产生了流畅、明快的造型。明式家具以线造型的特色，还体现在"线脚"变化上。所谓线脚，指的是各种部件边沿的或圆或方、或凹或凸、或宽或窄的线型。例如"皮带线""弄堂线""灯草线""芝麻梗""竹爿混""大倒楞"之类；各种面框周边，也有俗称"冰盘沿"的另一种形式的线脚。这些线脚，大大增强了明式家具在形体美方面的表现力。

古语云："丹漆不文，白玉不雕，宝珠不饰，何也？质有余不受饰也。"此语反映了古人对自然美的崇尚。明式家具继承和发展了这种传统美学主张，少雕琢、少漆饰的装饰手法与洗练、流畅的造型结构相得益彰，产生了和谐的艺术感染力，展现了"清水出芙蓉，天然去雕饰"的自然美。不过，明式家具在强调整体简洁、质朴的同时，对某些关键部位（结构接合点）或显眼部位（视角聚合点）也做适度的雕镂和镶嵌，目的是在强固器物形体结构的同时增添家具某些局部的装饰美，起画龙点睛的作用。

清式家具

清式家具与明式家具有不同的审美旨趣。清式家具是指出现于清朝康熙年间、盛行于乾隆时期、停滞于清中晚期的具有典型清代工艺风格的古代家具。清式家具是"康乾盛世"的产物。当时社会经济的发展繁荣，刺激了统治阶级的奢侈之风，皇家到处营建园囿宫苑、山庄行宫，清宫内务府造办处耗费了大量人力财力来制作豪华家具以充实之。诸臣百官则纷纷模仿皇家，修建各种豪华宅第。于是追求华贵富丽的广东木器制造工艺，便成为主宰皇家并带动全国的木器家具制作流派，家具制作一改明式的质朴简练风格，雕饰器引领时尚，光素器大为减少。

清式家具的用材与明式家具区别不大，亦重视使用紫檀、黄花梨、鸂鶒、酸枝等优质硬木。但它的造型壮硕厚重，用材力求坚实，很少拼接。特别是清中期以前的宫廷家具，选料更为考究，有的家具甚至用整料制成，因而木色纹理浑然一体。清式家具做工精细，雕饰复杂，经常采用的装饰技法是雕饰和镶嵌。常见于紫檀和红木家具上的浮雕纹饰，从图案到技法与同时期的牙雕、竹雕、木雕的工艺手法都很相似，图案以传统的山水、人物、龙凤狮、花卉、卷草和珍宝为主，刀工细腻入微，纹饰繁缛精密，整体富丽堂皇，而嵌木、嵌石、嵌瓷、嵌螺钿、嵌百宝等手法，应用比明式家具更为普遍。由于西方文化的传入，清式家具中采用西洋图案和手法者占有相当比例，尤以广式家具更为明显。因此，从某种意义上说，清式家具是中西文化交流的产物。嘉道之后，清式家具的工艺制作水平逐渐下降，到同光之际，无论器型、用材、做工，都无法与前朝的制品相提并论。

家具仿古

中国明清家具承载的丰富历史文化内涵，使得它们在当今的社会中享有极高的声誉。不少海外的著名书画、瓷器、玉器收藏家看到了中国明清家具的收藏价值，纷纷把它们作为精品来收藏；而一些崇尚新古典主义的人士也对它们情有独钟，把它们用为家居装饰。目前，民间的明清家具精品已是可遇不可求。因此，越来越多的人开始收藏、使用仿古家具。真正意义上的仿古家具，是采用明清家具所用的木材，按照明清家具的造型和工艺，利用现代的技术条件制作的家具。制作仿古家具的厂家固然不少，但由于制作者对明清家具的文化内涵理解不同，所使用的原料和所采用的工艺不同，各种仿品的制作水平良莠不齐，差距有如天壤。上品颇能展现明清家具的神韵，下品则徒具明清家具的外壳。现在评判仿明清家具的优劣，一般从材、形、艺三个方面来综合判断。材就是木料质地——仿明清家具精品，必定采用珍贵硬木来制作，选材严格，不存在以次充好、以劣冒优的问题；形就是造型结构——仿明清家具精品，必定具有合理的结构、流畅的线条、完美的比例；艺就是制作方法——仿明清家具精品，必定严格按照古代的生产工艺来制造，所有部件都采用榫卯接合而不用钉子或粘胶接合，表面更不用合成漆髹饰。一件仿明清家具，在材、形、艺若能完美结合，便有了古典家具的神韵。所谓神韵，是历史文化内涵在家具这种独特载体的反映，它是抽象的，也是具体的。说它抽象，是由于家具的美感很难用语言来准确表述，对同一件家具不同的人会有不同的心理感受；说它是具体的，是由于如果一件家具具有普遍意义上的美学特征，就必然会给所有欣赏者带来美的愉悦感。明式家具素有"文人家具"的美誉，其神韵主要体现在书卷气息上；清式家具具有鲜明的民族特色与时代特征，其神韵则表现为气势雄伟，富丽堂皇。

《今夜星光灿烂》[①] 序

1973年，我从玉林县玉林镇解放路第一小学（今玉州区古定小学）附设初中部毕业，升入玉林镇第一中学（今广西玉林高中）读高中，时年15岁。那时的镇一中，是玉林城区业余文艺演出的第一重镇，她在文艺方面的名头，甚至响过她在教学方面——众所周知，那个年代学校并不怎么讲教学。那时，担任学校"革命委员会"主任（即校长）的，是让人肃然起敬的戴良潮老师。他是塘岸大坑寨人，讲玉林话略带一点北流口音。我们当面称他为戴主任，背地里却称他为"老戴"——这是当时老师们对他的尊称。这位老戴贵为一校之长，为人却朴素低调。他一年到头总是留一头短发，骑一辆破旧的自行车。在夏天，常着一条洗得发白的西装短裤，穿一双用废弃车轮胶制的"水陆空"凉鞋，断无半点官气。他是一位天生的教育家，对自己所从事的事业十分忠诚，对学生严格中不乏温和，既有严父的"尊尊"，又有慈母的"亲亲"。他记忆力过人，全校数百学生，大多能叫出姓名来，而且事隔多年之后，依然如故。他有很强的人格魅力，即便在那个把人与人的关系搞得剑拔弩张的"大批判""大斗争"年代，也深受师生的爱戴。孔子说："夫仁者，己欲立而立人，己欲达而达人。"戴主任正是这样的"仁者"。后来他担任了玉林市教育局局长，我们见了他依旧称他为"戴主任"。师生之间，极感亲切。

由于原学校的推荐，我被编在后来在七三级中最出风头的文艺班——二班。七三·二班可以说几乎会集了玉林镇本届初中毕业生中的文艺俊

[①] 陈国琏主编《今夜星光灿烂》，香港中国文化出版社2013年9月版。

彦。我天生五音不全，也不会跳舞，之所以被编在这个班，是因为略通丝竹。七三·二班的首任班主任，是陈国琏老师，那时他应当还未满30岁，作为学校紧缺的文艺人才，从玉林镇东方红路小学（今玉州区东成小学）调入不久。他原来所在的东小，因为演出了整场革命现代芭蕾舞剧《红色娘子军》，而成为我的母校一小的"劲敌"，后者也演出了整场革命现代芭蕾舞剧《白毛女》。东小的《红色娘子军》，听说主要就是由国琏老师执导的。

　　因为国琏老师的工作重心在文艺队，所以学校特意给我们班配备了一位副班主任宁可老师。不过国琏老师并不是全职搞文艺，他除了抓文艺队的工作之外，还上我们班的政治课。那时，政治课教学的主要内容是"批林批孔"和"反击右倾翻案风"。国琏老师上课，大致是按当时理论界的红人、中山大学杨荣国教授定下的调子，分析《论语》中的"谬论"，并把它与现实联系起来。这是我这个今日的古典文献学者第一次有系统地接触古典文献。有趣的是，这个"批判"过程竟打下了我最初的一点国学基础！时至今日，像"克己复礼为仁。一日克己复礼，天下归仁焉""甚矣吾衰也，久矣吾不复梦见周公！""八佾舞于庭，是可忍，孰不可忍也？"这样的孔子语录，我依旧能做到脱口而出。后来我曾向国琏老师感谢过他当年的"教导之功"，他听后哈哈大笑。

　　七三·二班的学生以活泼著称。"活泼"既意味着富于活力，也意味着十分顽皮。兹举几例：有一次在菜地劳动，彭劲同学不小心掉进了畦边的一口浅井，正当他全身湿漉漉的像个落汤鸡一般挣扎着往上爬的时候，向以幽默著称的黎迅波同学——文艺队的第一男主角——脱口而出："彭劲，我早就跟你说过了——没鱼的！"在场者哄堂大笑，连在场的老师也笑得歪倒在地。在乐队当打击乐手的蒋华平同学在班中是数一数二的劳动能手，可是他那张碎嘴偏偏爱发牢骚，结果常惹来不该有的麻烦。有一天，他在厕所里向另一位同学抱怨："他妈的，那个戴良潮，一天到晚赶我们去做苦力！"想不到蹲在他旁边的老戴忽然开口："蒋华平，我全都听到了！"顿时吓得蒋华平魂飞魄散。在乐队里拉二胡的陈敦文一心想入团，常常缠着团支书"谈心"，晚自习后吹熄灯号了，也不回宿舍，有人猜测他大概是教室里"练习宣誓"。为了捉弄他，有一天，几位调皮的同学从田野里捉回上百只草蜢，全撒到他的床上，让摸黑回来的他吃尽了苦头。有一位外地来从教的青年男老师——姑隐其名——上课总是无法控制局面，有一次竟被学生气得骂了一声"娘的"便拂袖而去，跑回寝室关着门大哭了一场（这是前往"侦察"的同学发现的）。班中还有同学，把卫生室的校医称为"兽医"，后来发现这实际上是骂自己。有一天晚上，一位老师在大会上"忆苦思甜"，说得声泪俱下。大家回到宿舍，对他所述说的悲事情节一一分析，却得出结论——"全是编的"。既然编，大家就干脆编下去："……伟大领袖教导我们，有压迫就有反抗。当着我父亲的面想反抗，可是找不到棍子，便决定这次暂时不反，下次再反。"七三·二班的班风，就是这么奇特可笑，端的是让老师又爱又恨。不过，班中同学怎么淘气，也不敢在国琏老师面前造次。他不在场时，班中常常乱成一锅粥；可是只要他的影子一出现，教室里便顿时一片肃静。后来国琏老师不当班主任了，大家发现他的一脸"严肃"其实是装出来的，于是便不像最初那么怕他了。在背后，大家有时还放肆地管他叫"阿琏"。许多年后，国琏老师对我说，我们班的调皮，在这所学校里可称前无古人后无来者，他也常常忍俊不禁；但为了维护"师道尊严"，他有必要不时煞煞我们的"威风"。

当时上头要求把学校建设成为"无产阶级专政的工具"，学校"革委会"和驻校"工宣队"，对文艺宣传队都极为重视。因为这个缘故，文艺排练与演出就成了我们的"主业"；而上课学习反成了我们的"业余"之事。只要有需要，班里随时都会停课。由于缺课太多，我们班的期中和期末考试常常被"省略"，成绩由老师按印象打分。考虑到国琏老师需要把主要精力放在文艺队管理上，第一学期后，学校便不再安排他担任我们的班主任，而改由后来成为玉林市教育局副局长的杨希初老师担任。集中了一小与东小的文艺精英的学校文艺队，在国琎老师富有专业水准的领导与组织之下，很快就把《白毛女》与《红色娘子军》两台革命现代芭蕾舞剧"复原"。不过国琎师并不满足于"炒旧饭"，他接着又组织学生排出了另外一台革命现代芭蕾舞剧——《沂蒙颂》。这台芭蕾舞剧的音乐伴奏任务，是由我所在的师生混合乐队来完成的。当时国琎老师是乐队里的手风琴手，而我是小提琴手。我们乐队中的一些天分较高的乐手，后来成了专业演奏家。比如张平曾被县文艺队吸纳，而梁伟雄现在是国家一级二胡演奏师。我在一中就读那两年，在文艺演出方面，最让国琎老师得意的事，可能是经他一手策划，文艺队成功演出了一台大型歌舞造型剧——《收租院》。这出剧，故事情节极为悲惨，音乐也相当凄婉，每次演出都令观众哭成一片。为了演好这台戏，学校动用了文艺队的全部阵容，不少老师与他们的孩子也被请进了剧组。国琎老师是本剧的导演组长，同时出演大地主刘文彩；在"文革"期间挖防空洞时被学生的锄头刨去一只眼睛的陈承智老师，扮演刘文彩的狗腿子管家；北京大学地球物理系毕业的化学老师陈寿荣——平时总是风度翩翩地穿着一身地质队工装——则扮演孤苦伶仃的农民老大爷。他们惟妙惟肖的表演，至今还令人记忆犹新。出于对这段辉煌历史的无法忘怀，国琎老师前两年把当时的演出档案进行了整理，还特意寄给我一份。上面赫然写着，我是文艺队副队长兼乐队队长，同时也是《收租院》导演组的成员！

　　虽然是文艺队"副队长"，但我不登台表演。不过，在毕业前半个月却破了戒。那次队伍被拉到北市公社红江渠水利工地，对在那里参加劳动的本校师生与当地的民工进行慰问演出。因为演员换装需要足够的时间，国琎老师便"捉得黄牛当马骑"，让我和同在乐队里拉小提琴的艾群同学临时加演了一出相声《哥哥出嫁》。这是我唯一的一次登台演出。后来我把这出相声带到了我插队的所在地樟木公社新龙大队,从未听过相声的农民,一个个笑得都背了气。

毕业之后,我与国琏老师的接触便少了。三十多年来,时代在变,社会在变,学校也在变,但是学校的文艺工作由国琏老师主抓这一点始终未变。我想,在这期间,国琏老师应当还为学校的文艺事业做出过许多贡献,可惜我难置一词。

近两三年,已退休的国琏师与我的联系忽然又多了起来,主要原因,是玉林高中的百年校庆。为了筹备这场隆重的庆典,他和当年教化学的汤其铿老师均为校方所返聘。出于对我的器重,两位老师各给我布置了一道"作业"——国琏老师要我为母校作一首新校歌,其铿老师则要我为校庆纪念册写一篇卷首辞。当时,新校歌明确说面向全体校友征集,而卷首辞似乎也没有理由由我来作。因此,我起初对两项任务一律推托。想不到两位老师执着得很。国琏老师有一天提着两盒玉林牛靶,忽然出现在中山大学,一见我面便说此次系受校方委派来穗,若是我不交校歌"作业",他就准备赖着不走了。其铿老师则一个电话紧接着一个电话催稿,把我从广东追到江西,从江西又追到安徽。他还给我写了两封讨文债的亲笔信,第一封称我为"亲爱的杨权同学",第二封则称我为"尊敬的杨权教授"。我受不了他们的穷追猛打,只好宣布投降。两份"作业",我都在玉高百年校庆之前,通过他们交给了校方。可是"作业"的分数,至今未见两位老师给出。

玉林高中是广西第一所高中,为了体现这所百年老校的历史沉积,我创作新校歌与撰写卷首辞,走的都是典雅一路。新校歌两段歌词开头分别为:"大容翕欻,山木苍苍,卓哉吾校,烁燨四方!""南流蜿蜒,江水泱泱,悠哉吾校,源远流长!"我原先有些担心,这种这么"阳春白雪"的东西,恐怕难以为校方所接受。没有想到,经国琏老师与其铿老师的游说,校庆筹委会竟一致投票通过了。国琏老师还与另外一位老师合作,为校歌的歌词配上了气势宏大的音乐，并请南宁歌剧院的专业乐团与歌唱家录了音。玉林高中合唱团在母校的百年校庆大的典礼上，向全体来宾演唱这首新校歌。

　　由国琏老师策划并执导的玉高百年校庆晚会，被诗意地命名为"今夜星光灿烂"。它把玉林高中的百年庆典推向了高潮，也把国琏老师的文艺生涯推向了高潮。我虽未能躬逢其盛，但可以想象得出激动人心的场面。现在，国琏老师把这次晚会的资料编成了同名专册，使我们有了感受当时气氛的机会。我想，这部册子，不仅是对那次盛会的纪念，也是对国琏老师文艺生涯的纪念。国琏老师似乎是天生注定要与文艺结缘的，因此，在这部专册出版的前夕，我题写了几个字："文以载道，艺能传神。"算是学生给老师的献礼吧。

2011 年新春写于湖南湘潭

玉林高中记

(《百年玉高》① 前言)

郁林乃岭南名郡也。民殷物阜，毓秀钟灵。古今存向学之风，士庶有崇文之质。文称倚马，每每缘笔陶情；才擅雕龙，往往秉翰寓兴。重教尊师，闻道以达德；知荣明耻，见贤而思齐。

溯乎百载以前，时值清季，黄钟入律，疏梅报信。吾校玉林高中，宏基初开自文场，筚路蓝缕；声名鹊起于东岳，桃李春风。约文博学，倡教育以启民智；格物致知，阐道理而化人心。秉中土文明之博大，纬地经天；借西方科学之精纯，阐微索隐。于是南流江畔，遂为兴学沃壤；大容山麓，洵乃育人宝地。

洎民元，干戈俶扰，战火频仍。国家式微，政治溷晻。外有倭寇来侮，内有枭桀相争。师生沐雨栉风，向学之心不坠；流离颠沛，凌云之志弥坚。其教学也，如切如磋；其研修也，如琢如磨。凿壁偷光，续昔贤之逸事；卧薪尝胆，成来哲之令名。

共和国革故鼎新，师生既感时代之春意，乃谱教育之华章。教者谆谆，传道而解惑；学者殷殷，进德以修业。蟾宫之桂屡折，学界之冠常膺。正思匠心妙运，骏业日新；讵料"文革"暴兴，法界罹劫。斯文扫地，图书成燔焰之灰；庠序析薪，人马作猢狲之散。变鲁复秦势炽，教师蒙羞；批牛斗鬼风行，学子失教。所幸三变沧桑，毕竟弦歌不绝；一途荆

---

① 玉林高中编《百年玉高》，2008年11月刊行。

棘，终归木铎尚传。

改革开放，吾校恢复。旧园新色，生郁郁之香花；老干嫩枝，发蓁蓁之绿叶。上下黾勉同心，励精图治。文理兼修，德智并重。求真求善求美，自立自重自强。轻鸿高骞，颉颃云路；巨龙猛鸷，周流天渊。书声动地，欲开万古心胸；文气冲天，敢比一时豪杰。五属英才麇聚，高梧栖凤；四方贤彦蝶化，繁李生花。

今日吾校百载华诞，庆云五色，聚八桂之菁英；雅乐千章，颂百年之鸿业。熙熙万众，济济一堂。黉宇簇新，增鸟革翚飞之象；校园锦绣，奠竹苞松茂之基。学子躬逢其盛，喜不自胜，乃舞之蹈之，歌之咏之，爰赞曰："锣鼓喧兮琴瑟奏，华章曜兮彩云飞。校运昌兮辉煌创，美名播兮众望归。"

戊子十一月十四日杨权焚香沐手敬草于中山大学

附：玉林高中校歌（百年华诞版）

第一段

大容嵡嵸，山木苍苍，
卓哉吾校，烁爚四方！
气象庄严境界阔，
泽施八桂桃李芳。
尊德性，道问学，尽精微，至广大，
有文有质琢珪璋。
求真求善求美，
砥砺气节与文章。
传道，授业，解惑，
作育多士令名扬。

第二段

南流蜿蜒，江水泱泱，
悠哉吾校，源远流长！
英才卓荦典范存，
统传百年教运昌。
崇科学，重人文，格万物，致良知，
立德立功做贤良。
自立自重自强，
研求学理乐未央。
审问，慎思，明辨，
明日栋梁志昂藏。

玉林高中校史馆弁言

吾邑玉林，旧称鬱林，其地钟灵毓秀，卧虎藏龙。两水分流南北，曲能通海；三山雄踞东西，大乃有容。风气淳和，人物卓荦。才擅雕龙，古今存尚雅之俗；诗称倚马，士庶有崇文之风。石嶷似蒙恬之笔，高山号科举之村。紫泉讲论，俨然鹿洞鹅湖；水月咏题，仿佛七星芦笛。抗疏批鳞，何以尚光彪正史；恃才傲物，李绍昉屈点"复元"。龙虫并雕，王了一誉满中华；经史兼擅，陈柱尊名扬宇内。南流江遥接洙泗水，西望桥长扬邹鲁风。

玉林高中，古郡名庠，为西粤新学权舆也。筚路蓝缕，宏业初开乎清季；桃李春风，声名鹊起自城东。博学于文，倡教育以启民智；行己有耻，阐道德而化人心。尊师重教，闻道以达德；崇古追新，见贤而思齐。藉西方科技之精纯，阐微索隐；秉中土文明之博大，纬地经天。然洎民国，干戈俶扰，战火频仍，国势式微，政治溷暗。外有倭寇来侮，内有枭桀相争。而师生沐雨栉风，向学之心不坠；流离颠沛，凌云之志弥坚。其教也，如切如磋；其学也，如琢如磨。凿壁偷光，续昔贤之逸事；卧薪尝胆，成来哲之令名。

共和国革故鼎新，师生既感时代之新意，乃谱教育之华章。教者谆谆，传道而授业；学者殷殷，进德以修身。薪火燏燏，蟾宫之桂屡折；书声琅琅，学坛之誉常膺。正欲潜龙猛跃，周流天渊，轻鸿高骞，颉颃云路；讵料"文革"暴兴，法界罹难，四凶肆虐，九州被祸。斯文扫地，皓首有蒙羞之叹；庠序析薪，青衿有失路之悲。变鲁复秦势炽，批牛斗鬼风行。图书成燔焰之灰，人马作猢狲之散。所幸三变沧桑，毕竟弦歌不绝，一途荆棘，终归木铎尚传。星移物换，否极泰来。改革开放，名庠恢复。旧园春色，生离离之碧草；老干新枝，发蓁蓁之嫩叶。上下激扬，励精图治；师生黾勉，发愤图强。先生雕璞琢玉，神闲气定；后学怀懋抱悫，志大才弘。奇葩结果，四方之美誉鹊起；高梧栖凤，五属之英才麇聚。似飞黄之腾达，意气冲飙；若鲲鹏之扶摇，情怀焕烁。黼黻河山，欲比一时豪杰；经纶天地，要开万古心胸。飞天揽月，尽抒凌云之志；探骊得珠，敢笑拾屑之人！

今日吾校适逢盛世，气象一新。宏宇拔地，藉名山之崔崒；曲径通幽，临洋水而清妍。庆云五色，更增鸟革翚飞之象；雅乐千章，唯颂竹苞松茂之基。雏鹰振翼，飞扬而踔厉；老柳垂阴，摇曳更多姿。学子躬逢其盛，喜不自胜，爰赞曰：

> 大容郁郁，南流汤汤。崔嵬逶迤，煌煌上庠。
> 芝兰芬馥，鸿鹄翱翔。济济多士，令名久扬。
> 盛我古郡，隆我正邦。考钟伐鼓，其声铿锵。
> 曜厥羽仪，庆厥嘉祥。甄陶化育，百世其昌。

丙申仲春一九七三级校友衡之杨权撰于中山大学沁庐

再创辉煌

(《玉林师院附中四十周年校庆纪念册》[①] 前言)

金秋九月,正值收获时节,玉林师院附中凯林校长专程来访中大。他兴致勃勃地告诉我:今年11月5日是附中建校四十周年纪念日,届时学校将广迎八方校友,举行大型庆典。我闻此佳讯,欣喜莫名,当即蘸墨挥毫,书"雅风蔚起"四字为学校献礼。这四个字,我认为可成为附中四十年发展历程的真切写照。

自古,一地风俗的醇和、人文的昌盛、学术的繁荣、经济的勃兴,无不仰赖于人才培养;而人才之多寡、品格之优劣,又与学校教育息息相关。玉林地处南流江畔,立郡已逾千年,地方山川灵秀,素称文教沃壤,在兴学育才方面久负盛名。而玉林师院附中作为本地名黉,更是个中翘楚。这所追求卓越的学校自其诞生之日始,即秉承"为学生成功的人生奠基"的宗旨,高起点办学,按"敏思乐学,宏纳笃型"的校训要求去塑造学生。学校办学目标明确,发展思路清晰,教师严谨宽容,学生勤奋踏实。全校上下黾勉团结,励精图治,以当地的顶尖学校为标杆,一心要把教学质量搞上去。因此事业不断壮大,人才培养质量亦逐步提高。近年来学校在各个方面屡创佳绩,频传捷报。春风化雨,桃李扬花,在过去的四十年中,学校总共培养了一万余名学生,为社会输送了许多有用人才,贡献有目共睹,成就可圈可点。

[①] 《玉林师院附中四十周年校庆纪念册》,2011年11月刊印。

从某种程度上说,我也是附中发展的历史见证人。三十年前,刚刚大专毕业的我,带着一身"青涩",从玉林师专(师院的前身)来附中任教。那时我只有二十二岁,比学生大不了多少,在教学上并无经验可言,却被学校委以大任——同时执教初二、初三与高二毕业班的历史课。那时学校的规模还较小,只有一栋两层的教学楼,每个年级只有两个班共一百来人,教职工则只有二三十人。三十年过去,学校已今非昔比,无论师资力量、教学设备还是办学规模都上了好几个台阶。我当年的同事,至今还有人奋战在附中教学的第一线,而我只在这里工作了一年半,为期很短。尽管如此,这段活泼、紧张、生动与火热的生活,还是在很大程度上锻炼了我,并为我与一些同事、学生的长久情谊创造了机缘。当时,我在附中居住的宿舍只有三面土墙,我把它命名为"三壁斋"。如今整栋宿舍楼都已经荡然无存,但是"三壁斋"时代的生活,依旧鲜活地存留在我的脑海里。也正是这段难得的人生经历,使我有资格跻身玉林师院附中校友的行列。

岁月如梭,岁月如歌,倏忽玉林师院附中已四十岁。对于一个人来说,四十岁已是盛年;但对于一间学校来说,四十岁很可能还只是青年甚至少年。今日的附中无疑还相当年轻。唯其年轻,她展现于世人面前的,便是青春勃发的容颜;唯其年轻,她便总是那么精神饱满,全身充满活力。作为校友,我在为附中过去的四十年而拍案欢呼的同时,也衷心祝愿学校在未来再创辉煌!

2011 年 10 月 2 日于中山大学

《美丽的"南方"——广西黑五类食品集团作品集》[①] 序

1977年，中断了十年的高考恢复，由于当时人才奇缺，中专层次的玉林地区师范学校（后来改制为师范专科学校）招收了一个40人的文科大专班，专业是史地。在志愿栏上填报了"文学"专业却没有填报任何学校的我，最终被这个大专班录取。由于这一因缘，我与本来在人生之旅无交集可能的张武忠学兄成了同窗。那时，班中的学生年龄参差不齐，名为同学，其实两代同堂。班中最小者只有16岁，知青出身的我19岁，而入学前在乡村学校当了十年民办教师的武忠已32岁。因为他在班中年龄最大（后来扩招班中又来了几位年龄比他还大的），所以连老师也对他礼敬三分，称他为"老张"。我那时对自己被录取到这所层次不高的学校感到委屈，一心想退学；而武忠对自己年逾而立却尚有机会接受高等教育而感到心满意足。其实，在全班同学中，最有资格委屈的是他——在玉林地区（今玉林、贵港两市）的全部文科考生中，他总分第一。若不是"超龄"，他是完全有机会进重点大学的！七七级的同学有一个特点，那就是学习普遍刻苦认真，因为大家都明白学习机会来之不易。当时有一个口号，说是要把"四人帮"造成的损失夺回来。武忠不仅年龄大，而且入学前已结婚生子，家中上有老下有小的，很多牵挂；而他身体又不怎么好，常要到校卫生室开药。在这样的背景下读书，困难可想而知。但是，生活上的困难

[①] 李维昌、张武忠主编《美丽的"南方"——广西黑五类食品集团作品集》，华南理工大学出版社2019年5月版。

并不能压制住他求知的欲望，他的学习动力与年少的同学相比丝毫不落下风。他是"老三届"，基础很扎实，因此，大家推他为学习委员。而他也不负众望，把自己的工作职责落实得相当到位。在三年的读书生涯中，他给我留下了一个"敦厚长者"的形象。

1981年大专毕业后，武忠与我便各奔前程了。他被分配回家乡容县，先是在曾就读过的杨梅中学任教，四年之后被调入县委宣传部任宣传科干事。1990年升任县委宣传部副部长，又兼县人大常委会委员、《容县报》总编辑，走上了领导岗位。而我则留校工作，后考入中国人民大学攻读硕士学位，毕业后就职于中山大学。虽分道扬镳，但彼此一直保持着联系，对对方的发展情况比较了解。我回广西家乡度假，曾到容县拜访过他；而他凡来广州，亦必到中大看望我。

武忠在县委宣传部主要负责宣传报道工作，领导的安排，使他在后半生与新闻写作结下了不解之缘。他干一行，爱一行，努力钻研新闻业务，从零开始，不断取得进步。1985年3月20日，他在《广西日报》发表了处女作——《侨属姑娘进城办理发店》，自此一发不可收，不断有精彩新闻作品见诸报端。从1986年到1990年，他每年居然都有一二百篇稿件发表！担任领导职务后，每年仍保有数十篇的发表量。他的一些文章，像《从跑单帮到走大联合》《容县农民在信息高速公路上"淘金"》《玉兰香遍马史岭》《斤两不留》《容县"酒并王"》《容县兽药厂靠内部消化赢得效益》等，在当时产生不小的影响，提高了容县的知名度。他在各种新闻稿件评比中获得数不清的奖励，自己也被多家新闻单位评为先进通讯员。1990年，他还获得记者职称。这些成绩，对他产生很大的鞭策作用，强化他献身新闻事业的决心与信心。后来他还以独著或合作的方式出版了《鲜为人知的新闻效应》等多部新闻作品集。其中，由他配合寻找素材并由蒙南生先生撰著的《丢了西瓜捡芝麻》一书，便是在我的协调下由中山大学出版社出版的。2001年4月，已出任县委宣传部副部长11年的武忠婉拒了组织上的岗位交流安排，主动提出以普通干部的身份留在宣传部继续从事新闻报道工作。是年11月8日，在广西第二届中国记者节暨新闻奖颁奖大会上，他发表了《宁可不当领导也要当通讯员》的演讲，获得了与会者长时间的掌声鼓励。

虽然起步稍晚，但是武忠在仕途上也算得上"风生水起"了。然而，出人意料的是，有一天，由于被自己所追踪报道的一家民营企业的事业所吸引，他竟做出了辞离政界的决定！

1985年，武忠甫入县委宣传部，便以过人的眼光注意到了本县的一家以3万元资金起步，只有十来名员工的小作坊——南方食品厂的非凡之处。于是，与《广西日报》的一位记者合作发表了消息《南方食品厂同科研单位攀亲不惜重金买专利出现产销两旺好势头》。这家为武忠所关注的小作坊南方食品厂，便是后来名满天下的大型民营企业——广西黑五类食品集团有限公司。次年，他又独立采写了通讯稿《小厂长进京》，讲述一位企业家在京利用新闻媒介促销自家产品的故事。文章获得了该年度《广西日报》的好稿二等奖，也使他所报道的"小厂长"成了公众人物。这位小厂长，便是后来的"新长征突击手"——广西黑五类食品集团董事局主席韦清文先生。从这以后，飞速成长的南方食品便成了武忠在新闻报道中长期关注的对象，他采写与发表了许多介绍该企业的稿件，如《别开生面的"大篷车"》《他最爱"打工仔"》《管理见奇功》《挺进吴淞口——南方厂开拓上海市场追记》等。1993年，武忠还与人合编了《南方之路》一书，由广西民族出版社出版。他介绍黑五类集团开拓市场的文章《攻占大上海》，则入编了《中国MBA经典案例》一书。在对黑五类集团报道的过程中，武忠受到了该企业的吸引，对企业产生了越来越深厚的感情，也与企业领导层结下了越来越深厚的友谊。以至于在2002年提前退休，结束党政仕途后，受韦清文先生之聘，来到首府南宁，担任黑五类的集团报顾问兼新闻发言人，把自己的人生完全融入黑五类集团的事业之中。在黑五类集团，作为企业的职业写手，他采写了更多反映黑五类集团发展轨迹与成功经验的文章。后来，他担任了黑五类集团的办公室主任与集团报总编辑，直至2015年4月退休离职。

武忠目睹了黑五类集团的成长壮大。三十多年来，作为黑五类集团发展的见证人，他不遗余力地为集团的事业摇旗呐喊、鼎力鼓吹，别出心裁地采写了许多视角奇特、文字生动的新闻稿件。可以这么说，从一家小作坊起步的广西大型民营食品企业黑五类集团如今广为人知，固然是企业自强不息的结果，但也与武忠等写手的宣传褒扬分不开。韦清文先生有言："黑五类的成果，不能忘记上级记者的功劳，也不能忘记容县土记者张武忠（的功劳）。"

现在，在广西黑五类食品集团有限公司建立35周年前夕，武忠把报道黑五类集团的38篇获奖新闻作品结集出版，这是很有意义的。这些文章既是黑五类集团发展的真实记录，也是武忠本人新闻写作的业绩回顾。它们篇篇都那么精彩，篇篇都那么吸引人。读者无须多看，仅从《"黑五类"向西发展身手不凡》《红红火火"黑五类"》《"攻占"大上海》《从小作坊走上现代化集团的启示》《一艘勇往直前的民营企业旗舰》《黑五类的厚黑学》《民营黑五类为什么人才辈出》《海上调船头 浪中把稳舵 黑五类顺利融入北部湾经济区》《黑五类唱红自己的歌》《让黑五类与桂林山水同美》《好一棵参天大树》等标题，便可以看出黑五类集团这家明星企业的不同凡响，看出武忠对他所关注的企业所怀有的感情，看出这位老记者发现新闻素材的锐利眼光与从事新闻文章写作的独特匠心。作为武忠的老同学，我不仅要为这部新闻作品集的出版叫好，更要对作者献身新闻事业的执着表示钦佩，为他在新闻报道领域所取得的业绩喝彩！

以如椽之笔，绘灵妙之境

——庞泰嵩对中国山水画艺术的超越

（庞泰嵩画集序）

在中国画坛上，山水画家庞泰嵩的名字，是越来越响亮了。

经过数十载的修炼，这位岭南派国画大师关山月、黎雄才的亲传弟子，如今画艺已臻上境。他的画，纡余中蕴含着峭激，舒婉中暗寓着倔强，境界开阔，气魄雄大。他那构图空灵、墨色厚重、线条灵动、意境深远的画所展示出来的壮丽气势和飘逸神韵，会使你感到惊异：画家怎么能够凭一支画笔，就把旖旎壮美的大自然描绘得这么灵妙生动！他的山水画，到处霞蔚岚蒸，层峦叠嶂，一山一水，一草一木，一村一舍，仿佛都跳跃着某种韵律，透露着某种精神，让你心驰神往，如醉如痴……

庞泰嵩的画，因了什么整个地灵动了呢？

因了云。

云，一向是中国山水画的主体内容之一。不能说所有的山水画都有云，但一幅山水画倘若没有云，便多少要失却些趣味。因为在自然中，云对气氛的烘托、意境的渲染，起着举足轻重的作用。用庞泰嵩自己的话来说："云飘飘絮絮，若隐若现，似有似无，却蕴含无限。它是山之魂、水之魄，山有云而变成仙境瑶台，水因云而变得灵气盎然。"由于云有虚空的特质，故在传统绘画的技法上，表现云多采取留白、洇染或勾勒的方法。这类画法，沿袭了数百年，虽也能表现云的大概情状，却不能细腻、逼真地表现云的体积、层次、质感和动态,终有所不足。

如何弥补这些不足、在传统的基础上再进一步,是庞泰嵩苦苦探索的问题。

艺术需要超越。一部漫长的中国画的发展史,实际上是一部艺术超越史。超越是思想的光辉、生命的冲动,是对永恒宇宙的透悟、对自然本真的把握,是一种至乐不乐、至誉不誉、寓有意于无意、蕴无法于有法的精神境界。为了实现超越,庞泰嵩壮游天下,踏遍青山,观云察雾,外师造化;为了实现超越,庞泰嵩远离尘嚣,面壁十年,呕心沥血,反复琢磨。他不作他思,没有他求,只一心一意想像《庄子·外物》中的任公子一样,"蹲乎会稽,投竿东海",用"五十辖为饵"的"大钓巨锱",去捕捉"鹜扬而奋发,白波若山,海水震荡,声侔鬼神,惮赫千里"的艺术巨鱼。

终于,一种革命性的画法横空出世!

庞泰嵩对传统绘画方法进行了大胆的改进,他画云,除了留白和渲染外,也用皴法。也就是说,前人通常不直接用笔触表现云,而庞泰嵩用;在他的绘画体系里,画云与画山、画石、画水、画木等等其实并没有本质的差别。这种画法,既是对中国水墨画方法的继承和发展,也是对西洋画空间处理方法的借鉴和吸收。用这种画法绘出的云,既是虚的、散点透视的,又是实的、讲求立体关系、考虑点线面的;既是抽象的、写意的,又是具体的、写实的。这种大胆而成功的创新,使云获得了准确细腻的表现,把云的轻柔、飞动、虚幻、空灵、缥缈和神秘淋漓尽致地表现出来了。于是,庞泰嵩山水画境界产生了飞跃,变得壮美非凡、气象万千⋯⋯

画界把这种独树一帜的画法,称为"见笔云"。

"见笔云"是了不起的创造。不久前辞世的国画大师关山月心悦诚服地对庞泰嵩说:"云,你比我画得好。"他称赞自己的这位弟子作起画来"水墨淋漓,放得开,收得住,有生活,有气势"。另一位国画大师黎雄才也用"白云出处总无例"来嘉许庞泰嵩的创新。不少有识见的人士认为,

"见笔云"大大丰富了中国画对云的表现力，是对山水画技法的一大贡献。有论者更认为，庞泰嵩独创的"见笔云"，是"天下第一云"。不管是不是"天下第一云"，"见笔云"的创造的确给庞泰嵩的画作带来了勃勃生气，使画面产生了无穷的意境。翻阅他的画册，你可以看到，在他的笔下，云随四时而变——春云气润、夏云诡秘、秋云缥缈、冬云凝重，它们观之不尽，倏乎万变：有时如广袖轻舒，细纱漫舞；有时如诗篇流转，轻歌飞扬；有时如万马奔腾，战车向阵。在云的烘托下，苍穹浩瀚，海天苍茫，山川吐纳，原野幻化。真是"江山如此多娇，引无数英雄竞折腰"！

庞泰嵩以"见笔云"为特征的山水画博得了很多人士的喜爱。一位内行的朋友对我说："庞泰嵩的画气体宏逸，厚重雄浑，有骨有韵，纵使不是神品，也是逸品。这样大气的画，若胸无磅礴之气，腕无雄奇之力，绝对画不出来。"

这是知人之论。

艺者，道之形也。论画品即是论人品。清人刘熙载在《艺概·书概》中说："书者，如也。如其学，如其才，如其志，总之曰：如其人而已。"书画同源，对画亦可作如是观。"见笔云"从表面上只是一种绘画技法的创新，实际上却暗含艺术家对自然、宇宙的理解，体现了作者的天赋个性与人生境界。"君子讷于言而敏于行"，庞泰嵩个性沉静，气质稳重，为人厚道，淡泊名利，既不趋炎附势，亦不沽名钓誉。这些年来，在艺术界飘扬的浮躁之风的影响下，许多人失却了凝神屏气研究艺术的耐心，想成名却又懒得下功夫，总想走捷径，于是乎，"有枪便是草头王"，各种不知出处的流派，不讲师承的"创新"，毫无法度的涂鸦，像走马灯般，"你方唱罢我登场"，搅得人眼花缭乱，目瞪口呆。这些人，说穿了不过是"墙上芦苇，头重脚轻根底浅；山间竹笋，嘴尖皮厚腹中空"。他们的"创新"，实际上是上乱古而下入俗。庞泰嵩不是这样，数十年来，他秉志笃行，一步一个脚印地朝着艺术的"高""大""深"目标迈进。何谓

"高"？升华到人所不能升华便是高。何谓"大"？涵盖到人所不能涵盖便是大。何谓"深"？曲折到人所不能曲折便是深。要达到这样的目标当然得创新。但创新不是空穴来风、标新立异的创新，而是在继承传统、积累生活之上的创新。庞泰嵩并非不讲传统，相反，他十分注重传统。不过，他不走元代以后绘即兴小景的野逸萧疏的路子；而是上溯五代两宋，走绘山河巨景的宏大庄重的路子。数十载的孜孜以求，使他有一天终于进入艺术的化境，从此，心灵豁然开朗：作画时，释智遗形，超鸿蒙，混希夷，神来之笔不期而至。

作为科班出身的国家一级画家，庞泰嵩在中国画坛早已入群英之伍。他的画，入藏毛主席纪念堂、中南海紫光阁、中央军委大楼，且越来越为海内外美术界、收藏界所珍重。不久前，在岭南美术出版社给他出版的一部个人画册上，关山月先生题词："追前贤，望后者"。这六个字，前面三个字是老师对弟子的称扬，后面三个字则是前辈对后辈的期望。庞泰嵩不会负先师之寄托。生有涯而艺无涯，画家的追求是没有止境的，创造"见笔云"成功后，如今画家又在对水的画法进行探索。

漫天烟云飘浮于群峰之间，天地浑然一体。这，正是庞氏风格的山水画。庄子云："既雕为琢，复归于璞，善夫！"

原载《玉林日报》2000 年 10 月 29 日

梁耀教授画集序

习艺者夥矣，有至有不至。何哉？关乎志、识、才、学也。有志无识则眼光易愚，有识无志则进心易挫，有才无学则蕴含不深，有学无才则灵气不济，四材兼备，庶几至焉。吾邑友照缘堂主无为梁耀兄，卓荦不凡，志大识精，才雄学富，以大利根器潜研绘事，经四十余载陶铸琢磨，遂臻至境，今已卓然而有名于世矣！西粤本岭表吉壤，山水灵秀甲乎天下，向称艺术才薮，绘坛曷乏狮虎龙象耶？然若论风度潇洒，举止历落，探幽接爽，极云树山水之依微，婉转精微，尽花草禽虫之奇变，吾必敢为兄屈一指。

兄为邑先达鬱林佛教协会会长永慧居士梁公文通之哲嗣，与余相交倏忽已垂四纪。余自髫龄发蒙至总角求学，均与兄同校同窗。年十七上山下乡，又与兄同耕于邑东南之六万山区。所谓"知青"者也。兄天姿高迈，少怀匡济之志，以时未至，乃伏于草莽，潜龙勿用。祖龙升天、四凶殄灭，岁举复，士子跃。兄见天下乂安，乃以弱冠之龄与余并辔出山，"见龙在田"。以大士庇佑，均中式乙榜，所习学科则迥异焉。兄修美术，余攻历史。数载业卒，兄供职于省垣藏珍之馆，余则掌教于邑中黉序之舍，作稻粱谋而终日乾乾。甲子，大学招研，兄又与余相约再战闱场，"或跃在渊"。其时学府择士甚严，宁缺毋滥，虽然，兄我并膺嘉选。兄入邕城广西艺术学院美术系揭阳独峰黄公进之室，余则立雪于京畿中国人民大学历史系泰州致能沙师知之门。以是之故，余曾镌"曾入沙门"章以自诩，而戏称兄为"黄门侍郎"。学毕，兄留校课士，余则受聘于中山大学。故兄我生而同邑，学而同窗，耕而同土，举而同年，论相交之久与夫相知之深，实鲜有能及者也。出道以还，问学固扬镳于分道，交游则连珠乎贯绳，惺惺相惜故也。兄性博雅恢奇，好为谐言。谈天必草靡众喙，说笑则风生四座。相逢每与余抵掌论道，日昃不休。癸亥备考，尝书条幅自励，曰："三更灯火五更鸡，正是男儿立志时！"与余通书，又有"匈奴未灭，何以家为""吾辈非天生之进士种乎"等豪语，今思之，犹解颐。

兄习艺，得亲炙之师固多如阳太阳、何海霞，私淑与闻者亦复不少如石涛、髡残、黄宾虹，然影响深且巨者，三人耳：启蒙师尊人永慧居士，一也。居士为一方名流，宏通博雅，满腹经纶，于宗乘教义、歌赋辞章、书画金石无所不涉，亦无所不通，其画如盛德君子，容貌若愚，拙中藏巧，略有丰子恺面目。兄幼承家学，久受庭训，故艺术根底颇深。受业师揭阳独峰老人，二也。老人为广西美术协会主席、艺术学院副院长，早岁曾从岭南画派巨擘高剑父治艺，复投宗匠西蜀大千居士门下，故画风兼综南北、融合海派而自成一格，雄豪浑朴，素称名家。兄为老人入室弟子，侍奉左右有年，深得春睡画院逸笔与大风堂遗意。依止师东瀛平山郁夫教授，三也。平山氏长东京艺术大学，其作出和画正脉而具中土沙碛壁画神髓，淋漓挥洒，有寰宇之令誉。兄尝二度浮海，东游其门，因得窥东洋艺术之阃奥。夫师长点拨、宗风熏染，自有其不可思议之妙用。故兄能凌峰纵目，望五岳而不高，据梧发声，凌八风而独远。绘写一秉师造化、法自然之旨，于画外求画、象外求象，每每释智遗形，乃至超鸿蒙、混希夷，然后下笔。左握干将，右持莫邪，焜耀沉瀜，相互为用。故其作既蕴坚质浩气，亦含高韵深情，婉邅宕折，风致宛然，或文或质，姿态横生，较诸时品，实有别霄壤也。昔兴化融斋谓艺术以士气为上，若妇气、兵气、村气、市气、匠气、腐气、伧气、俳气、江湖气、门客气、酒肉气、蔬笋气，皆士之弃者。刘熙载《艺概》当今画坛，稠矣穰矣，喧矣闹矣，"大师"夥矣，画品有士气者几人？形形色色，不外名上名下；熙熙攘攘，无非利往利来，与艺术本真相去不知几百由旬，可悲而可叹哉！呜呼，当斯末法之世，能奋而挽颓风以道斯文、倡正雅而溺靡嫚者谁？兄乎？兄乎？

昔子瞻论艺，有"守骏莫如跛"之谓，以为君子不重其驰而重其止，盖止则怀抱湛澄，物我浑一，胸无荆棘，笔有烟云。至哉斯言！吾持以赠兄，可乎？兄为有大慧根之人，于"精能已至，返造疏澹""心路成而慧斧断，智境开而轰雷靡"之理当有深解，毋庸余赘言。人生易老，艺海无涯，海纳百川，有容乃大，吾于兄有厚望焉。

昭阳大荒落仲商鬱林衡之杨权于中山大学沁庐

"水牛背我过清溪"

——我的忘年交梁文通老师

(《似景非景——梁文通写生画集》① 跋)

一位虔诚、睿智、快活而慈悲的长者笑吟吟地走了！他就是我的忘年交——梁文通老师。

屈指算来，我与文通师已有三十年的交情。

我最早知道"梁文通"这个名字，是"文革"开始那一年。那时，玉林县总工会举办了一个"阶级斗争"展览，我们这些小学生也被派去接受"教育"。展览厅里挂有一批"黑画"，其中一幅，画面是一队工农商学兵在举着红灯的李玉和的引领下雄赳赳、气昂昂地向前进。我们看不出这幅画"黑"在哪里，而展览的举办者却"独具慧眼"，看出了"黑画"的玄机所在。原来，此画的恶毒处在"白日点灯"——这是暗示我们伟大的社会主义祖国黑暗！这次参观展览让我记住了这幅"黑画"的作者——梁文通。后来我又得悉，这个梁文通是我的同学梁耀的父亲，一位信佛的中学老师，其时作为"反动会道门头子"，正在家乡东明村劳动改造。

数年之后，我与文通师才有了直接的接触。1975年春，梁耀邀我到他家去玩，开门者是一位约莫五旬的长者，头发全白，着一套中山装，模样很是慈祥。梁耀向我介绍说，这就是他父亲。长者一边笑眯眯地看着我

---

① 梁耀编《似景非景——梁文通写生画集》，广西美术出版社2012年3月版。

们，一边用洪亮的声音说："进来坐吧，进来坐吧！"首次接触当年这位"黑画"作者，我心中不免充满了好奇。进屋之后，他问这问那，与我们愉快地交谈了起来。谈话中我发现他知识面很广，知道很多我闻所未闻的事情。他性格幽默随和，很爱开玩笑，说到开心事时常常朗声大笑。第一次接触，他就给我留下了良好的印象。此次见面，结下了我们长久交往的因缘。几天后，他忽然造访我家，开玩笑似的对我父亲说："杨师傅，你的儿子好聪明伶俐！送'一半'给我，如何？"我父亲戏答："梁老师要是喜欢，便把他整个要了也无妨。"事后我并没有称过他"父亲"，不过在内心中却觉得与他有"半子"之情。

认识文通师后不多久我就高中毕业了。按照当时的政策，我被安排到农村插队，成为一名上山下乡的知青。我当时年方十七，求知欲很强，可是那个时候却没有书看（我家只有一套《毛泽东选集》和一本《怎样修电灯》），因此我从乡下返城，每每喜欢去拜访文通师，以从他的高谈阔论中获取教益。他像慈父般谆谆教诲我，给我讲授历史、音律、诗词、书法、画艺等方面的知识以及人生处世的种种道理。当时，在我眼里，文通师简直是一部"活字典"，直令我这个肚中实无几滴墨水的"知青"受用不尽。比如，我能够区分平、上、去、入阴阳四声，知道玉林方言与《佩文诗韵》吻合，知道近体诗的格律和"起""承""转""合"的要领，最初都是出自他的指授。

文通师和我讲得最多的，还是他自己十分崇信的佛教。他十六岁受菩萨戒，学佛已数十年。他成为在家修行的居士的契机，说来有趣。1942年，正在读初中的他想写一篇批判佛教的文章，为了找"炮弹"，他找了本《佛教ABC》来读，不料这本小书却使他从根本上改变了对佛教的态度。他皈依佛教后所取的法名叫永慧，其师傅是德真和尚，师叔则是曾留学日本的仁真和尚（兴业人）。虽然学有师承，但是像其他方面的修养一样，文通师的佛学造诣更多的是来源于自学。他数十年如一日钻研佛教，曾研读过《大方广佛华严经》《摩诃般若波罗蜜经》《大涅槃经》《大佛顶首楞严经》《六祖法宝坛经》等经典，因此造诣很深。我每次和他接触，他都要主动向我讲佛理。像"三乘""四谛""十二因缘"这样的概念，"拈花微笑""明镜拂尘""风动幡动"这样的公案，"迷时师渡，明时自渡"这样的道理，都是他首先告诉我的。文通师讲佛理向来随问随答，从来无需准备。他记忆力极强，表达能力也很好，讲起佛理总是口若悬河，滔滔不绝。能把很浅的道理说深，又能把很深的道理说浅，这是他特有的本事。有一次我表示不理解佛教为何把"识"列入"五蕴"（五种障碍），文通师解释说，佛教的最高境界是"空"。"识"作为真知，虽可辟邪见，但存"识"于心，心还未"空"，故"识"亦是"蕴"。"难道你会因牙签能剔齿垢而把它留在牙缝中不拔出来么？难道你会因肥皂能清污渍而把它留在衣物中么？难道你会因船可助人涉河而在过渡后把它扛在肩上带走么？"他像发连珠炮似地问我。我回答说："照梁老师说来，那佛经所说的道理也是'蕴'喽？"文通师听后笑言："说得好，说得好！你真有慧根！佛的话说到底也是'蕴'。岂止是'蕴'，还是垃圾、狗屎！"看到我满脸惊愕的样子，他很认真地说："你不要吃惊，世尊听到我们这样议论，不但不会生气，还会赞扬我们呢。"我从来未对文通师执过弟子礼，然而在"传道、授业、解惑"的意义上，他的确是我的老师。

1977年底我参加"文革"后的首次高考，因未填志愿而被玉林师专录取，从此离开农村，回到了城里。在玉林师专，我先作为学生、后作为教工生活了六年。在此期间，城中大同冰室旁黄屋巷中的一间老房子，成为我经常的去处。这间老房子只有三面墙壁，被称为"三角屋"，它是我的朋友黄宗湖（现任广西美术出版社总编辑）的祖居，在当时实为玉林青年的"文化沙龙"。到那里聚会的人，后来有一大部分成了各界的精英。那时文通师已恢复公职，在县教研室当干部。论年龄他是我们的长辈，但他根本不管什么辈分，也时常往"三角屋"跑，与我们厮混在一起。这个

"三角屋"俱乐部最老的成员书卷气很浓，顽童味也十足，他与大家闲聊时，既爱引经据典，又喜插科打诨，因此只要他在场，满座便都是生气。相混的时间长了，大家也不与他客气，口里称他为"老师"，心中却以他为"哥们"，常与他勾肩搭背，嘻嘻哈哈地交谈。有时大家还没大没小地拿他来"开涮"，他受到后生"攻击"后不但不以为忤，反而添油加醋自嘲，惹得大家乐不可支。像在别的场合一样，作为虔诚的佛教徒，他总是有意无意地把谈论的话题引向佛教，也不管听众是否有兴趣。有人觉得他讲起佛法来像"痴人说梦"，便故意与他抬杠；而他一点都不生气，总是笑吟吟地与人说理论辩。有的人在他的化导下对佛教产生了信仰，例如李里伉俪，后来都成了佛教徒。

文通师也曾劝谕过我皈依佛教。有一次，他来到玉林饭店后楼，在我居住的小书房里，看到墙上挂着一副我书写的楹联："品茗纵观廿四史，焚香深读十三经。"文通师有些不以为然，便赠了两联给我：

即使曾纵观廿四史，尚未谙世情之万一；
纵然已深读十三经，又何明事理其毫厘？

未达心源恰似盲公手探千般花色；
尚迷性海犹如聋子耳聆万曲弦音。

其用意不消说是劝我信奉佛教。我虽然没有对佛教产生信仰，但因了他的影响，对佛学曾产生过浓厚兴趣。1981年夏，我第一次离开岭南，出游大江南北，文通师即介绍我到北京广济寺中国佛教协会拜访副会长和中国佛学院院长巨赞大师。巨赞是文通师的旧交，抗战时曾避地玉林，驻锡桂平西山龙华寺。由于有文通师的介绍，巨赞在净室里热情地接见了我，在谈话中他曾拿出一本天头地脚写有不少批注的恩格斯《自然辩证法》，向我讲解佛教辩证法与马克思主义的相含。有一段时期，我在中国佛协的刊物《法音》上读到了中国佛教协会会长赵朴初先生的连载文章《佛教知识答问》，想就一些问题做进一步的讨论，遂遵文通师之嘱写了一封信给赵朴老；赵的助手给我复了一封很长的回信。到了后来我负笈京华之后，文通师还在来信中希冀我——

> 乘斯上运，更祈莫淡世尊之慧，常住现前自性，莫昧普贤之愿，誓当普度群生。大千法界，常以梦识视之。一真如境，乃金刚无尽宝藏。但看诸物皆可寓华英于净海，无边象法，亦能溶性海于真如。一生无量，无量归一，是为明智；空中现色，色亦归空，方契原来。能一念以贯亿年但不起时间之相，千灯一色亦不存一色之心。妙理何穷，累劫演而不尽；幻形无界，刹那见自归根。天上万种云霞，敛去原为一气；座里千般曲调，歌时但见弦丝；本体虽若灵空，但何力皆不能令灭；众形似如实有，但何物皆无可使增。真如坚愈金刚，分而不裂；实性妙如帝纲，融亦无差。

可是我尘缘未尽，六根不净，虽对佛学感兴趣，却始终未走文通师所希望我走的路。不过，文通师的努力似乎也没有徒劳，近年来我在广东与佛教界密切合作，与中山大学的同事一起整理清初的岭南佛教文献，又为恢复历史名寺番禺雷峰海云寺而奔走，这些活动，或许都是当年结下的因缘。

1984年，我以同等学力考上了中国人民大学，成为历史系的硕士研究生。到北京之后，与文通师遥隔千里，除了寒暑假之外，我便再少有机会面聆他老人家的教诲了，然而师生情分并不因此而稍减。下面这封信，就是他当时从玉林寄给我的，其奖掖后学的深情厚谊，溢于言表：

> 衡之（按：我的字）智者如晤：来鸿欣悉，文采深谊，似语当前。吾月初接自治区宗教处之邀，考察厦、泉、沪、宁、汉诸市，饱

览山水风光、寺观庙宇，以老迈之龄，观鼎盛之世，幸哉乐也！归玉之日，坚儿捧大札以呈。开函展读，情逸意丰。喜汝文才焕烁，吾怀泰极，善愿油生。遐方祝汝前程无限，鹏翅腾空，迩来定必经史神舒，风姿爽朗，逸致频兴，评著宏阔。汝以年少迭参上榜，若非宿具超人福慧，焉克若斯？喜吾耀子得君而为挚友，亟堪慰望；怅吾老迈而蒙不弃，以师辈称之，深愧何如！以君之美种得悉上苑，必加妍丽；妙璧而逢巧匠，定作奇珍。汝今身住京华，已入群英之伍，岁月获游智海，定收众宝以盈舟……缘且面会期亦非遥。即此。顺祝昼夜吉祥，身心绥泰，韦陀护佑，大士恩加。

人大硕士毕业后，我回到岭南，任职于中山大学。十多年来，文通师一直很关心我的情况，每次见面，总是问长问短；对我在学习或工作上所取得的每一点小进步，他都是那样由衷地高兴。我每次返玉，必往拜他老人家，每次见面，都如沐春风，如滋雨露。有一年新春，我把一帧自制的贺年卡送给他，上面漫画有一个抱拳鞠躬的古装书生，辞曰："山中大学七品校书郎衡之这厢有礼。"为了逗趣，我故意把"中山大学"改写为"山中大学"；自称"七品校书郎"，则是由于我当时在出版社任总编辑。他老人家端详着贺卡乐了很久。而他也不时来穗看我。2004年夏天，他与玉林市三中的钟扬燊先生（我初中时的老师）曾应邀来粤，在我的陪同下到韶关南华、别传、云门三大刹游览。一路上，老人家手舞足蹈，又歌又吟，十分畅快。在乳源云门寺，著名高僧、八十三岁的退居方丈佛源（近代佛教泰斗虚云的徒弟）接见了我们。老和尚忽然见到文通，愣了一下："文通，你怎么和中山大学的老师在一块儿？"——他们原来是旧识。佛源幽默地对我说："五八年，你的老师在武汉可画过我的漫画！"文通师则诙谐地回应："我那时画您，形象还过得去嘛。后来我画的走资派，比您难看多了。"原来，那年中南区统战部在武汉召开宗教工作会议，与会的佛源和另一位僧人本焕忽然被揪出批斗;文通师因善绘,曾"奉旨"在批判佛源与本焕的墙报上画了一幅宣传画。双方相逢一笑,恩怨全泯,佛源老和尚把文通师留在寺里,长叙了数日。我们又在丹霞山别传寺住了几天,年近八旬的文通师在山上白天写生,晚上吟诗,其丰采很让寺中僧人着迷。我的朋友、从河南少林寺来挂单的永超法师对我说,老居士才是得道之人呢。监院(现为方丈)顿林法师则表示,一俟新寺落成,便请老居士上山来供养。岂料一年之后,这位活力充沛的老人便乘鹤西游而去了!

文通师在现实生活中不是没有烦恼,但他总能把烦恼放置到无足轻重的位置上,每天都是那么乐呵呵地活着。他曾创作过一首《烦恼辞》,劝人正确对待烦恼:

> 欲除烦恼,希君及早。以此妙方,装于怀抱。一切烦恼,坏中有好。污水生莲,荒山出宝。能解烦恼,慧高智老。山里闲花,灵芝仙草。根除烦恼,犹如再造。云散天开,月明皓皓。

作为本地的文化名流,民间流传着不少他的趣闻。例如——

有一次,他在街上被一位自行车技有欠熟练的人撞倒,他仰面对压着他的那位一脸歉意的人说:"你这位同志,怎么对我这般亲热呀?"

他被蚊子叮,既不拍打也不驱赶,总是祥和地对蚊子说:"慢慢吃,吃饱了你就走。"

一位"文革"期间打过他的人向他赔礼道歉,他说:"我前世造孽,才有今世之厄。我罪有应得!罪有应得!"

…………

其可爱可见一斑。

文通师曾担任玉林市佛教协会会长、中国佛教协会常务理事,在本地乃至全国佛教界都颇有影响。他退休后常云游四方,往往一去数月,一面画山水,一面结善缘。几年前他曾应邀在上海居士林演讲,结果信众异常兴奋，演讲结束后全场欢声雷动。与会信众评价说，这是近年来居士林举行的最精彩的演讲。曾有一位听过他高谈阔论的朋友感慨说，梁老师这等高人可在大学开课。言下之意是他整日与贩夫走卒、引车卖浆者之流混在一起可惜了。可是文通师自己不以为然，他说普度众生，到处都一样做功德；不要小看下等人，下等人也有上上智，六祖慧能大师不也是樵夫出身么。

文通师虽然只读过中学，但天分很高，在艺文方面有出色的修养。他记忆力超凡，能背诵许多唐诗宋词，像《长恨歌》《琵琶行》这样的长篇，都能倒背如流。我曾亲眼见他向人背诵过一篇佚名作者的长篇作品《渔父辞剑赋》，此赋以春秋时代的伍子胥赠剑救其于危难的渔翁之事为题材，骈体，文字很长，文通师背诵时声情并茂，宛如行云流水，直令举座喝彩不已。文通师诵读古典诗词，用的是一种古传的吟唱法，这是他在孩提时代从其同宗的"秀才爷"那里学来的，格律讲究，但不甚严，介于"读"与"唱"之间，旋律听起来煞是好听。据我所知，玉林懂得此种吟唱法者唯有他一人。因为怕失传，前几年我从他那里学会了基本要领，并给他录了像；可惜我自己天生五音不全，吟起来韵味大失。去年我在玉林师院演讲时，曾建议该院的师生抢救这一地方文化遗产。我曾与我的同事陈永正教授（时任中国书法家协会副主席）交流过此种吟唱法，陈先生听后评价说，这种吟法与十分讲究格律的广州话吟法有若干差异，应属"天籁派"。

文通师还是作文高手。这一点不用我多举例，上引两通文辞典雅的书信已是证明。在此我想介绍一下他的诗词。他作诗填词并无师承，作品均系心性所发，风格率真清新。他在中学当老师时，本来教的是美术和音乐，有一次他从北京开会回来，领导却安排他教物理，以顶替请假的老师。有老师打趣说："这真是'捉得黄牛当马骑'。"幽默的文通师便以"捉得黄牛当马骑"为题，作了两首七绝：

> 捉得黄牛当马骑，京华万里好驱驰。
> 才赴瑶池王母宴，又看北海九龙飞。

> 捉得黄牛当马骑，心中快乐少人知。
> 美妙繁华观不尽，唱歌作画又吟诗。

两首短诗，把他旷达乐观的性格表现得淋漓尽致。"文革"期间，他被"造反派"拉去游斗。在批判会上，他被说成了到处"兴风作浪"的"牛鬼蛇神"。他心里想，你们可真是搞错了——把"龙"说成了"蛇"，遂写了四首《十六字令》，以"龙"自比：

> 龙，百千万劫也难逢，尔曹辈，错认是长虫。
> 龙，何止兴云与作风，诸神妙，累世演无穷。
> 龙，翻腾雄猛性非凶，君莫似，愚蠢叶家翁。
> 龙，显隐往来法界中，全身露，欲觅却无踪。

当时的"造反派"又声称要把他"打翻在地"，让他"永世不得翻身"，他又作了四首《十六字令·星》以为回应：

> 星，高人一睹灭无明，无穷尽，永远亮晶晶。
> 星，无来无去不偏倾，人误会，落落又升升。
> 星，凡夫智浅目为轻，宜莫道，免其心胆惊。
> 星，大千世界作灯明，诸学子，浩浩奔前程。

当广西"联指"和"四·二二"两派围绕着支持还是打倒韦国清的问题而争斗得不可开交时，在东明村看牛的文通师却写了一首简单逍遥而深含人生哲理的七绝表达自己对时政的看法：

> 也不支韦不打韦，水牛背我过清溪。

世间多少离奇事，旁观者清当局迷。

20世纪80年代，桂平西山洗石庵佛教开光，他写了以下这首七律给住持宽能法师致贺：

洗石名庵景色新，住持圣教有其人。
天龙八部齐襄助，菩萨万方尽乐亲。
灵鹫真传存典范，曹溪正脉利群伦。
如思佳胜庄严处，永做众生得度恩。

虽然文通师能写典雅的文语，但是由于围绕在他身边的人多是文化层次不高的下层群众，有的人甚至是文盲，因此，他写得最多的还是浅俗的白话文。文通师在音乐方面也有造诣，他常常为自己创作歌词并为之谱曲，或把西洋民歌拿来用玉林话改编。他作的歌往往土得掉渣，却韵味十足，令人百听不厌。以下是他在新中国成立之初为扫盲班学员创作的《识字歌》：

我们大家要学识字。学识了字，样样都极容易：工分也会记，又识睇银纸；又识路呖（哪里）是合作社，又识路呖是百货公司；睇书也容易，写信也容易；若是要知国家大事，就可以睇报纸。

他用玉林方言创作的《谷山村香蕉评比歌》也充满情趣：

你人去路呖？你人去路呖？你人咁多位兄弟姐妹，你人去路呖？
我人咯里出垌，我人咯里出垌。我人咁多人咯里啊正在出垌。
你人出垌做事嚟？你人出垌做事嚟？你人做事嚟又要歇一支笔？
我人有件事情，等我来讲分你听：我人去睇睇睇谁人咯香蕉好。
睇谁人咯香蕉好，睇谁人咯香蕉高，去睇睇睇睇那谁人香蕉种得好。

> 佢咯香蕉种得好，佢咯方法一定是高，我人要把佢咯方法人人都学到。
>
> 人人都学到，人人都学到，分我人谷山村咯香蕉种得好。
>
> 我人咯香蕉种得好，收益就一定高。我人大家咯生活就过得好，我人大家咯生活就过得好——

文通师是一个童心不泯的人，他曾把家喻户晓的《龟兔赛跑》故事，用玉林方言改编成歌词，并配以欢快幽默的乐曲，令小朋友们喜欢不已。这首歌后来成为本地幼稚园的保留歌目（以前的玉林人很少能操官话）。他还把一首奥地利的民歌《牧童之歌》改编成了生活气息浓郁的玉林话歌曲，歌词如下：

> 可爱咯小羊，可爱咯小羊，你人睇那青草是几肥几香；可爱咯小羊，可爱咯小羊，你人不得在那里喊啦，你人应该多吃几口肥草啦。你人睇白云飘浮在那蔚蓝咯天上，天空是白云咯牧场。
>
> 雪白咯小羊，你人睡在草地上，比天上咯白云更漂亮。可爱咯小羊，就是为了你人啦，亲爱咯爸爸佢离开了家乡，走上了战场。佢拿住那冲锋枪，保卫我人咯牧场，冇分那敌人咯铁蹄来侵略。爸爸用生命来保卫我人咯牧场，正是为了你人这一群小羊。
>
> 可爱咯小羊，可爱咯小羊，你人看那青草是几肥几香；可爱咯小羊，可爱咯小羊，你人不得在那里喊啦，你人应该多吃几口肥草啦。爸爸佢打了胜仗，就会回到家乡，来拥抱你人咯群小羊。

最能表现文通师的童心的，恐怕莫过于他创作的《垺旁歌》。"垺旁"是玉林土话，意思是小溪。有一天，文通师在城郊听到一位十来岁的小女孩在用玉林土话训斥自己的小弟弟：

> 个日晏你去路呖？为事嚟我揾你都冇充？我听闻人屋讲你去垺旁

揩身，是勿是？等阵我讲分阿妮听！

大意是："今天中午你到哪里去了？为什么我找你老找不到？我听说你到"埒旁"游泳去了，是不是？待会儿我把这件事告诉妈妈（你准挨打）！"文通师听得有趣，回家后一字不改地把这位小姐姐的原话谱成了一首旋律可爱的民歌。后来玉林天主教会会长晏立熹先生——一位音色低沉而共鸣的歌唱家——听得来劲，又为它加配了西洋式的和声。两位宗教界人士的戏作，居然珠联璧合！文通师经常为人表演这首歌，每次必令听众笑得前倒后仰。

文通师天生一副好嗓子，加上年轻时连吃了六年生鸡蛋，又在音乐老师的指点下在南流江边练过腹式呼吸，因此，唱起歌来音色极其洪亮，丹田气十足，连续歌唱两三个钟头丝毫不会疲倦。他走到那里，都有人请他唱歌；他总是来者不拒，乐呵呵地满足人们的要求。甚至别人不请他唱，他也主动要唱。让人惊讶的是，他居然会唱英文歌。去年春节期间，他参加我家的宴会，座中有美国友人，他来了一曲《当春天来到洛基山》（*When Spring Comes in the Rocky*），听到这位耄耋老翁情意绵绵地唱出"Once again, I said love you."这样的句子，满脸惊讶的外国朋友笑出了眼泪。

文通师知道很多旧时掌故，很爱讲抗战旧事。当年日本的飞机想炸玉林银行，投弹不准，把炸弹扔到了他岳母家，因此，佛教虽然要求戒"贪嗔痴"，提起日军的罪行，他仍不免义愤填膺。他曾向我讲述他亲见盟军飞机与日军飞机在空中格斗的情景。讲述时，他把双方飞机马达的咆哮声模仿得惟妙惟肖。他青少年时代曾参加抗日救国的宣传活动，因此记得很多抗战歌曲，如《卢沟问答》《犒军歌》之类。在这些歌曲中，留给我印象最深的，是一首含蓄缠绵、委婉深情的《杜鹃花》：

淡淡的三月天，杜鹃花开在山坡上，杜鹃花开在小溪旁啊，多美丽哟！好像船家的小姑娘，好像船家的小姑娘。

去年船家的小姑娘，她走到了山坡上，和情郎唱支山歌，摘了枝杜鹃花插在头发上。

今年船家的小姑娘，她走到了小溪旁，（那个）杜鹃花谢了又开，记起了，战场上的情郎。

她摘下了一枝鲜红的杜鹃，遥想着烽火的天边。哥哥，你打胜仗回来，我把这杜鹃花插在你的胸前，我不再插在自己的头发上。

淡淡的三月天，杜鹃花开在山坡上，杜鹃花开在小溪旁啊，多美丽哟！好像船家的小姑娘，好像船家的小姑娘。

还有一首是激愤深沉、催人泪下的《保家乡》。这首歌，当年曾激起过无数志士的爱国热情，如今却几乎无人知晓了。为了使它不至失传，我把它记录于下：

同胞们，请听我来讲。我们的东邻舍，有一个小东洋。它几十年来练兵马，东亚称霸强，一心要把中国亡。

九一八，平地起风浪。子夜里，领人马，强占了我沈阳。杀的杀，抢的抢，老百姓遭了殃，东北三省被灭亡。

卢沟桥，第二次动刀枪。强占了黄河北，又占我扬子江。南京杀人几十万，国土变屠场。哪个看了不心伤！

同胞们，大家都要知道，这时候，不想法，大难就要临头。亡了国，灭了种，后悔都不行了，还有谁来讲酬报！

有钱的，要出钱把家乡保。练新兵，造枪炮，没钱哪办得了？要不然，敌兵到，烧杀无人道，你有了钱也没处逃。

有力的，要当兵把家乡保。走步快，枪法好，前线上打强盗。要不然，敌人到，拉你去当枪炮，你白白送去命一条。

奉劝啊，军民要互相爱。军压民，民怕军，失败在眼前。当兵的，爱百姓，老百姓真欢喜，帮助军队上前线。

文通师抗战时曾考上了一家从北方迁至岭南的专科学校，专业是美术，因家穷而未去就读，但他对书画的爱好终生不稍减。他的字笔法圆融轻柔，没有丝毫的剑拔弩张，与他居家修行的佛教徒身份倒是吻合。与书法相比，他对自己的画艺抱有更多的信心。他早年作国画，爱以牡丹为题材，色彩艳丽华美，花旁往往有几只蜜蜂，栩栩如生，像是会从画中飞出。邻里街坊很是喜欢，谁家有婚嫁喜事，都喜欢向他索一幅，而他总是有求必应，从不提润格。晚年他的画走向了萧疏一路，题材改为山水，爱用重墨，大概是学黄宾虹，追求"黑墨团中天地宽"的意境。他有一次曾半真半假地对我"吹嘘"自己的画艺已臻上等境，再写写生，就会"厉害得不得了"了。我故意与他过不去，说他的画是"野狐禅"，他听后哈哈笑。

文通师身体向来很好，这得力于他的自我锻炼。他有两种壮身健体的独门秘法：一是打"清风明月拳"，这套由他自创的拳法有些像太极拳，不过动作更圆转而随意，运动时讲求与意念配合；二是在黎明时分转脖子，目的是锻炼中枢神经，头摇起来时像个"东南西北"（蚕蛹）。由于养生有道，他到了垂暮之年腰板依旧十分挺直。我曾对他打趣说论腰板挺直他的可评为"玉林第一"，他告诉我，儿童时代学校唱童子军歌，歌词有"抬起你的头来挺起你的胸"之句，于是一辈子都照着做，是以至老不驼。他身体这么好，没有人会想得到他会突然辞世。去年下半年，他视物忽现重影，别人劝他去医院检查一下，他不以为然。然而没几天，他就因脑出血而病倒。在他病重期间，我曾到玉林市中医院看望他。老人家躺在病床上，口舌僵硬，半身已动弹不得，看见我进来，欠了一下身，说不出话，手指在半空中僵硬缓慢地比画了半天，大概是想写一个"杨"字，却最终没有写成。见此情景，我不禁黯然神伤。这是我与他最后一次相见。

三个月之后（本月 13 日），他病情变重，遂告不治。

　　文通师多次与我谈论过死。他说自己丝毫不怕死，如果死能解脱六道轮回，那是一件很美妙幸福的事。他曾向我说起过自己的一次"寻死"经历。"文革"期间，他在东明村劳动改造。一晚，月光很美，他心境很愉快，却忽然产生了辞世之念。于是沐浴一番，在老屋的正厅席地而卧——"我母亲是在此处生下我的，我想我在什么地方来到这个世界，就应在什么地方离去。"文通师说。他凝视着屋外的月亮，默默祈求："观世音菩萨，您带我走吧，您带我走吧！把我送到西方极乐世界吧！"祈毕，用一块尖磨刀石朝自己头上重重一击！结果血流了半盆，人却未死——被医院抢救了回来。谈到这次到"西方极乐世界""中途折返"的经历，他似乎有些遗憾。我对他说："按佛教《四分律调部》之说，自杀可是犯戒的行为。"他回答说："你只知其一，不知其二。依照佛教的精神，为了维护信仰的神圣，在必要时是可以殉教的。释迦牟尼在昔生当菩萨时，不也曾屡次舍身么？"他又认真地对我说："假如那一天我真的到'西方极乐世界'去了，你可不要悲伤啊。得了这样的幸福，哪里需要悲伤？"我说："您'幸福'是'幸福'了，可您去了'西方极乐世界'，我与谁谈经论道呢？"他哈哈大笑说："那我便在阿弥陀佛那里等你好了。你可要早点来呀，别让我等急了。"如今，这位老居士已经实现了往生"西方极乐世界"的夙愿。他是笑吟吟地离开我们的，走得很快乐。既然如此，我想我们就不必悲伤了，只需道一声："一路走好，敬爱的文通老师！"

2005 年 1 月 30 日

《新五德理论与两汉政治——"尧后火德"说考论》[①] 后记

《新五德理论与两汉政治》是在本人的博士学位论文《"尧后火德"说考论》的基础上扩展而成的。

1998年,已年届不惑的我考入中山大学历史学系,以在职研究生的身份在张荣芳教授的指导下攻读博士学位。由于资质鲁钝,用功不勤,花了七年时间才完成了本应三年完成的学业。当取得一个姗姗来迟的学位时,上距硕士毕业已差不多二十年。这个"范进"式的"功名"已引不起我多大激动,而且说实话对我也没有多少"功利"意义。但是,七年的学习经历本身,却使我受到了一次深刻的磨炼,在较大程度上增强了我的学术素养,提高了我的专业水平。为此,笔者诚挚感谢多年来对我关怀备至的张荣芳教授,若不是他不嫌顽愚,把我这个秦汉史领域的门外汉(我硕士阶段学的是隋唐史)收为弟子,我便不会有这个受磨炼的机会,这部著作也不会产生。七年来,荣芳师以其在为人为学方面的一贯踏实认真,言传身教,为学生我树立了良好的榜样;他在学术上对我深中肯綮的指导,则是本研究课题得以展开和完成的不可缺少的前提。本书所贯穿的一些基本原则,例如不把论文做成讲义,要把问题做深说透,根据原材料立论,尽量不用二手材料,避免发空洞浮泛之论,文风应力求平实等,都是他口传给我并反复强调的;而本书在成稿阶段所存在的若干毛病或缺陷,也是由

[①] 杨权《新五德理论与西汉政治——"尧后火德"说考论》,中华书局2006年4月版。

于他的精到指导才得以纠正或弥补的。对荣芳师的栽培之恩，我永志不忘。当然，在这里，我不能忘了并应诚挚地感谢像慈母般一贯关怀、爱护学生的师母黄曼宜女士。

本书讨论的是五德之运对两汉政治与文化的影响问题，这无疑是秦汉史研究领域的一个重要的课题，但同时也是一个难度较大的课题。因为它牵涉的面广，内容复杂而隐晦，而相关的历史资料却有限，而且前辈大家中最著名的——顾颉刚先生——曾对此课题做过深入的研究，留给后人置喙的空间不大。这些因素决定了要把此课题向前推进一步十分困难。可是，我当初对这一点并没有这么清醒的认识，竟选了这么个课题来做研究。虽非"初生牛犊"，却有"不怕虎"的蛮胆。我是在研究谶纬的过程中注意到这个课题的，觉得有趣，便不知深浅地钻了进去；直至陷于其中，举步维艰，才发觉以自身的学力与基础，其实不足以探讨这个课题。然而，到明白这一点的时候，已无退路，只好硬着头皮做下去。说实话，若只是为了混学位，找这么一块"硬骨头"来啃并不合算。好在我出道已久，并不那么迫切地需要一个"博士"头衔来做什么。正所谓"愚者千虑，必有一得"，在一个特定领域里磨上几年，便有了一点粗浅心得。答辩结束后，我决定趁着做论文的余勇，把这些心得整理成书。而中华书局的支持，则使我有了把这些心得与广大读者交流的渠道。拙著中谬误自然不少，敬请学术界同仁不吝赐教，以达学术求真之目的。

严耕望先生《治史经验谈》提到，关于题目的选择，"有些人认为要小题大做，才能深入，有所发现，使学术向前推进一步。这大抵是主张专精一派，目的只在求真"；"有些人则认为要选择大问题作研究，才有意义，纵稍疏漏，也无关紧要，……这大抵是主张通识一派"。他建议："青年时代，应做小问题，但要小题大做；中年时代，要做大问题，并且要大题大做；老年时代，应做大问题，但不得已可大题小做。"① 我从前的学习环境与条件并不怎么好，没有机会拜读严先生的"治史三书"，因此，不知道上述诀窍，曾写过一些不得要领，后来读来常脸红的"大文章"。直到二十六岁那年以同等学力考入中国人民大学历史系，在隋唐史与敦煌学领域的知名学者沙知教授的指导下攻读硕士学位，才初步懂得了一点为学之道。在沙知师的指导与影响下，我的治学风格逐渐转向了精专一路，如今虽然已淡出隋唐史界，但治学风格并没有什么改变。由于没有"大题大做"的兴趣，也没有"大题大做"的能力，我一向爱选一些不那么大的题目来小做，这部拙著走的也是同样的路数。不错，"新五德理论与两汉政治"是一个大题目，但这个题目只是我为了吸引读者的眼球而故意给拙著戴上的一顶"大帽子"。其实，我的研究工作完全是以微观的方式进行的，全书的内容，都是围绕"尧后火德"这个复合命题来展开的。还要说明的一点是，虽然我杂杂沓沓写了三四十万字，但是这并不意味着是"大做"，因为书中还有许多问题未弄清说透，甚至还有一些问题应讨论而未讨论。因此，本书只是在形式上"大题大做"，在实质上却是"小题小做"。

学术研究只有在充分消化吸收他人成果的基础上才有可能向前推进，笔者在撰写拙著的过程中曾参考利用了学术界的不少研究成果，在此谨向有关作者致谢。在引述或参考他人成果时，笔者通常都会加以说明，不过由于我的研究工作是断断续续地进行的，其间也许会有疏忽。如果存在这种情况，敬祈有关的作者海涵，笔者的确无意掠人之美。

在本书付印前夕，山东大学文史哲研究院孟祥才教授和西北大学文博学院黄留珠教授，继业师张荣芳教授之后，先后分别给本书作序，这是让我深感荣幸的事情。两位先生都是现任的中国秦汉史研究会的副会长，孟先生与我并不熟识，彼此只是在2005年中国秦汉史研究会的第十届年会

---

① 严耕望《治史三书》，辽宁教育出版社1998年版，第53、54页。

上有过一面之缘，黄先生虽早已认识，平时与我却没有什么交往，但他们都能从学术公心出发，大力提携后学，这一点是难能可贵的。在此，谨向二位前辈表达我的感荷之情。

除了上述先生之外，我还要对以下师长与亲友表示诚挚的谢意——

感谢中山大学历史学系姜伯勤教授、蔡鸿生教授、胡守为教授、林悟殊教授多年以来对我的培养，这几位前辈学者学风谨严、学识渊博，能直接受教于他们，对任何一位学生来说，都是一种荣幸。

感谢台湾"中央研究院"历史语言研究所廖伯源研究员、中山大学历史学系景蜀慧教授、中山大学人类学系刘昭瑞教授、华南师范大学历史文化学院陈长琦教授、暨南大学古籍研究所张其凡教授、台湾中国文化大学史学系陈文豪副教授、香港科技大学社会科学部吕宗力副教授的帮助与指导。

感谢华南师范大学法学院曹旅宁教授、鲁东大学历史与社会学院李炳泉教授、河西学院历史系高荣教授、华南师范大学历史文化学院周永卫副教授、广州市党史办公室贺红卫副研究员、广州大学人文学院历史系丁邦友副教授、广东省博物馆白芳博士、华南农业大学农史研究室翟麦玲博士、中山大学图书馆陈莉馆员等同门的关心。

感谢中山大学中国古文献研究所黄仕忠教授对本书出版的鼓励。

感谢中华书局的领导、冯宝志编审、欧阳红编辑以及我不知名的校对、出版人员在出版本书的过程中所做出的贡献。

感谢中国书法家协会副主席、中山大学中国古文献研究所陈永正教授为本书题写书名。

感谢内子唐娓娓为校对本书所付出的努力。

2006 年 4 月 7 日识于中山大学

"思乐泮水,薄采其芹"

——张荣芳先生的学术之路

(《秦汉史与岭南文化论稿》[①] 跋)

张荣芳教授1940年12月出生于广东省廉江。1959年9月考入南开大学历史系历史学专业五年制本科,1964年7月毕业分配到中国科学院哲学社会科学部(中国社会科学院之前身)历史研究所工作。1973年10月调入中山大学历史系任教,历任讲师、副教授,1991年3月晋升为教授。1989年开始招收硕士研究生,1996年7月经中山大学学位评定委员会第三十八次会议批准为中国古代史专业博士生导师。从1984年开始,曾先后担任中山大学历史系副系主任、中山大学教务长、中山大学副校长等职。1995年被国家教育委员会(今教育部)聘为直属高等学校专业设置评议委员会委员、第二届全国高等教育自学考试指导委员会委员、广东省高校《岭南丛书》编委会委员。从1996年8月以来,一直担任中国秦汉史研究会会长。

张荣芳教授的研究工作主要集中在中国古代史方面,又以先秦史、秦汉史为重点。秦汉时代是中国封建土地所有制、封建专制制度和大一统思想文化确立的时期,在中国历史上占有重要地位。历来吸引着许多学者对其进行研究,名家辈出,著作如林,几乎每个领域都有学者涉足,而且对

---

① 张荣芳《秦汉史与岭南文化论稿》,中华书局2005年6月版。

文献材料的整理爬梳也已相当深入细致。因此，要在这个领域取得成就并不容易。但张荣芳教授依旧一心一意在此领域孜孜以求，一步一个脚印地往既定目标迈进，终于取得不俗的成绩。他早年曾关注过中国古代史的分期、古代生产者的身份等问题，后来则把研究重点落在秦汉区域史，分河西地区史和岭南地区史两翼展开。汉武帝时期开辟的武威、张掖、酒泉、敦煌四郡，因在黄河以西，古称河西。为秦汉王朝与匈奴的必争之地，也是当时中西陆路交通的咽喉。以往研究河西地区史，在很大程度上只能依靠文献资料。近几十年来，在这一地区出土了大量的秦汉简牍，如敦煌汉简、武威汉简、居延汉简等，这些简牍成为相当珍贵的研究秦汉史的第一手资料。在这个地下资料的"大发现时代"（李学勤教授语），张荣芳教授凭借一个历史学者的敏感，把简牍材料与文献记载结合起来进行研究。他发表的《西汉屯田与"丝绸之路"》、《汉晋时期楼兰王国的丝绸贸易》、《西汉长城的修缮及其意义》（合著）等论文就是这类研究的典范。它们在材料的利用和观点的论证上都有出色的成绩，为同行学者所肯定。其中，《西汉屯田与"丝绸之路"》还获得了广东省社会科学研究方面的奖项。

作为在广东出生并长期在广东工作的历史学者，张荣芳教授更为关注岭南地区的历史，秦汉时代是岭南地区开发的重要时期。秦始皇统一六国后，发兵经略岭南，并在其地置桂林、南海、象三郡。西汉初年，赵佗在此地建"南越国"。元鼎六年汉武帝平定南越国后，在此地设立南海、苍梧、合浦、郁林、日南、九真、交趾七郡，后又增设儋耳、珠崖两郡。这个地区自古以来是百越聚居之地，秦皇汉武曾大量迁徙中原人民与百越杂居，大大促进了这个地区的发展。显而易见，对岭南地方史的研究应是中国秦汉史研究的一个重要方面。然而，秦汉史学界对这个地区的研究一向薄弱，在于记载本地区历史状况的资料相当匮乏。正如一位研究南越国史的清人梁廷枏所说："尉佗王南越几（近）百年，……大事可记述者必多,然当时别无记载。"可喜的是,新中国成立五十余年来,岭南地区发掘了大量的汉墓,出土了大量珍贵的文字或实物材料,这些材料在许多方面推翻了人们对"南蛮之地"的传统看法,证明岭南地区也有光辉灿烂的文化。从1979年起便从事岭南地区史研究的张荣芳教授,利用"天时""地利"和"人和"的优势,把最新的出土资料与历史文献资料相参证,发表了《秦汉时期岭南地区社会及其划时代意义》《略论汉初的南越国》《汉代我国与东南亚国家的海上交通与贸易关系》(合著)、《汉代岭南的青铜制造业》(合著)、《述论两汉时代苍梧郡之文化》(合著)、《从西汉南越王墓出土的玉器看秦汉时期岭南文化与中原文化的融合》《论马援征交趾的历史作用》等一系列有价值的论文,提出不少被史学界认为"很值得关注的意见"。后来,张荣芳教授在专题研究的基础上,又与他人合著了不同凡响的《南越国史》(广东人民出版社1995年版)一书。作为国家"八五"规划重点选题且获得国家图书奖的《岭南文库》的一种,《南越国史》在前人研究的基础上,详尽地利用新中国成立以来的大量地下发掘材料,比较全面、系统地复原南越国创立、发展与衰亡的历史,描述它在政治、经济、军事、文化、艺术等方面的情况,真实地展示当时岭南地区的社会面貌,可谓半个世纪以来国内外南越国史研究的一个大总结。广州博物馆名誉馆长、著名的考古学家麦英豪先生称本书在创史、补史、证史上下了功夫,"是岭南地方史研究中耸立的一幢新的高楼大厦"。《光明日报》报道了本书的出版情况,认为本书为"今后南越国史研究垫下了一块基石"。这部著作后来分别获得广州市社会科学研究成果一等奖、广东省高校人文社会科学研究二等奖、广东省社会科学研究成果三等奖等多个奖项。

除了上文提到的专著外,张荣芳教授还于1995年11月在中山大学出版社出版了《秦汉史论集(外三篇)》。这部近30万字的著作收录他近年已发表和未发表的文章15篇。它们集中反映张荣芳教授的治学特点和研究侧重。中国社会科学院历史研究所前所长林甘泉教授读了这部论著后，觉得张荣芳教授在若干方面做了"前人所没有做过的工作"，无论在史料的占有还是观点的说明方面都有所深入。《中国史研究动态》的署名评论文章认为，收入本论集的论文"各有创见，有些在初发表时就产生过较大的影响，有些现在读来，仍然可以体味到新的意象"。并特别指出张荣芳教授在对岭南地区历史的研究方面，"取得了值得肯定的成功"，"贡献显然是突出的"。

张荣芳教授的出色业绩，使他获得很多荣誉：1985年被原广东省高教局评为高教战线先进工作者；1990年被中共广东省委高校工委评为广东省高等学校优秀共产党员；1993年获得国务院颁发的政府特殊津贴。

张荣芳教授治学，既善于将文献资料与考古材料、民族学材料结合来讨论问题，注重了解与研究课题相关的基本材料和学术轨迹，亦十分讲求研究方法，这是他在南开求学时学来的本领。最近，张荣芳教授写了一篇《治学方法从众师中来》，记述郑天挺、王玉哲、杨志玖、杨翼骧、雷海宗等一批学养深厚的名师在治学上对自己的影响，他深情地说，南开历史系的恩师"教会我治学之道，也就是给我一根在人生道路上前进的拐杖"。张荣芳教授又把这根"拐杖"传给自己的学生。他遵循韩愈"师者，所以传道授业解惑也"的古训去教育学生，在传道中讲治学之法。他告诫学生，为学之道，贵在有恒，绝无捷径，但适当的方法却是治学所不可或缺的。比如，他曾对学生说，研究学术以"小题大做"为好，论文在结构上应如橄榄，两头小中间大。他所说的"两头"，指切入点和结论；"中间"指论证过程。

张荣芳教授学风严谨，无论是教学还是著书，从不妄作浮言，不轻下结论。他一向坚持以马克思主义理论为治学的指导，注意吸收中国史学的求真传统和西方史学的实证方法，总是在充分掌握材料、吸收前人研究成果的基础上进行认真的研究思考后，才做出自己的结论。对有争议的学术问题，在没有获得确切的材料证明之前，他采取存疑的态度。

张荣芳教授敦厚善良、虚怀若谷，虽历任要职而无"官架子"。在日常生活中，他给人的印象始终是一个谦虚谨慎、不事张扬的谦和君子，一个认真做人、踏实问学的普通知识分子的形象。正所谓"言传身教"，他的为人给学生以良好的影响。张荣芳教授热爱教育，热爱学生，对学生总是循循善诱，使学生如饮甘霖、如沐春风。几乎所有的受教者都对他的热诚关怀留下深刻的印象。

"思乐泮水，薄采其芹"。张荣芳教授在科研和教学的田野里勤奋耕耘三十余载，取得了显著的成绩。"生有涯而学无涯"，年届花甲的张荣芳教授仍耕耘不辍，把主要的教学精力放在博士生培养上；在学术方面，则正在从事"汉至六朝时期南方经济发展的文化阐释"专题研究。相信在不久的将来，张荣芳教授又会有新作问世。

昨日的文坛斗士

——悼念忘年交王敬羲先生

(《王敬羲自选集·校园与尘世》[①] 跋)

北京时间 2008 年 10 月 15 日上午，亦即温哥华时间 10 月 14 日午夜，忽接敬羲先生家人来电，谓先生因患癌症，已在温哥华一家善终医院与世长辞。闻讯怆惋莫名，黯然神伤，随即进先生的博客——它已被其家人改造为先生的纪念博客——浏览，上面赫然发表有先生与疾病抗争的日记——《一个癌症患者的独白》，读后唏嘘良久，遂在博客上给其二公子留言：

> 仁铎先生苫次：惊悉尊大人已乘鹤西归。敬羲先生乃港台文坛耆宿，才高八斗，名重四方。今遽返道山，实乃文学界与出版界之重大损失！余近年与尊大人交游颇密，被泽蒙恩。惜山河阻迹，未克恭奠灵帏，专此奉唁孝履，聊表悼忱。合家顺变节哀，是所深祷。

先生 1933 年出生，阳寿七十五。以年龄而论，年逾"古稀"，若是一般人，已属无憾；但对于先生而言，则几可视作"夭折"，因为先生之生命力向来十分旺盛，而他在晚年制订的宏大文学创作计划亦尚未及完成。

我最后一次与先生相见，是在 2006 年 3 月 25 日，地点在广州亚洲国

[①] 王敬羲《王敬羲自选集·校园与尘世》，香港华汉事业文化公司 2009 年版。

际大酒店。当时他从温哥华去台北,忍不住又"顺便"来广州走了一趟。在见面的时候,他把自己与羊城晚报社吴小攀先生合作完成的、刚在香港出版的《黑白讲李敖——从认识到批判》一书送给了我,并在扉页上客气地题上"杨权兄存正"五字。临别时,我握着老人家软绵绵的手掌,有些依依不舍地说:"希望不久又能在中国见到王先生。"他一边摇头一边苦笑说:"老啦,不能再来了,不能再来了!"说完反邀我在"方便时"去加拿大,在他温哥华的家中小住一段。在此前的几次会面中,他总是说这是"最后"一次来中国,可是过不了多久他又忽然出现在你面前,给你制造一个惊喜。我思量这回也会是如此。我的判断没错,到了秋天,他果然又来到了中国!他从上海打电话给我,说过几天会来广州。我听后很高兴,一天天地期盼着他的到来,可是想不到在最后时刻他老人家却改变了主意,说不来广州了,直接从上海返温哥华。在先生的最后一次中国之旅中,我竟与他老人家缘悭一面……

今年夏季的某日,先生忽然从温哥华打电话来与我闲聊。他说起话来,一如以往,才思敏捷,充满机锋,口气总脱不了惯有的自负,谈话间中依旧忘不了插上几句对我的调侃。在通话将结束时,我关心地问了一句:"王先生最近身体可好?"

"……"他沉默了一会儿说,"到了这么个年纪,哪里还有'好'可言?问题大着呢。算了,等以后见面再把详细情况告诉你吧——假如我们还有机会见面。"

他的话让我倒抽了一口冷气,我心中顿时涌起不祥之感。

不久我在香港见到了其七弟、美国友邦保险公司香港区的执行总监王嘉伦先生。嘉伦先生对我说,他二哥患了直肠癌,已扩散到其他器官,医生说只有四个月的寿命了。我听后大吃一惊,赶紧打电话到温哥华,以向先生表达内心的慰问之情。没想到老人家一听是我,便乐呵呵地与我胡侃起来,居然未给我留一点慰问的机会。结果,我想说的话连一个字都没有传达过去。在通话结束的时候，他像是要"回顾总结"什么似的对我说："我这一生在江湖上闯荡，结交过好些'奇人'，你杨先生也算得上是一个了。"在这次通话中，我丝毫感觉不到他已是一位病入膏肓的老人，因为他的话音依旧是那么宏亮，笑声依旧是那么爽朗。上个月，我最后一次与他通了话。这一次，情况就完全不同了，他虚弱得甚至无法完成通话……

终于，先生走了，带着众多的遗憾，永远地走了……

先生原名王载福，因景仰其先祖王羲之而改的今名。对于港台的广大读者来说，他还有一个耳熟能详的笔名——齐以正。先生籍贯江苏青浦（现属上海），出生于天津。其父王承煜曾服务于四海保险公司（友邦保险公司的前身），是津门保险界的超级奇才。先生在家中排行第二。其大哥王企祥（原名王载一）是美国加州理工学院的核物理学博士，在20世纪50年代曾与钱学森等人一起回中国效力，后来却传奇般地从香港转到了台湾，执教于台湾清华大学，并在那里培养出了诺贝尔奖得主李远哲。其三弟王载宝同时拥有宗教学与心理学的博士头衔，是加拿大多伦多Tyndale University College神学院的教授，也是一位享有世界性声誉的心理学家，以在生死学研究领域的卓越成就而扬名于世，也是加拿大第一位办教堂的华裔神父，2007年曾获有"生命科学领域的诺贝尔奖"之称的第十二届"全球热爱生命奖章"。

1948年年底，由于内地战乱等方面的原因，正当年少的先生随家人一起从天津乘船南下，并于1949年元旦的第二天抵达香港。20世纪50年代，他以香港"侨生"的身份就读于台湾师范大学英文系，毕业后一度留台工作，后来返香港发展。先生少年时代就酷爱文学，读中学时曾向《星岛日报》的"学生园地"投稿。20世纪五六十年代的香港有"文化沙漠"之称，一个人，想靠写作为生，似乎不那么现实。因此，他的父亲与大哥都劝他放弃其"文学梦"，但先生不听。有一次，先生向一位自己景仰的大作家透露了想当文学家的念头，本希冀能从这位大作家那里获得某种精神鼓励。没想到那位大作家说："我的老师从前叫我去学木工，我不听他的话，吃了文学这碗饭，现在苦不堪言。你若是肯听我的话，就去学木工吧！"倔强的先生没有去学木工，而是坚定地向文学的岛屿苦航，最后终于登上了成功的彼岸，成为一位在港台都有重要影响的作家。

先生是在台湾师范大学读书期间开始其文学生涯的。他那时自称"文丐"，学分尚未挣够，稿费就讨了不少。他最初在台湾的《自由中国》杂志（发行人为胡适）的副刊（由著名作家聂华苓主编）发表作品，一时间在台湾文坛声名鹊起，被视为一颗冉冉升起的文学新星。1954年，先生出版了第一部短篇小说集《薏美》，后来又陆续出版了散文集《挂满兽皮的小屋》《观天集》《偶感录》，中篇小说《选手》《奔潮山庄》等，短篇小说集《圣诞礼物》《青蛙的乐队》《康同的归来》等。台湾著名学者周弃子认为先生的作品"在文字风格上，每篇中总有几处特别吸引注意，并使人历久难忘，……在那些很普通的字面中，涵蕴着一种美，一种予人以'清新'的感觉的美，这里是天机的成分多，而功力的成分少。就这一点来说，是最近若干年来颇为罕见的"。在平凡的事物中，能够电光石火般透露出飞跃的弦外之音，正是先生的功力所在，也是他的作品出色而吸引人的地方。平淡，绵密，悲怆，这几个关键词似可概括其作品的意绪。对先生在台湾文学史上的地位，台湾《联合文学》原总编、著名文学评论家马森先生曾评论说："王敬羲的小说，正好填充了台湾从战斗文艺小说到现代主义小说之间的空隙，是我们不应忽略的。"而台湾的一本当代作家作品新编对他的创作则有这样一个总括性的评价："王敬羲的文艺创作以散文及小说为主，他的散文多以温馨感人的情境为背景，并配合其顺畅之文笔，以抒发其所见所感。小说则擅于深入角的内心，捕捉人性那种诡谲多变，游移不定的性格。"在中山大学王剑丛教授撰著的《香港文学史》中，先生也有一席之地。

先生在文学创作上能大获成功，与其恩师——大文豪梁实秋的奖掖有密切的关系。先生在 1948 年底与家人一起乘船从天津逃往香港的途中，在轮船的甲板上认识了梁实秋。当时他无论如何也想不到，数年之后，这位文坛名宿竟会成为他在台湾师范大学英文系的业师。在台湾师范大学求学期间与毕业之后，先生曾获得过梁实秋的许多关照。当年先生与其同校艺术系的同学刘秉松——一位出身名门的大家闺秀——结婚，证婚人就是梁实秋。先生的几位子女的名字也是梁实秋起的。1957 年 3 月，梁实秋为先生的第一部散文集《挂满兽皮的小屋》作序，在序文中，梁实秋对这位得意门生的文学才能极表赞赏，并认为他"比一般少年还更为天真"。其实年轻时代的敬羲先生岂止是"天真"？甚至可以说是顽皮。请看其友人夏菁在《梁门雅趣》一文中的记述：

> 敬羲玩世不恭，常在叩门以前，疯言疯语。辞出后，他有时内急，就在梁府大门前念念有词，效法悟空。光中与我，虽不以为然，但也不能阻止这个"愤怒的青年"。那时，我们常行于梁公门下，自称"三剑客"。

这位"剑客"记下的这则趣闻，后来经过李敖之笔的放大而广为传播，先生桀骜不羁的个性亦因此获得了一番传扬。李敖说：

> 梁实秋跟我讲了一个笑话，他说每次王敬羲离开梁府，都要偷偷在门口留下一泡小便才去。梁实秋一直装作不知。有一天，王敬羲居然很神气地自动招了出来。他说："每次我都撒泡尿才走，梁先生知道吗？"梁实秋答道："我早知道，因为你不撒尿，下次就找不到我家啦！"

从这则笑话中，我们可以看出先生在年轻时代多调皮捣蛋，也可以看出梁实秋多睿智幽默，更可以看出先生与其师关系多融洽无间。大学毕业后，先生与梁实秋一直保持着密切的联系。20世纪六七十年代，先生在香港因谋食之需，曾"翻印"——严格说是盗印——其师的《雅舍小品》，梁实秋知道了也不以为忤，不仅没问先生要稿酬，反而对弟子们说"敬羲在外边独力撑一个局面不容易"。梁实秋曾写过六封信给先生，先生都把它们当宝贝一般保存着。他曾向我出示过这些信件，其中一封写道："敬羲：……我于十月二十三日入院割胆，割出大小石块一百三十三枚，色泽不如舍利子之鲜艳，总是道力不深之故。"话语充满了"梁式幽默"。后来梁实秋在其原配程淑季女士在美国遇难后不久即娶年轻歌星韩菁菁为妻，好管闲事的先生发表了一篇长文《黄昏之恋》加以评论，结果惹来梁实秋的不快，师徒二人的关系亦因此疏远。以至于梁实秋逝世，先生都未写文章悼念。不过20世纪90年代，先生在我的鼓动下[①]写了一篇《梁实秋与我——从梁实秋的来信谈起》纪念其师，还了一笔感情债。这篇文章刊载在香港《纯文学》复刊第2期（1998年6月）上。

谈论先生的过去，不能不提到李敖。20世纪60年代，先生与李敖是至交。他们二人，曾一同在台湾著名的文星书店和《文星》杂志的老板萧孟能（国民党大佬、"中央通讯社"社长萧同兹之子）麾下效力，一个是"马前张保"，一个是"马后王横"。当时萧孟能为了发展自己的出版事业，看上了这两位差不多同时崛起于文坛，而且年龄与性格都很接近的年轻人。他们加盟后，文星顿然焕发了勃勃生气，书店与杂志一时名声大噪。众所周知，李敖是以傲慢出了名的，而先生年轻时也不遑多让。先生当年的好友余光中曾跟人说："王敬羲的性格与李敖最近。"在余光中的散文集中，就有先生与李敖逢见面必唇枪舌剑斗个不停的记述。据说当年先生与李敖见面，连打招呼的方式都与常人不同。一个说："喂，他妈的王

---

① 《梁实秋与我——从梁实秋的来信谈起》提到："今天要拿梁师作为题材，却是因为广州友人的一句话。"先生所说的这位"广州友人"，便是本人。

敬羲！"一个答："喂，王八蛋李敖！"也许是惺惺相惜的缘故，先生当年与李敖走得非常近，在李敖被台湾"警总"跟踪、盯梢乃至逮捕的日子里，先生是李敖"以死命相托"① 之人。李敖曾于 1967 年 2 月 3 日和 1968 年 3 月 31 日两次写信给先生，信中说：

> 我如在台湾被捕，即烦敬羲兄独力或会同振亚、光逖诸兄，筹印李敖存放香港、日本等地全部已发表及未发表著作。我在这边，死活不论。切勿对他们姑息，对我妇人之仁。

这两封信的原件，先生都给我看过，后来先生把它们影印收入了《黑白讲李敖——从认识到批判》一书中。1980 年李敖意欲侵吞萧孟能的财产，不惜向二十年的"生死之交"反目，最后输了官司，再次入狱（李敖一直混淆视听，把此次入狱歪曲为国民党政权对他的"迫害"，这一点与后来陈水扁的做法很相像）；而打赢了官司的萧孟能也鱼死网破，不得不逃亡外地，最后客死上海。先生鄙李敖的为人，遂与断交，并在香港的《南北极》杂志上发表了《隔洋判案：李敖无耻！》《李敖有什么罪？》等多篇文字抨击李敖，为萧孟能主持公道。在《黑白讲李敖——从认识到批判》一书中，先生批判李敖的立场依旧不改。

除了梁实秋与李敖之外，先生与港台许多知名人物都有交往，仅我所记得的，就有金庸、江南、夏济安、夏志清、余光中、董桥、白先勇、何凡、林海音、思果、马森、周弃子、汤晏、刘以鬯、叶嘉莹、司马长风等人。在复刊后的《纯文学》中，先生曾发表过《张爱玲与我》《徐訏与我》《金庸与纯文学》等文章，记述自己与这些名流们的交往史。我记得台湾前省长吴国桢与先生也有交往，曾写过一封长信给他。

---

① 见吴小攀编《黑白讲李敖——从认识到批判》，香港富达出版有限公司 2005 年 10 月版，第 16～19 页。

1965年先生曾获富布赖特项目的基金资助，到美国爱荷华大学攻读英语文学创作专业的硕士学位，1967年学成后返回香港。有人认为，先生从美国返回香港之后，即"逐渐消溶在香港的繁华盛景中"，其实不然。先生原本受聘于香港中文大学，但生性桀傲疏狂的他无法适应大学按部就班的生活。为了不让自己变成棱角被磨光的"鹅卵石"，他辞职投身出版界，在香港尖沙咀自办了一家文艺书屋和正文出版社。热爱文学的他在进入出版界之后，最先办的一件事，就是把林海音女士于1967年3月在台湾创办的《纯文学》搬到香港。林海音主持的台湾版《纯文学》以学生书局为后盾，先生主持的香港版《纯文学》则以正文出版社为后盾。后来台湾版在国民党"白色恐怖"的压制下被迫停刊，而香港版这一赔本买卖在没有任何外援的情形下支撑了六年！这个版本的《纯文学》在其鼎盛之时，作者阵容几乎囊括了整个香港、台湾及海外的华文文学精英，并锻造了一批文学新秀，在香港文学史上具有不可忽视的地位。1998年，已经退休的先生在香港艺术发展局的资助下，又使已"休眠"了23年的香港版《纯文学》复活。这个新的香港版《纯文学》出到2000年，出版了31期。

"星沉海底当窗见，雨过河原隔座看"，台湾的文星书店在国民党的压制下惨淡收场之后，已返香港发展的先生不忍（或不甘）看着自己曾付出过许多心血的文星从此成为历史，遂在萧孟能的默许下，公开与台湾国民党当局唱对台戏，让《文星丛刊》堂而皇之地在香港异地复活。在香港出版的《文星丛刊》，除了出版者不同之外，开本、装帧、封面都与台湾版没有二致，连书号也赓续台版。就这样，林语堂、李敖、殷海光、白先勇、柳存仁、司马长风、刘绍铭、高雄、林燕妮、江南……一路出下去，一直出到20世纪80年代，共出版了二百多种。

在香港出版界，先生更重要的贡献是创办了对如今的许多中年或老年人而言依旧记忆犹新的政论性杂志——《南北极》。这份杂志对中国内地、台湾、香港等地的报道和论述，往往都能做到直言不讳且不偏不倚。杂志以彻底的批判精神和敢于直面现实的勇气，赢得了香港和海外众多知识分子的钟爱。它由先生独力支撑，在香港不间断地出版了 26 年，总共出版了 315 期（先生本人实际编辑了 304 期），直到 1996 年 9 月先生退休才停刊。这在香港出版界，不能不说是一个奇迹。先生在最后一期《南北极》的《编者的话》中自豪地说："这三百零四期《南北极》是我不缴白卷的见证，""（我）至少尽到了一个知识分子的责任，我没有失去独立办刊物的立场"。2004 年 1 月，我在香港中文大学进行学术访问，先生特意把我带入香港大学冯平山图书馆的书库，二人一起在那一大架《南北极》杂志面前留了一个合影。先生在香港还办过一份财经月刊，叫《财富》。先生在香港出版界的成功，实际上是付出了重大代价的。为了经营好书屋与出版社，他不得不逐渐疏离文学创作。他的优秀出版家形象，淡化了他原先好不容易树立起来的作家形象，让人忘记了他原本是写小说的。

退休后，先生与其家人一起，把风景美丽的加拿大温哥华作为生活的栖息地。但是，天生不甘寂寞的他实际上很少在宁静而祥和的异乡安享其本应富足而闲适的晚年。在更多的时候，他独居广州与香港，继续在文化阵地上发光发热。他曾写过一篇叫《两城》的散文，大意是说虽然温哥华的自然森林美丽怡人，而香港的"石屎森林"浮华喧嚣，但是他宁可待在香港。让人惊讶的是，他在淡出文学创作界多年之后，居然以古稀之龄重操旧业，再度杀回文坛。20 世纪 90 年代末以来，他在广州和香港两地陆续修改、增删其旧作，然后在内地出版。

我与先生相识已有十三四年的时间。大约 1994 年左右，先生从香港来到广州，找中山大学出版社洽谈业务，想把其主编的《财富》杂志的精粹文章汇成丛书出版。我以出版社总编的身份接待了他。他的出版构想由于某种原因而未能付诸实施，我们却因这次会面而结下了长久的友谊。先生与我父亲同年，论岁数，是我名副其实的前辈，他的性格气质与生活方式与我也明显不同，但不知为何，我们却相处得颇为投契。自从我们相识以来，他差不多每次来广州，都约我出去吃饭聊天，而我到香港亦总会相机拜访他。有一次，他甚至屈尊光临寒舍，与中山大学的知名学者黄修己教授吃了一顿我做的家常饭。这对他老人家而言是相当难得的了，因为他二十多年来几乎每顿饭都在酒店用，家中是没有厨房的。我与先生有更深层次的交往，是他把香港版《纯文学》再度激活之后。《纯文学》名为香港的杂志，实际上组稿特别是编辑工作却主要在广州进行的。由于我是老编辑，且好舞文弄墨，先生便请我利用业余时间助他办刊。有一个文学阵地"玩"，我何乐而不为！我们的合作前后维持了三年，广州江南大酒店（现珀丽酒店）的咖啡厅就是我们的"编辑部"。在这个阶段，先生不仅每月按时出杂志，还陆续在广州的花城出版社与香港的正文出版社出版了《囚犯与苍蝇》《摇篮与竹马》《宝岛与船》等短篇小说集或散文集（大半是旧稿）。承他老人家器重，我1998年2月15日发表于《南方日报》的一篇针对短篇小说集《囚犯与苍蝇》的评论文章——《平淡出新奇》，被他收入了《摇篮与竹马》（《王敬羲自选集》之二）的附录中，与周弃子、梁实秋、何凡、思果等前辈的评论并列在一起，让我受宠若惊。

由于办刊的缘故，在广州这个大都市里，先生结识了许多文化人。他人脉很广，在文化界、出版界、学术界都有朋友，因此他一到此地，便如鱼得水，故常常乐不思蜀。他晚年老是不肯返加拿大，或是返回不久又来，原因就在于此。他原来每次来广州都住在高档酒店里，开销很大，有一段时间他听从了我的劝告，在海珠区新鸿花园买了一套住房。他把这所"行宫"布置得像一间小博物馆，里面陈列着许多名家的字画与书信真迹，还有他自己在各个时期拍摄的照片（先生年轻时模样很像周润发）。每当有友人来，他便带着某种炫耀，津津有味地请人观赏。顺便一提，先生原来与画家范曾关系也很好，曾是范氏在海外的总代理人。范曾出国时，从香港到新加坡，就是先生买的机票。不过后来二人由于某种原因疏远了。

先生在广州虽然过得快活，但毕竟年事已高，其家人很担心他在外有个三长两短，遂不时催他返回加拿大，于是双方老是在回与不回的问题上展开拉锯战。"要我整日无聊地对着温哥华的那些森林草地打发日子，我只会死得更快！"每当家人劝他回去，他便这样硬邦邦地回答。先生性格虽然执拗，但有几次在子女们的严词逼令下，他还是不得不乖乖收拾铺盖回加拿大。每次回去，他总是哭丧着脸与我道别，说恐怕以后就如此这般在温哥华终老了。可是过不了三四个月，他又笑嘻嘻地出现在面前。

乍与先生接触，十有八九会认为这个老头子很不好打交道。他是一个个性极其鲜明的人，马森曾这样描述他这位大学时代的同学：他老把"两手插在裤袋里，眼睛老是望着天空，一副不可一世的模样，叫人亲近不得"。而周弃子先生亦说过先生"脾气有点怪……而他的言行举止，也确有一股落落寡合的神情"。年届古稀之后，先生的"火气"似乎并没有因为年庚的增加而消减。才华横溢的他往往恃才傲物，与人谈话，口气差不多总是居高临下的，尤其对晚辈。"若论这个方面的事情，咱老王就比你懂了""我是写小说的，人想什么，哪能逃得过我的眼睛？"这一类话语，他常挂在嘴边。社会上的弊端，他总是看不惯，非抨击一番不可，一副"老愤青"的模样。他在酒店用餐，因侍应生服务不规范而与人生气的事是经常发生的。有一次，他用信用卡付款，侍应生嫌他的签字过于龙飞凤舞，要他重签，结果他老人家双眼朝天花板一瞪，说："我是文盲。"又有一次，他请我读高一的女儿梦莎吃饭，席间却老是制止她夹菜，不是说这菜"脂肪重"，便是说那菜"热量多"。"你开始发胖了，应少吃点。"先生很认真地对梦莎说。气得梦莎散席后未走出酒店的门口，就破口大骂："这死王老头，以后再不吃他的饭了！"但这类故事只反映了先生性格的一面。与他深交之后，你还会发现他性格的另一面。在本质上，先生是一个很正直也很仁慈的人。我曾多次见他把钱塞给江南大酒店客堂的领班，因为这位领班的女儿患了白血病。中山大学中文系已故的程文超教授生前患有舌癌，后来癌细胞扩散到其他部位。先生与他并非深交，可是差不多每次与他见面，都会把价格昂贵的灵芝孢子片带给他服用，令程教授十分感激。中山大学中文系的艾晓明教授也是一位很有性格的女士，可是她却对我说先生"很可爱"，这实在是知人之论。

先生生性耿直，说话不懂得拐弯，因此时有得罪人之处，但他从不管别人的感受，总是我行我素。1957年，何凡（林海音的丈夫）曾写过《文章道苦》一文，文中提到"年幼无知"的敬羲先生因在香港的一份刊物上指名道姓地批评了几位前辈作家而蒙上了"不敬师长"的恶名之事。对自己这个方面的"毛病"，先生是有自知之明的，他1998年9月在《纯文学》复刊第5期发表了《徐訏与我》一文，文中记载了他与香港文坛宿耄徐訏（《风萧萧》的作者）交往的故事。文章开篇提到：

> 去年十一月，广州出版的《星报》上有一篇由杨权执笔评论我的小说集《苍蝇与囚犯》的长文。该文的结尾有如后的一段描述："……我亲眼看见他很不客气地对一位年青的文学编辑说：'你们怎么能够把徐訏的作品冠以"奇情"两字呢？这是对徐訏的亵渎呀！徐訏的在天之灵，一定很难过。'那副忿忿然的样子，着实让人好笑。也许这个时候的他，才是真正的王敬羲，一个在心底里对文学依然怀有至真至爱的人。"
>
> 杨权先生的描述，大致正确。只是"徐訏在天之灵，一定很难过"，这句话太过文雅，不像我的口气，我记得我是说："徐訏在坟墓里，一定气得翻转身！"
>
> 我的不识做人，不难由此事见一斑。

先生的盛年时代在港台文化界曾叱咤风云，进入晚境之后，他很担心自己会失去年轻时代的锐气而被人遗忘。在一篇小品文《岛屿与船·咖啡渣》中，他曾这些写道：

每次，吃过咖啡，把锅拿去水龙头下边冲洗时，那滋味才不好受。咖啡渣要被抛到垃圾箱中去，因为精华已被煮去，这是不能再利用的废物。于是想到了自己：我呢？是不是也有进垃圾箱的一天？我的脑子是不是已经快成咖啡渣了？……文学家的美梦醒了，而生命中的那份时光，也在方格纸中磨蚀掉了。

越到晚年，这种担忧感就越强烈。他在年届古稀的时候曾撰文描述自己的心境：

我一个人静静地过着我剩余的日子，一天又一天。觉得外边的那些人真的已把我忘却了，再也没有谁会称我为"文化斗士"或者"投枪手"、"先行者"了，今日今时人们最可能说："沙发椅上的这个老者是个电视迷。"①

因为不甘于如此，他晚年依旧笔耕不缀。在他身上，时常都带着一个笔记本，一观察到什么社会现象，或一有什么人生心得，他马上就把它们记下来。在《纯文学》复刊第 9 期（1999 年 1 月）上，即有他所作的《我的札记本》一文记其事。他曾对我说，只有像陈忠实一般写出了《白鹿原》这样的鸿篇巨制才死而无憾。在这个方面，先生原本是有抱负的，他曾制订了一个创作一部自传体长篇小说的计划，只因身罹绝症，宏愿才未能实现。先生把其短篇小说集《囚犯与苍蝇》的主人公定名为"屠豪志"，就是"徒具豪情壮志"的意思，这个名字，对于先生，像是谶言。

"敬羲先生是一位很有人格魅力的老人。"《陈寅恪的最后 20 年》的作者陆键东在获悉先生逝世的噩耗后，曾这么对我说。我觉得陆兄的说法很正确。现在这位"很有人格魅力的老人"带着他对人生的无比执着永远地

---

① 《沙发椅上的长者》，《大公报》2002 年 7 月 17 日。

走了,那位执拗倔强、深刻尖锐却又正直善良、仁慈可亲的老头再也不会来到我们中间。想到从此再也不能见的这位特立独行的忘年交,我就感到十分难过。但是让我稍感欣慰的是,先生呕心沥血创作出来的文学作品依旧存留在世间并将永远流传,先生在港台文学史上的地位已是磐石不移,先生对香港出版界的突出贡献亦已定格在历史中。

敬羲先生,您在天堂安息吧!

2008 年 10 月 25 日

《沁庐汇草》[①] 跋

权庸愚不敏,学无根柢,比年稍留意经籍史乘,于辞章声律向未究心。偶事吟咏,不过附庸风雅,句多率性谫陋,距骚坛正格远矣,敢论师法、家法、轨辙、渊源乎!俗云"无童子功,近野狐禅",其斯之谓欤!文笔固弱,篇什亦渺,壬辰季夏,用姚君明基旨,薙杂去芜,掇拾合韵叶律、稍可讽诵者数十首,并附文数篇、楹联若干,都成一帙。非敢僭称"诗家""文匠",俾存菲葑不弃、敝帚自珍之意耳。将付剞氏,承李君易盦永新、毛君退思进睿、张君中之加和、郭君云翼鹏飞继为唱喤,陆君开象仪启为题封面,赵君涵水铁锌为制牌记,感忭莫名,端申谢悃!大方之家,不吝删正是荷。

西粤鬱林杨权衡之谨识于中山大学沁庐,岁次壬辰秋七月。

---

① 杨权《沁庐汇草》,2012 年 8 月刊行。

李天马书杜诗《新安吏》《石壕吏》跋

番禺李千里,岭峤帖派巨擘也。其书温润精纯,品格雅致,吾心折久矣。夏间余于集雅斋见斯作,爱其骨韵兼擅,乃倾囊赘之。茂名陈沚斋告余曰:"此先生书法之第二精品也。"余诧而问:"然则先生之第一精品何在耶?"沚公答曰:"在我处。"闻者大笑。

乙未仲商杨权跋于穗垣

金石跋文二则

　　六方轩主长乐捷香温公宽惠慈祥，恂恂古长者风，士夫与交，每有沐春风而沃甘雨之叹。公又雅好斯文，笃爱书艺，精于鉴赏。其所藏金石，俱出当世硕匠刀笔，数量蔚为大观。斯印为穗垣名家夏穗君新制，气韵浑融，丰致蹁跹，伸屈合度，清雅平正，如游龙在渊，于公之所藏最称大气。今点为妙格，博雅君子以为然乎？

沁庐杨权己亥三月初十日

　　窃以为金石纵为逸品，若非良工钤盖，亦难见其韵趣精神也。淑玲女史受知于藏印大家长乐捷香温公，雅好印拓之术，澄心定虑，研习有年，技艺日进。其"乌金拓"妙手出之，尤为精绝，见者莫不击节。兹跋以申惊艳之意。

衡之杨权己亥清明于中山大学沁庐

重修宋提刑使钟氏宜万公墓门记

夫立身之本，曰信曰诚；为人之道，在忠在义。而忠莫极于保国，义莫大于忘身也。鬱林钟氏族祖宜万公，讳道六，本粤中嘉士，生于宋端平四年。祖上乃东莞茶园阀阅，族望通明，门风清劭。公以德名为广南西路按察使邛州邓公得遇所重，宾佐幕中，官至全州提刑使，于任上励精懋志，黾勉奉公，待人温然不伐，临事稳重有神。蠲烦苛之法，四境恬然；行修明之政，八方悦服。德祐二年元军南侵广右，公随得遇抗御于全州、静江、苍梧、鬱林诸郡，驰骋于崎岖之地，匍匐乎兵燹之域。后邓公以兵败，投南流殉国；公耻于仕元，隐居鬱林，延祐元年鸾驭西归，春秋七十有七。以繁以衍，子孙有八桂之盛；浸炽浸昌，俊彦争九州之秀。

公之茔垄元延祐元年肇建于鬱林北郊之楼梯山，迄今已六百余载。明洪武、万历间，其曾玄孙屡有修葺；清乾隆四十六年、道光三十年，后人又增其体制。西元一九八六年，族裔建门坊，筑台阶，复华表，立大柱。西元一九九六年，茔垄被玉林市人民政府定为市重点文物保护单位。西元二零零一年，族中耄耋倡议重修墓门，以彰先祖之事迹，发潜德之幽光。宗亲闻风响应，慷慨解囊，事由是举。工程于是年农历五月廿四日肇建，至八月廿八日竣工。于是新构耸立，映碧湖之清波；古墓庄严，衬寒山之胜景。公于九泉之下，或欣然有感耶？铭曰：

壮哉荣哉，钟氏宜公。
扶翼宋祚，御敌建功。
义振名教，节耀宇中。

福荫子孙,万世昌隆。

旅穗邑人杨权撰文

玉林市宜万公墓园管理委员会立碑

西元二零零一年八月廿八日

高罗佩与中华文化

(《秘戏图考》① 中译本序②)

胡文辉先生在广东出版了一部颇有趣味的著作——《现代学林点将录》。不同于一般的"点将录",这本书在"正榜头领一百零八员"之外,还别出心裁地点了"额外头领一十九员"。胡先生的依据是,《水浒传》第一百零八回提到,梁山好汉征河北田虎时曾得降将十九人。一百零八员"正榜头领"点的都是海内的学术界名宿,诸如"天魁星呼保义宋江胡适""天罡星玉麒麟卢俊义王国维""天闲星入云龙公孙胜陈寅恪"之类;一十九员"额外头领"点的却是域外的学者,第一位是"河北降将乔道清高本汉",第二位是"河北降将琼英伯希和",以下还有斯坦因、白鸟库吉、内藤湖南、李约瑟等等,这本《秘戏图考》的作者高罗佩排在第十位,被点为"河北降将金鼎"。学术乃天下之公器,中国是中国人的中国,中国学术却不纯然是中国人的学术,因此,胡先生把西方汉学家列入其《点将录》之中并不是没有道理的——《世说新语》所载之"风流"不也有"胡僧"么?只是"降将"二字用得幽默,让人忍俊不禁。

其实,早在《现代学林点将录》问世之前,高罗佩的大名就已出现在多种学术品藻榜中。比如,在20世纪七八十年代连载于台湾《传记文学》的胡光麃撰《百年来影响我国的六十洋客》这篇长文中,高罗佩就与曾翻

---

① 高罗佩《秘戏图考》,广东人民出版社2005年6月第2版。
② 收入本书时文字内容有增删。

译了"四书""五经"的英国传教士理雅各（James Legge）、法国首屈一指的大汉学家伯希和（Paul Pelliot）、瑞典汉学的奠基人高本汉（Bernhard Karlgren）、收藏东方文物无数的美国大收藏家佛里尔（Charles Freer）、普林斯顿大学葛思德东方图书馆的主要贡献者葛思德（Guion Gest）以及以主编皇皇巨著《中国科学技术史》（Science and Civilisation in China）闻名于世的英国学者李约瑟（Joseph Needham）并列为七位"华风西渐"的汉学家。而在世纪之交，大陆的《华声报》与《环球时报》曾先后举办影响中国最大的一百位和五十位外国人评选，参评人物的社会覆盖面很广，据说高罗佩亦榜上有名。这些事实印证了台湾清华大学陈珏教授在其论文《高罗佩与"物质文化"——从"新文化史"视野之比较研究》①中所说的一段话：

> 汉学家高罗佩是一个非同等闲的人物。三十余年来不断有人试图列出对中国影响最大的外国人排行榜，其中有政客、作家、传教士、学者、外交家、军人等等，包括马歇尔、萧伯纳、司徒雷登、伯希和、胡佛等人，而高罗佩的大名也常常出现在这个榜单上。虽然这样的名单，见仁见智，并无十分的客观性而言，但也从一个侧面，可见高罗佩在"殖民时代"结束之前来华的芸芸洋客中，出人头地的程度。

下面，就让我们看看高罗佩这位"洋客"怎样"非同等闲"吧。

---

① 载台湾《汉学研究》第二十七卷第三期。

荷兰的职业外交官

1910年8月9日,高罗佩出生于荷兰的祖芬。他本名Robert Hans van Gulik,"高罗佩"是他到东方后取的汉名。"高"是其本姓Gulik第一个音节的音译,"罗佩"则是其基督教名Robert的音译。高罗佩少年时代曾随其父——荷兰陆军中将军医威廉·范古里克(Willem van Gulik)到荷属东印度(今日的印度尼西亚),在巴达维亚(今雅加达)生活了九年。1923年其父退役,高罗佩与家人一起返回荷兰,就读于尼梅根的一所古典式中学。1929年,高罗佩考入荷兰的汉学中心——莱顿大学学习政治与法律,同时兼修中、日、藏、印等语言文字,四年后获学士学位。1933年,高罗佩入乌策特大学研究院研修中、日、藏文及东方历史文化,次年获硕士学位。紧接着,他又在同一所大学研究院继续攻读博士学位。由于特别聪颖而且勤奋好学,他提前完成学业,于1935年通过论文答辩,获得博士学位。这一年,他才25岁。博士研究生毕业后,高罗佩进入荷兰外交界服务,而且一生都没有变换过职业。在长达三十余年的外交官生涯里,他曾供职于荷兰多家驻外使领机构,中间还曾几度返国服务,具体履历如下:

1935年,被派往东京,在荷兰驻日使馆任助理翻译;

1943年,在重庆任荷兰驻华使馆一等秘书;

1946年,被召回荷兰,在海牙的外交部工作;

1947年,被派往华盛顿,在荷兰驻美使馆工作;

1948年,再次被派往东京,在荷兰驻日使馆工作;

1951年,到印度新德里,在荷兰驻印使馆工作,之后返荷兰外交部任职;

1956年,在贝鲁特任荷兰驻黎巴嫩全权代表;

1959年，在吉隆坡任荷兰驻马来西亚大使；

1962年，返荷兰外交部任职；

1965年，第三次被派往东京，任荷兰驻日本和韩国大使。

1967年9月24日，高罗佩因肺癌在荷兰海牙辞世，终年57岁。

无须笔者赘言，高罗佩的履历已足可说明他是一位出色而成功的外交官。但是，他的出人头地与他的职业外交官生涯毫无关系。高罗佩的名字在世界上广为人知，并非由于他显赫的驻外大使地位，而是由于他卓越的以"余事"的方式研究汉学的成就。这位罕见的奇才集汉学家、东方学家、语言学家、翻译家、书法家、篆刻家、画家、琴学家、作家和诗人于一身，在其短短的57年人生中，独力在悉昙学、古代性文化史、琴学、禅宗史、砚史、书画鉴赏、案狱、动物文化史、公案小说创作等领域开拓耕耘，且都取得了令人惊讶的成就。

罕见的"中国痴"

绝大多数西方汉学家只是把中华文化当作研究客体来看待，而高罗佩却连身心都投入其中。虽然是西方人，但是他对中华文化情有独钟。他不仅穷大半生之力去探讨、研究、弘扬这种文化，而且深受其浸染，为其所"化"，比许多中国人还要"中国"。他像旧式的中国文人一般雅好斯文，抚琴、下棋、作画、写字、治印、作对、吟诗、填词，样样爱好，也样样入流。他像过去的中国文人一样，有名，有字，有号，也有斋名。他曾在一幅画作上用中文题款："荷兰笑忘高罗佩识于芝台之中和琴室"。"荷兰"是地望，"笑忘"是字，"高"是姓，"罗佩"是名，"芝台"是号，"中和琴室"是斋名。在他身上，我们分明可以感受到旧时士大夫的那一分风雅。作为外交官，他不管在哪个国家任职，家中用来处理公务的西式工作室之外，都会另置一间用来满足其个人雅好的中式工作室，里面明清家具、文房四宝、琴棋书画一应俱全，还有佛龛、香炉、长案、楹联及古籍等。他于不同时期，在不同的地方，曾把书斋分别命名为"中和琴室""犹存斋""吟月庵""犹存庵""尊明阁"。他作文写字多落款"荷兰高罗佩"，这样做固然是为了遵从旧时文章的体式，但更主要的还是为了提醒别人也提醒自己不要忘了他的国籍。虽然如此，在行文中他又常常不自觉地使用"吾华"的字眼，平时与人交谈也老是把"咱中国""从前我们汉朝……""我们唐朝的时候……"这样的字眼挂在嘴边。他受中华文化浸染之深，可见一斑。受研究对象的影响，许多西方汉学家对中华文化都怀有特殊的感情，但对中华文化痴迷到高罗佩这种地步的汉学家实在非常少见。就笔者识见所及，可与其颉颃的，只有以研究东方博物学与汉学而名世的美国犹太学者贝特霍尔德·劳费尔（Berthold Laufer）。劳氏曾说："作为一名中国人比作为一名欧洲人使我感觉更好，更健康"，"如果说我有什么遗憾的话，那就是我生来就不是中国人"。[①] 高罗佩并没有说过类似的话，但是我想他的心态与劳费尔是相差无几的。对中华文化的高度认同，导致高罗佩于1943年在重庆娶了一位中国的大家闺秀为妻。他的这位人生伴侣叫水世芳，当时芳龄22，是齐鲁大学的毕业生。水世芳出身名门，她的父亲水均韶在清末与民国时期曾任京奉铁路局局长与天津市市长。有趣的是，这位陪伴了高罗佩半生的水女士也不把丈夫视为洋人，她在晚年曾对人说："他不是外国人！从我们认识直到他临终，他没有一天断过练字。他最爱吃'元盅腊肠'，喜欢四川菜。他实在是个中国人。"[②]

高罗佩在语言方面有过人的天赋。幼年时期，他就在荷属东印度学会了印尼语。青少年时代，他曾拜闻名国际的语言学家——阿姆斯特丹大学

[①] [美]班内特·布朗逊《汉学家劳费尔与中国》，《四川文物》2007年第3期。
[②] 王家风《天才之妻——高罗佩夫人水世芳》，载《当西方遇见东方：国际汉学与汉学家》，台湾光华画报杂志社1991年版。

的吴伦佩（C. C. Uhlenbeck）教授为师，学习梵文。后来他还和他的这位老师合作研究北美印第安人乌足族（Blackfoot Indians）的语言，并合作编纂了《英语-乌足语词汇》（*An English-Blackfoot Vocabulary, based on material from the Southern Peigans*）（阿姆斯特丹，1930）和《乌足语-英语词汇》（*A Blackfoot-English Vocabulary, based on material from the Southern Peigans*）（阿姆斯特丹，1934）。在上大学和研究院时期，他兼修中、日、藏、印等多种文字。他一生通晓的文字至少有15种：荷兰文（母语）、印尼文（幼年时学）、古希腊文和拉丁文（欧洲学校所必修）、德文和法文（欧洲学校的第二、第三外语）、意大利文和西班牙文（接近拉丁文）、中文、日文、梵文和藏文（大学时修）、马来文（在马来西亚任职时学）、阿拉伯文（在黎巴嫩和叙利亚任职时学）。当然，最熟练的是荷兰文，最常用的是英文。高罗佩把自己掌握的众多语言文字用作学术研究与文学创作的工具。高罗佩少年时代就曾向一位在荷兰攻读农学的中国留学生学习过中文，本来就有"童子功"；到东方之后，他进一步努力，凭着良好的基础与超人的天赋，把一般西方人所望而生畏的中文学到了相当精熟的地步。他作文爱用文言，而且不使标点，可以说有点守旧。他的大部分汉学著作都有他自己用中文写作的序跋，它们用语典雅，深合文言体式，会使许多中国人汗颜。以下这段文字，要是不说，恐怕很少人会猜出是他这位"老外"的手笔（标点符号为笔者所加，下同）：

> 夫此者，内也；彼者，外也。故老子曰：取此取彼，蝉蜕尘埃之中，优游忽荒之表，亦取其适而已。乐由中出，故是此以非彼也。然众乐琴为之首，古之君子，无间隐显，未尝一日废琴，所以尊生万物，养其内也，茅萧萧然。值清风拂幌，朗月临轩，更深人静，万籁希声，浏览黄卷，鲜鼓绿绮，写山水于心，敛宇宙于容，恬然忘百虑。岂必虞山自耕，云林清閟，隐长松，对白鹤，乃为自适哉！藏琴

非必佳，弹琴非必多，手应于心，斯为贵矣。丙子秋暮，于宛平得一琴，殆明清间物，无铭，抚之铿锵有余韵。弗敢冒高士，选雅名，铭之曰："无名"。非欲以观众妙，冀有符于道德之旨云。

余既作《琴道》七卷，意犹未尽，更申之如左，然于所欲言，未罄什一云。①

高罗佩说汉语时荷兰口音颇重，以至于有人误以为他的中文并不怎么好，其实这是错觉。正如他的好友陈之迈先生所言："世界上尽有说得一口流利国语的西洋人，但是只有一个高罗佩能作旧诗，能写得出《东皋心越禅师传》和《狄仁杰奇案》章回小说。"②

高罗佩像传统的中国文士一般"癖嗜音乐，雅好鼓琴"。他于1935年出任荷兰驻日本使馆助理翻译，直至1941年底太平洋战争爆发方离开。在此期间，他曾多次来华收集乐书琴具，研究琴谱，还延聘了一位广州的旗人琴家叶诗梦为师，在他的指导下学习古琴的演奏技艺。经过不懈努力，终于学成。他将自己在日本的书斋命名为"中和琴室"，正是表示爱琴之意。1943年，他出任荷兰驻华使馆一等秘书。在此期间，他曾召集重庆的同好，组织了一个"天风琴社"交流琴艺，虽在漫天烽火的形势下，天风琴社每月仍演奏不辍。曾有友人记高罗佩抚琴的风雅场面：

顷者中秋佳夕，月明人静。承（指高罗佩——引者）偕其未婚妻水世芳女士与美国东方学者艾威廉博士翩临茅舍。嘉陵江畔，瓜果清供。君鼓宋琴，艾吹铁笛，引吭高歌，赓相酬唱。管弦既协，逸兴遄飞。③

---

① 《〈琴道〉中文自序》，东京上智大学1940年版。
② 陈之迈《荷兰高罗佩》，台湾传记文学出版社1969年版。
③ 王梵生《〈明末义僧东皋禅师集刊〉序》，商务印书馆1944年版。

1946年3月，高罗佩奉召离华回荷，天风琴社与渝都各界曾设宴欢送，冯玉祥亦在其中。

高罗佩收藏有两具名琴，一为明琴"松风"，一为清琴"无射"，形制都很雅致，古色古香。高罗佩对琴艺的追求是终生的，可谓无一日不抚琴。20世纪三四十年代，他曾辗转于北平、南京、上海、重庆等地，广交中国的琴家，如关仲航、徐元白、黄雪辉、安世霖等等。50年代，无法进入中国内地了，他还曾多次到香港与定居此地的蔡德允女士切磋琴艺；香港学者饶宗颐亦是他的琴友。叶诗梦1937年逝世之后，高罗佩依照片用中国的纸笔颜料给自己的这位古琴老师描绘了一帧郎世宁风格的小像，并请了18位中国的琴界名流在上面题咏。他把这些题咏装裱为一体，并亲笔用篆书题额《十八琴士题诗梦先生遗像》。

除古琴外，高罗佩对中国的古典诗词、书画篆刻亦有浓厚的兴趣。

高罗佩酷爱中国的古典诗词。深厚的汉学功底，使他对中国古典诗词的审美内涵有很深的体会。在《秘戏图考》中，读者可以看到他就"词""曲"的区别所做的内行解释。他对旧体诗词的意思吃得很透，翻译时很少走样。比如他翻译一阕版画题词，中有"宽褪春衫病转加"之句，他先是把它译为："Seeing you when you have shed your spring skirt increases my love pain."不过马上又告诉读者，在中国的古典作品中，"病"的意义非常微妙，不一定是指"患病"，也可以指"弱不禁风"，因此，这个句子或应译为："Now you have shed your spring skirt, you look still more slender."

高罗佩不仅研究古典诗词，而且常与中国的文人骚客吟咏唱和。古典诗词既讲格律，又求意境，中国人尚且难精，何况外国人？然而，酷爱中华文化的高罗佩偏偏不惧难，他的诗词作品不能说很精，却也有模有样。试看他赠给友人徐文镜的一首七律[①]——

---

① 转引自陈之迈《荷兰高罗佩》，台湾传记文学出版社1969年版。

> 漫逐浮云到此乡，故人邂逅得传觞。
>
> 巴渝旧事君应忆，潭水深情我未忘。
>
> 宦绩敢云希陆贾，游踪聊喜继玄奘。
>
> 匆匆聚首匆匆别，便泛沧浪万里长。

此诗平仄全无问题，对仗也相当工整。诗中的"忘"为平声，"绩"与"别"为入声，要是不通格律，是写不出来的。

高罗佩在书法方面也有造诣。他少年时代就开始收集碑帖，临摹法书，因此颇有功底。他的字，在西方人当中应当是首屈一指的。他平时抄录资料多用楷书，字迹工整，一丝不苟，显示出认真与细心；写中堂条幅则爱用行书草书，比较狂放。他曾用狂草书写程颢的《春日偶成》——"云淡风清近半天……"，字迹如走龙蛇。他的字受近代日本"书道"的影响，行笔喜用偏锋，个性比较突出，被人称为"高体"。

高罗佩早年在篆刻上也下过功夫，但由于天生高度近视，到中年后就放弃了此道。他所用的印章有一些是自镌的，有一些则是马衡等中国篆刻家刻给他的。他曾将自己的治印汇成《高罗佩印谱》，请齐白石题笺。在其著作《书画鉴赏汇编》中，他曾以自己所镌的印章为例，讲解篆刻的鉴赏问题。

高罗佩少年时代学过西洋画，他对中国画的理解也很内行。在重庆当外交官期间，他和中国画家交游很广，像徐悲鸿、齐白石、张大千这样的著名画家都是他的座上客。他收藏的中国古画有罗两峰的《鬼趣图》和赵子昂的《双马图》等，后者是他花几先令从伦敦的古董店里买来的，为此他甚为得意，常拿出来请友人鉴赏。他很喜欢《芥子园画谱》《十竹斋书画谱》《吴友如画宝》一类讲授中国画技法的书，并时常模仿中国古籍的式样给自己的著作绘制插图。不过高罗佩对纯粹的中国画从不敢尝试，这一点与那些尚未入门就作云山泼墨的人大不相同。高罗佩对给日本浮世绘以深远影响的明代套色版画特别偏爱，经常仿作。

高罗佩对收藏也很有研究。他酷爱中国的古物，书画、瓷器、画谱、琴谱、佛像等等都是他收藏的对象，北平的琉璃厂、东京的神田区、伦敦的旧书店是他流连忘返之地。但是他只买自己认为有价值的东西，从不花巨资去买稀世之珍。

高罗佩就是这样痴迷中华文化。在西方汉学家中，高罗佩的学术成就也许不是最大的，在汉学界的地位也不能说是最高的，但是他显示在中华传统文化上的通才绝艺是任何一位西方汉学家都比不上的。

国际汉学界的奇才

高罗佩18岁时曾在荷华文化协会主办的《中国》杂志上发表过一篇有关《诗经》的文字，后来又发表了一些讨论《古诗源》、唐诗、《赤壁赋》的论文，但撰写这些作品对于他而言，只能算得上是汉学研究工作的"热身"。他正式进入汉学研究领域，是在攻读硕士学位期间，他这个阶段的研究课题是中国的砚史。1938年，他在其硕士学位论文的基础上写成了《米海岳砚史考》（*Mi Fu on Ink-stones*）一书，由北平法国图书出版社出版。这是高罗佩发表的第一部汉学著作，它既是对宋人米芾的《砚史》的英译，也是对此书的笺释。这部著作，对"文房四宝"之———砚的历史做了较为深入的研究，是西方关于中国砚文化史的第一部专著。无独有偶，后来德国的汉学名家傅海波（Herbert Franke）也作了一部《中国墨文化史》，而且也采用了翻译兼笺释的著作形式，不过出版时间晚了二十多年。高罗佩研究东方学的较早期成果，还有其博士学位论文《马头明王诸说源流考》（*Hayagriva: The Mantrayanic Aspect of Horse-cult in China and Japan, with an introduction on horse-cult in India and Tibet*）（莱顿，1935），作品讨论的是中（含西藏）、日、印等国家或地区的马头神传说，马头神在这些地方被认为是司诉讼的神。

由于酷爱古琴的缘故,他第一次在日本供职期间就在日本与中国收集了不少琴具、琴谱与琴书,并开始研究古琴的历史与古代的中国音乐。1940年,他撰成了《琴道》(The Lore of the Chinese Lute: An Essay on the Ideology of the Ch'in)一书,由东京上智大学出版。此书内容丰富,征引浩繁,至今仍是西方人了解中、日古代音乐的必读书。全书共七章:第一章为概论,讲解古琴音乐的特点,告诉西方人古琴重在追求音色的韵味而不是旋律的悦耳,古琴有修身养性与伴奏雅乐两种用途。第二章讲中国古代的乐理,主要介绍《乐记》中的音乐思想。第三章为古琴研究,其中第一部分将琴学资料分为杂项、琴论、琴谱三类来介绍;第二部分介绍儒、道、佛三家的古琴哲学;第三部分讲解琴人的纪律行藏,包括弹琴环境、弹琴规范、琴台与琴社等;第四部分为文选,翻译某些古代的琴学文献。第四章分类讲解曲调的意义。第五章解释古琴各部位的名称及其象征意义,并翻译了冷谦的《琴声十六法》。第六章讲与琴相关的事物与故事,分别讨论了琴与鹤、琴与梅、琴与松、琴与剑的关系。第七章结论,简要讨论古琴的历史、现状与未来。在正文之外还有四个附录,分别为《西方古琴文献资料》《中国古琴文献资料》《作为古物的琴》及《中国古琴在日本》。为纪念自己的古琴老师,高罗佩特意在扉页题词:"献给叶诗梦先生。"

《琴道》完成后,高罗佩又翻译了晋代嵇康所撰的古琴长赋,于1941年以《琴赋》(Hsi K'ang and His Poetical Essay on the Lute)为题发表于东京。

在追寻中国琴学东传轨迹的过程中,高罗佩发现明末清初有一位法号东皋的旅日僧人对日本琴史影响甚大,极有可能是使中国琴学东传日本的第一人,然而其名字却不彰于史。为了解禅师的事迹,他开始通过各种渠道搜求资料。他说:

> 余……治日本琴史，始闻禅师名。而征诸中国文献，其名不彰，心窃憾之。用是发愿，拟辑遗著，汇为一集，传刻于世。七年以来，辄于公暇旅游日本各地，遍访禅师遗迹。所至古寺名刹，遇有禅师手迹，或记载之有关禅师行谊者，虽片楮只字，必予传写；断碑残石，亦加摹拓。其藏于博物院者，既一一著录，更就市肆购求。综余所得有关禅师遗著遗物，都三百余件。①

高罗佩考证出东皋禅师字心越，俗姓蒋，名兴俦，清康熙十六年（1677）作为胜朝遗民遁迹于日本，先后讲学于长崎和水户，康熙三十四年（1695）圆寂。高罗佩用了七年时间收集资料，然后把它们分为诗、书、画、印四部分，计划以《东皋心越禅师全集》的书名发表。然而正欲付梓，太平洋战争突然爆发，事乃不果。高罗佩在仓促离开日本之际，虽然平时收集的文物资料散失了不少，但是有关东皋禅师的材料大部分都被他带到了中国。在战时陪都重庆，他在友人的帮助下辑成《明末义僧东皋禅师集刊》（Tung-kao-ch'an-shi-chi-k'an：Collected Writings of the Ch'an Master Tung-kao），于1944年由商务印书馆出版。本书是东皋作品的选辑，以诗为主。高罗佩很推崇东皋的诗，因为它们"以韵语宏揭佛法，兼寓机锋，其体裁亦似诗似偈"。高罗佩在书中附了《东皋心越禅师传》和《东皋心越禅师年谱》，对禅师事迹的考证颇为精详。

继上文提到的《砚史》之后，高罗佩又对中国古籍《书画说铃》做了学术性英译，并附了一篇很长的研究性序言。《书画说铃》是清人陆时化所撰的一部关于书画辨伪的著作，向为学者所称道。此书于1958年出版于黎巴嫩，英文书名为 Scrapbook for Chinese Collectors：A Chinese Treatise on Scrolls and Forgers Translated with an Introduction and Notes。另外，高罗佩还

---

① 《〈明末义僧东皋禅师集刊〉自序》，商务印书馆1944年版。

翻译了周嘉胄的《装潢志》与周二学的《赏延素心录》等中国古代美术书籍。1958 年，他推出了自己用功 18 年写成的英文著作《书画鉴赏汇编》（*Chinese Pictorial Art as Viewed by the Connoisseur：Notes on the Means and Methods of Traditional Chinese Connoisseurship of Pictorial Art Based upon a Study of the Art of Mounting Scrolls in China and Japan*），由意大利罗马远东研究社出版。此书为精装本，共 574 页，有插图 160 幅。书的内容分两部分：前一部分泛论中、日屋宇的式样和各种形式的书画——如立轴、横幅、楹联、屏风等——的悬挂方法，以及书画装裱技术的发展演变史；后一部分讲解毛笔的构造与运用，墨的制作与使用，纸绢的特质与制造等方法，以及书画真赝的鉴别，等等。全书旁征博引，备极详尽。中国历代有关书画的书籍汗牛充栋，仅纂辑于《佩文斋书画谱》的就有 1844 种之多，却一直没有一部关于书画欣赏的权威之作，高罗佩在这个方面做了可贵的尝试——虽然书的内容有些芜杂，且有重质料之"鉴"而轻艺术之"赏"的毛病。

在一些生僻的学术领域，高罗佩亦有建树。比如，1956 年，高罗佩在荷兰莱顿出版了《棠阴比事》一书。这部书，原是宋代常德知府桂万荣汇编的一部案例，明代的吴讷曾对它做过增删，清末以后就很少有人关注它了。高罗佩独具慧眼，从法制史的角度看到了它的价值，给它做了翻译与笺释，英文书名为 *T'ang-yin-pi-shih：A 13th Century Manual of Jurisprudence and Detection*。

高罗佩曾在日本搜得一部无名氏所著的中国古代色情小说《春梦琐言》，他也把它译成了英文，书名为 *Ch'un-mêng-so-yen：Trifling Tale of a Spring Dream*，于 1950 年在东京出版。此书只刊印了 250 部，有独传之秘意。

1967 年，在临去世之前，高罗佩在莱顿出版了一部从内容到形式都很奇特的著作——《长臂猿考》（*The Gibbon in China：An Essay in Chinese*

Animal Lore），该书是动物文化史领域的名著，内容结合了科学、历史与文学三个方面，在学术上很具超前性。为了写这部书，他费时七年，前后共养了四只猿，对它们的生活习性进行了详细的观察记录，并随时录音、拍照。他在书后附了一张录音唱片，目的是让读者感受"猿啼"的意境。这部书，可算得上是有声读物的"祖宗"了。

除了汉学之外，高罗佩对其他东方文化（特别是印度文化）亦有研究。他曾将5世纪印度的伟大文学家伽利达沙（Kalidasa）的梵文诗剧译成荷兰文，名为《广延天女，迦梨陀娑之梦》（Urvasi：A Dream of Kalidasa，海牙，1932）。在悉昙学方面，高罗佩也是专家，悉昙为梵文 siddham 的译音，是记录梵文的书体。高罗佩曾于1956年在那格浦尔出版了《悉昙》（Siddham：An Essay on the History of Sanskrit Studies in China and Japan）一书。

从上述介绍可悉，高罗佩的治学范围极广，对宗教、鉴藏、公案、古琴、版画、动物文化史等均有研究，出版其著作的国度也是五花八门。陈珏教授曾指出，高罗佩的学术兴趣并不是杂乱无章的，而是以"物质文化"为核心次第展开，貌似断断续续、若即若离，实则中心明确、一以贯之。高罗佩并不是专业汉学家，更不是主流汉学家，他是一位学术上的"独行侠"。他的研究工作，不仅始终是以业余的方式进行的，而且路数也迥异时流。他向来按照自己个人的兴趣来选择课题，而从来不追随学术时尚。在学院派汉学占主导地位的20世纪，西方主流学者从事汉学研究，通常都会遵从某种"法度"，研究什么、不研究什么，都有规矩可言。但是高罗佩并不理会"规矩"，他选题时只关心一点，那就是是否有趣味、有意义。如果有趣味又有意义，他就会以饱满的热情去研究它，而不理会主流汉学者们怎么看，也不理会研究起来会有多大的难度。正因为这样，他的每一部研究专著几乎都具有独创性。何四维先生曾这么评价他：

> 我曾听到有人批评高罗佩为业余的天才。至少在某一方面来说是对的。他远离常道，不谈中国历史及社会上的大问题，不谈哲学、人生。他寻找那不寻常的枝节问题，而这些枝节问题往往引起他的极大兴趣，一旦他的兴趣被引起了，他就非穷根究底才罢休，也就像他研究学问一样。①

曾有人评价高罗佩，说他是"业余胜过专业的重要汉学家"。依笔者理解，这个评价包含四层意思：第一，高罗佩一辈子都是以业余工作的方式从事汉学研究工作，从来没有吃过"学术饭"；第二，他并不专于某业，治学范围极广；第三，他的研究课题不与人同，有很强的独立性；第四，他的研究质量在不少专业人士之上。也许在某些主流学者看来，高罗佩的汉学研究有一点"野狐禅"的味道，但这种看法并无损于高罗佩的学术光彩，因为"野狐禅"最终修成了"正果"。

名满天下的侦探小说家

除了学术成就突出之外，高罗佩还是一位出色的侦探小说家。

高罗佩写侦探小说，动因是对西方侦探小说风靡天下的不平。自从英国著名作家柯南道尔（Sir Arthur Ignatius Conan Doyle）的《福尔摩斯探案集》在清末被翻译成中文之后，脍炙人口的西方侦探小说随即风行海内，以至于使人们形成了这么一个印象：只有西方才有破案高手，也只有西方才有第一流的侦探小说。一心维护中华文化地位的高罗佩对此很不以为然，他愤愤然说：

---

① 方豪《续谈荷兰高罗佩先生》，载严晓星《高罗佩事辑》，海豚出版社 2011 年版。

> 果尔,中国历代循吏名公岂非含屈于九泉之下?盖宋有《棠阴比事》,明有龙图等案,清有狄、彭、施、李诸公奇案,足知中土往时贤明县尹,虽未有指纹、摄影以及其他新学之技,其访案之细、破案之神,却不亚于福尔摩斯也。(高罗佩《〈大唐狄公案〉中文自序》)

1940年,高罗佩在日本偶然获得了一本由无名氏撰著的中国公案传奇《武则天四大奇案》,旋即被它吸引住。该书可能写于1800年前后,作者以不拘泥于历史真实的叙事方式,颇富想象力地记叙了狄仁杰的高超破案本领。高罗佩把西方的侦探小说与中国的公案传奇做了比对,认为中国古代官员侦查案件的逻辑推理能力与犯罪心理学素养比近代西方的大侦探有过之而无不及。他还发现中国的公案传奇在西方的侦探小说问世之前就已流行了好几百年,作品中的人物形象早被民间说书人加工得栩栩如生,于是决心为中国"正名"。正在这时,太平洋战争爆发,他从日本东京辗转来到中国重庆。由于战争使他丧失了不少学术资料,他便把业余时间花在了对中国通俗文学的翻译上。他先是用英语翻译了《武则天四大奇案》的前30回(后34回格调低下,高罗佩怀疑是他人后续的,故未予翻译),这个译本以《狄仁杰探案集》(*Celebrated Cases of Judge Dee*)为书名,于1949年在东京出版。

高罗佩并不满足于仅仅翻译中国古代的公案传奇,对《武则天四大奇案》的翻译工作完成后,他干脆创作起为中国古代为背景的侦探小说来,而且小说的主人翁也是狄仁杰。

1949年,高罗佩写成了狄仁杰探案系列的最早一部英文小说——《迷宫案》(*The Chinese Maze Murders*),两年后被译成日文在日本出版。接着,他又完成了小说《铜钟案》(*The Chinese Bell Murders*)的创作,因为小说中写了几个坏和尚,日本的出版商怕引起佛教界反感,所以没有出版。1952年,高罗佩奉调到荷兰驻印使馆任参赞,暂时失去了研究汉学的环境,作为消遣,他把《迷宫案》改成了章回体中文小说,并于次年交新加坡南洋印刷社出版,这是他唯一一部用中文写作的小说。作品共二十五回,回首对仗工整,回末仿中国古代白话小说的套路,设"欲知后事如何,且听下回分解"的关节。小说开篇有《临江仙》一首:

> 运转鸿钧包万有,日星河岳胎鲜。人间万物本天然,恢恢天网密,报应总无偏。
>
> 在位古称民父母,才华万口争传。古今多少圣和贤,稽天行大道,为世雪奇冤。

唱词合辙上调,不拿文人腔,不掉书袋子,把民间艺人的口吻模仿得惟妙惟肖。西方人写章回体小说,高罗佩是空前的,可能也是绝后的。

《迷宫案》发表后,社会反应很热烈,于是高罗佩又一鼓作气,于1954至1967年先后用英文创作了《湖滨案》(The Chinese Lake Murders)、《黄金案》(The Chinese Gold Murders)、《铁钉案》(The Chinese Nail Murder)、《朝云观》(The Haunted Monastery)、《御珠案》(The Emperor's Pearl)、《四漆屏》(The Lacquer Screen)、《红阁子》(The Red Pavilion)、《汉家营》(又名《飞虎团》,The Monkey and the Tiger)、《柳园图》(The Willow Pattern)、《广州案》(Murder in Canton)、《紫光寺》(The Phantom of the Temple)、《太子棺》(The Coffins of the Emperor)、《除夕疑案》(Murder on New Year's Eve)、《真假剑》(The Wrong Sword)、《五朵祥云》(Five Auspicious Clouds)、《跛腿乞丐》(The Two Beggars)、《狄公故事》(Judge Dee at Work)、《玉珠串》(Necklace and Calabash)、《黑狐狸》(Poets and Murder)等中短篇小说,这些作品分则单珠,合则全璧,共同组成了一部洋洋洒洒长达140万字的鸿篇巨制——《大唐狄公案》(A Judge Dee Mystery)。

高罗佩依据丰富的中国古代史料,以西方侦探小说的写作手法,对旧公案传奇做了改造与革新，他的作品文笔流畅，造意新奇，虚实掩映，波澜起伏，故事充满悬念，往往一波未平，一波又起，或一案奇险，或数案交错，情节迂回曲折，扑朔迷离，最后百川归海，真相大白，案犯暴露，公案具结。高罗佩的小说创作，与中国古代的公案传奇有很大的不同。在中国古代的公案传奇中，法官多在公堂上审案断狱，对讼案双方尤其被告方动辄大刑加身，结果常常屈打成招，铸成冤假错案。高罗佩笔下的狄仁杰则全然不同，他重调查，重证据，经常走出公堂明察暗访，对案情进行缜密的调查与推理，从而剥茧抽丝，去伪存真，做出正确的判断。他的小说，把中国公案传奇的大故事套小故事的结构与西方侦探小说的悬念、推理手法结合在一起，实现了东西方文学的互补，栩栩如生地刻画了唐代名相狄仁杰这个破案高手的艺术形象。高罗佩笔下的这位狄仁杰，不同于包拯、海瑞、施世纶、况钟等一类正襟危坐的青天大老爷，也不同于幽灵一般的私家侦探福尔摩斯，而是二者的完美结合。他执法如山却不拘泥古板，睿智机敏却不虚情矫饰，敢冒风险却不盲目蛮干，疾恶如仇又心存恻隐，喜欢女子但不失风度，诙谐幽默而能保持威严，精通文墨且又谙熟武功，称得上是一个寻惊弄险的人间豪侠，一个神出鬼没的破案高手，一个才情两全的东方美男，一个幽默干练的衙门官员。

高罗佩在中国文学、艺术、法律及社会文化风俗等方面的渊博见识在《大唐狄公案》的创作中得到了淋漓尽致的发挥。小说虽有很多虚构成分，但是说到刑狱法典，却于史有据，并非信口开河。高罗佩对明代情有独钟，因此书中所写的社会多与明代相符，而非唐代。例如《迷宫案》就用了严世蕃用笔杀人的故事、《龙图公案》的拆画轴故事、《今古奇观》的滕大尹故事，书中的迷宫设计来自《香印图考》，女同性恋情节借自李渔的剧本《连香伴》。虽然如此，小说中有不少司法内容，却是合乎《唐律疏议》的。《铜钟案》所写到的和尚不轨、勾结京官干预朝政之事，也是在唐朝实际发生过的。高罗佩的才艺在《大唐狄公案》出版时也得到了很好的发挥，为了丰富该书的内容、让读者获得直观的印象，高罗佩模仿明朝的版画，为全书绘制了数十幅插图，它们笔调古拙，韵味十足，与小说的轻快笔调形成了映衬。

《狄公案》小说出版后获得了巨大成功，它风靡海外，曾被译成日文、法文、德文、荷兰文、西班牙文、瑞典文、芬兰文、克罗地亚文等十多种文字在数十个国家出版，并几次被西方拍成电影，他所创造的"狄公"（Judge Dee）形象深深征服了西方读者，成为西方家喻户晓的传奇人物。按照高罗佩的本意，中文的《大唐狄公案》才是标准版本，可是天妒英才，他还没有来得及把这部小说用中文改写，便离开了这个世界。这部书直到20世纪八九十年代，才被中国的翻译家译成中文，中国的电视台把它搬上了荧屏。

中国古代性文化史研究的开山鼻祖

介绍高罗佩，不能不谈他在中国古代性文化史研究领域的贡献。

在中国传统中，"性"向来是一个敏感的话题，文人雅士从不会公开讨论床笫之事。不是不愿，而是不敢。吴晓玲先生曾说：

> 我觉得《金瓶梅》中对于市井人情的描写真是淋漓尽致，李笠翁的《肉蒲团》中的性心理描写和分析也不下于劳伦斯。蔼理斯研究"性"，成了世界上有名的学者，我们的学者看见这个字却"退避三舍"；外国人可以写专门研究贞操带的论文，我久郁积在心中的一篇《中国淫具考》却一直不敢动笔，这是我们的欠缺，弱点，虚伪。①

吴晓玲的顾虑其实也是整个中国学术界的顾虑。正是这种迟疑态度，

---

① 《危城访书得失记》，载《吴晓铃集》第二卷，河北教育出版社2006年1月版。

使中国学者在古代性文化史研究方面毫无作为——虽然它是社会生活史的重要组成部分。于是搞医学的不讲房中术，搞宗教的不讲密教，搞小说史的顶多提一下《金瓶梅》，搞版画史的不理会春宫版画，总之，性文化史研究成了"被人遗忘的角落"，很多材料在图书馆里尘封蠹蚀而无人问津。孟子说："食、色，性也。"（《孟子·告子上》）"食"者，生计之事也；"色"者，男女之事也。多年来，学术界对"食"投入了巨大的研究力量，成果汗牛充栋；对"色"却讳莫如深，谈虎色变。正像高罗佩在讨论清末叶德辉辑录《双梅景暗丛书》时所言："哪个学者胆敢就此特殊题目命笔，就立刻会被人嗤之以鼻。"（高罗佩《秘戏图考》上篇第二章）在西方汉学界，"藩篱"同样存在。虽然相对而言西方社会较为开放，但是直至20世纪二三十年代，只有法国汉学家马伯乐曾从道教史研究的角度对中国古代的房中术进行过零星讨论。直至高罗佩的《秘戏图考》出现，才在整体上刷新了这个局面。也正唯其如此，高罗佩被目为中国古代性文化史研究的无可争议的鼻祖。

　　高罗佩涉足中国古代性文化史研究这个领域，与上文谈到的侦探小说创作有某种瓜葛。他的《迷宫案》写成后，有一位名叫鱼返善雄的日本教授把它译成了日文，并交出版社出版。当时日本正兴起"裸体崇拜"热，出版商为迎合读者的口味，提出要给这本书配上一个有裸女的封面。高罗佩对此不以为然，认为这与中国古代的礼教相悖。他本以为中国古代没有裸体画，但调查的结果与他的判断大相径庭——在中国古代不仅有春宫画册流行于世，而且数量众多，至今在中国与日本都有存留。高罗佩在京都的古董店买到一套明代的春宫画印版，共24幅，名为《花营锦阵》。因为它十分罕见，所以高罗佩打算为它配上一篇《中国古代春宫画册概览》之类的文字公之于世，为社会史、文化史、艺术史方面的专家提供研究资料。但是，高罗佩发现这样一篇概览并不好写，因为春宫画与性问题密切相关，如果对中国古代社会的性生活习俗或风尚一无所知，根本就无从着笔。而在当时，无论是中国还是西方，都还没有人研究过这个题目。高罗佩于是筚路蓝缕，探幽索隐，对这个问题展开了拓荒式的研究。经过艰巨的努力，他完成了这篇文字，不过它已经不是什么"概览"，而是《秘戏图考》这样一部震动学术界的著作。

《秘戏图考》1951年发表于东京。全书一函三卷，锦面线装，全部文字均系高罗佩用钢版手刻，封面有他自己用中文题写的书名。卷一《秘戏图考》是正文，用英文写成，英文书名为"EROTIC COLOUR PRINTS OF THE MING PERIOD, with an Essay on the Chinese Sex Life from the Han to the Ch'ing Dynasty, B. C. 206-A. D. 1644"。内容分三篇：上篇《性文化的历史概览》从缕析古史旧籍、房中秘书、道家经典、传奇小说、野史笔记入手勾勒了自汉至明中国人的性生活情形。从内容上看，本篇属于"附论"文字，与秘戏图并无直接关联。作者把他置于卷首，旨在为读者理解中篇和下篇的内容提供一个背景材料。但作者撰写这篇概览时广集史料，一发难收，竟使"附论"膨胀成为本卷的主体。中篇《春宫画简史》与下篇《〈花营锦阵〉注释》都以明代的春宫画为研究对象，前者讨论了套色春宫版画的一般历史、制作方式和艺术特色，并扼要介绍了作者所曾寓目的《胜蓬莱》《风流绝畅》《花营锦阵》《风月机关》《鸳鸯秘谱》《青楼剟景》《繁华丽锦》《江南销夏》等八部春宫画册的版本情况、画面内容与艺术特色；后者专门介绍作者自己收藏的春宫印版《花营锦阵》的画面内容与艺术特色，还对题跋文字作了注译。卷后有附录《中国的性术语》。

卷二《秘书十种》是中文卷，从性质上来说为卷一的附编。收录了卷一征引的若干中文秘籍的原文。十种秘书实际上只有九种，因为《洞玄子》是从日本人丹波康赖的《医心方》卷二十八《房内》中析出而单独成篇的。这些珍贵的中国古代文献除《房中补益》以外，全部流失在海外，其中《天地阴阳交欢大乐赋》的全文以及《房内记》的内容在清末已被叶德辉收入《双梅景暗丛书》出版，而《纯阳演正孚佑帝君既济真经》《紫金光耀大仙修真演义》《素女妙论》三篇房中秘文,《某氏家训》一篇残页,以及《风流绝畅》《花营锦阵》两种春册题词均系首次发表,是研究中国古代性文化的珍贵史料。除收录了十种秘书以外,本卷还有一个附录,分"乾""坤"二部。乾部选录了卷一提到的一些古籍段落;坤部为"说部撮抄",节录了《肉蒲团》《株林野史》《昭阳趣史》三部色情或淫猥小说的典型段落。

卷三《花营锦阵》系一部春宫画册,它是高罗佩用自己收藏的那套明代印版,按中国传统的制作方法印制出来的,尺寸与式样都与明代原画相同。

高罗佩当初撰著此书,意在"用备专门学者之参稽,非以供闲人之消遣"(《〈秘戏图考〉中文自序》),因此只印制了50册,其中一册破例送给了一位对本书的写作有直接帮助的学者,其余49册全部赠给了若干国家的图书馆、博物馆、大学或研究机构。中国没有此书,一般读者难以见到原本。

《秘戏图考》完成后,高罗佩继续研究中国古代性文化史,十年之后,又在荷兰发表了一部与《秘戏图考》并称"双璧"的同类著作——《中国古代房内考》(Sexual Life in Ancient China: A Preliminary Survey of Chinese Sex and Society from ca. 1500 B. C. till 1644 A. D.)。此书以《秘戏图考》的上篇为雏形,从社会史、文化史的角度更全面深入地讨论了中国古代的性与社会的问题,在性质上既是《秘戏图考》的"姐妹篇",也是《秘戏图考》的普及本。《秘戏图考》和《中国古代房内考》问世后,以取材的鸿富与见解的精当而在西方产生了广泛的影响,被汉学界视为此研究领域的权威之作。比较而言,成书晚十年的《中国古代房内考》名气似乎比《秘戏图考》还要大一些,主要原因是前者面向普通读者,广行于世,而后者面向学者专家,被深藏密扃。但这并不意味着《秘戏图考》的学术价值在《中国古代房内考》之下,事实上两书是互有侧重、互为补充的。而由于附有资料性质的卷二和卷三,《秘戏图考》的文献价值更在《中国古代房内考》之上。要是从"破天荒"的意义来看,《秘戏图考》的重要性更不容忽视。陈珏先生曾说:"高罗佩的汉学著作,有洋洋十余种,种种精彩,尤其是《秘戏图考》,因涉及当时仍为禁忌的春宫画,题材敏感,而研究开一代风气之先,名闻天下。"①

高罗佩对中国古代性文化史所作的研究是拓荒性的,在他撰著本书以前,不管中国还是西方,这方面的研究都是空白,在这样的局面下展开研究工作,其难度可想而知。高罗佩不畏艰难,像大海捞针一般从浩如烟海的中文古籍中钩稽史料,阐微发幽,终于在无前人研究成果可资参考的情况下,大致摸清了中国古代性文化史的脉络,写出了《秘戏图考》这部填补学术空白之作。作为一个西方人,高罗佩能在一个连中国人本身都陌生的领域取得这样的成果,不由得我们不佩服。其勇于探索的学术精神,实在难能可贵。

同样难能可贵的,还有他竭诚维护中华文明的精神。高罗佩撰写《秘戏图考》的重要动因之一,是想纠正西方人在性习俗方面对中国人所持的偏见。由于中国人对性生活一向持神秘的态度,"19世纪,在中国的西方观察者似是而非地假定它是一个可怕的堕落的粪坑。这种错误观念被有关中国的西方书本广为传播,时至今日,仍流行在相当数量的西方公众的心目中"(《〈秘戏图考〉英文自序》)。而高罗佩在《秘戏图考》中以史实证明,中国人更多地追求的是爱的精神境界;他们的性文明,丝毫不在其他民族之下。他认为,从一夫多妻家庭制度的准则要求来看,"古代中国人的性生活在整体上是健康和完全正常的"(《〈秘戏图考〉英文自序》)。高罗佩态度鲜明地说,信口雌黄侮辱中华文明的西方新旧论著根本不值得

---

① 陈珏《高罗佩与"物质文化"——从"新文化史"视野之比较研究》,台湾《汉学研究》第二十七卷第三期。

认真对待。

高罗佩对中国古代性文化的研究，成就是显明的。对此，《中国古代房内考》的译者之一李零先生曾有如下中肯评述：

> 本书……从材料上讲很薄弱，如果让我们来写，往往就会感到无处下手。然而正是在这种地方，却充分显示出作者的洞察力。他能从晚期房中秘书的字里行间体味到它有一种渊源古老、始终一贯的原则，开卷一上来就讲中国人的基本性观念，指出它是以阴阳天道观为基础，这可以说是抓住了纲领。
>
> 其次……在本书中，作者不但把各方面的材料集中起来，而且能够注意各种问题的相互照应，比如房中术与道家炼内丹的关系，道家炼内丹与印度密教的关系，春宫版画与色情、淫秽小说的关系，把有关线索串联起来，非常注意问题的整体关联，使后来的研究者可以循此做进一步探索。
>
> 作者对他所研究的课题非常讲求科学认真的态度。例如在讨论中国古代的性观念时，作者总是一再强调，要从一夫多妻制的历史前提去理解。提出当时人们对两性关系、男女在婚姻中的地位以及他们对婚姻的义务，还有其他许多问题，都有特定的标准；中国古代房中术强调"一男御数女"的技巧掌握并不是随便提出来的，而是考虑到这种历史前提下男女双方的身体健康、家庭和谐和子孙繁育等实际问题……书中涉及专门的医学知识，作者总是尽量引用现代科学的研究成果……作者在知识不足以作出判断的情况下，总是把问题提出来，留给专家去解决，这也很有"多闻阙疑"的精神。
>
> 作者学识渊博，除精通中文史料外，还对印度和日本的文化有相当深入的了解，因此有可能对三种文化的有关材料进行比较研究……（作者还）提出了一个范围更大的问题，即中国房中术与印度的佛教

金刚乘和印度教性力派密教经咒的关系问题。①

上述评价无疑是公允的。笔者在这里要特别一提的，是有关春宫画的问题，这不仅因为《秘戏图考》从书名到几近一半的内容都与春宫画相关（"秘戏图"也就是春宫画），而且因为对研究春宫画这件事人们可能会有完全不同的看法。有人可能认为，描绘色情或淫猥场面的春宫画是没有什么研究价值的。事实上，在中国，即使搞绘画史的人，对它向来也是不闻不问的，更别说其他领域的学者了。这种东西真的值不得重视吗？高罗佩并不这么看。《秘戏图考》英文自序中的一段话反映了他在这个问题上的态度：

> 单纯作为某一种类的淫猥图画而摈弃它们似乎是不公正的。必须透过它们所特有的背景去看待这些图画，以便对它们的价值形成不偏不倚的观点。

高罗佩经过研究，得出如下结论：

首先，从艺术的角度来看，这些图画在中国的套色版画中是屈指可数的精品，它们为中国版画的研究提供了富有价值的史料。高罗佩认为，《花营锦阵》《风流绝畅》之类的春宫画册，"实为明代套版之精粹，胜《十竹斋》等画谱强半，存六如（即唐寅——译者）、十洲（即仇英——译者）之笔意，与清代坊间流传之秽迹，不可同日而语"（《〈秘戏图考〉中文自序》）。对于中国古代的绘画，西人素有偏见，认为中国人只娴写山水花鸟，而不擅长于描绘人物，尤其不擅长于描绘人体，高罗佩认为此见大谬。他说，上述画册中的"这些描绘方位不同之裸体男女的技法娴熟的图画表明，尽管中国画家通常对描绘裸体顾虑重重，但这仅仅是因为必须遵

---

① 李零《〈中国古代房内考〉译者前言》，上海人民出版社 1990 年 11 月版。

从一种故作正经的传统禁令,而当然不是因为受艺术技巧的限制。这些版画也充分证明,与研究中国插图艺术的许多西方学者的流行看法相反,当必要的时候,中国画家的确能够描绘出生活的原型"。(《〈秘戏图考〉英文自序》)

其次,这些图画从一个侧面反映或证明了中华文化对日本文化的影响。经过把中国的春宫套色版画与日本的浮世绘作品做比较研究,高罗佩认为:"这些木刻画清楚地证明了日本套色版画家对他们的中国先生的极端倚赖。早期的日本浮世绘画家不仅采纳中国的彩印技艺,而且紧紧袭用中国的绘画风格,有时甚至限于简单地把一种日本韵味移入中国画来创作他们的作品。"(《〈秘戏图考〉英文自序》)

这些版画对艺术史研究具有意义,这是没有疑问的。不过,它们若只具这方面的意义,也不值得高罗佩花如许的笔墨去讨论,因为艺术评价毕竟不是《秘戏图考》的主题。高罗佩指出,这些图画对社会史、文化史乃至医学史的研究,亦有不可忽略的意义。从社会史的角度来说,它们的产生最初具有宗教的涵义;它们的内容与房中书、色情小说有某种内在联系;它们在特定时代的广泛流传,反映了当时的社会习俗。从文化史的角度来说,这些图画可以提供因年代久远而使今人难得其详的古代生活细节,从而给研究者带来意想不到的帮助。比如"这些……版画在内衣方面提供了珍贵的资料,而它们罕见于普通的中国绘画"(《〈秘戏图考〉英文自序》),能弥补《中国历代服饰》一类著作中的缺陷。又比如,"它们对各式各样的家具、雕绘了花饰的屏风和多样化的装饰物的细致表现,在那个特定时期的内部装饰方面,提供了有趣的资料"(《〈秘戏图考〉英文自序》)。从医学的角度来看,高罗佩也认为这些版画是重要的资料,因为它们所描绘的各式各样的姿势,具体地反映了当时的性生活细节——正如房中书所强调的,在古代,性行为与养生有紧密联系。

《秘戏图考》虽开中国古代性文化研究之权舆,但其所做的工作还是草创性的。对此，高罗佩很有自知之明，他说："拙著不过是首先的试尝——一块在它之后应会有更深入全面的研究著作问世的引玉之砖。"（《〈秘戏图考〉英文自序》）这话应非谦让之辞。确实，《秘戏图考》的短处和长处同样明显。首先，由于受史料限制，本书对一些朝代（如汉、唐、明）讨论较详，对一些朝代（如宋、元）讨论较略，对一些朝代（如先秦、清）则根本未着墨，让人觉得它是一部由几个断代缀合而成的性文化简史，而不是一部一以贯之的通史。而且，从整体上来看，高罗佩所勾勒的线条还很粗。作者后来注意到了这一缺陷，并在《中国古代房内考》中尽量地做了弥补。其次，由于在中医学和性学方面是门外汉，在相当多的地方，高罗佩只是把自己的工作限于简单地陈述事实和翻译史料，而未做必要的解释和分析。这固然体现了他对待学术的审慎态度，但同时也反映他对史料消化不够，研究尚欠深入。而与此相反，有的章节内容与性问题本无直接关联（如版画的制作方法及艺术欣赏等），他却花费了许多笔墨去讨论，这未免又离题太远。再次，《秘戏图考》虽引用了许多古代材料，但在浩如烟海的古代典籍中，尚有不少材料可资利用，如南朝陶弘景《养性延命录》中的《御女损益篇》，讨论了房中养生问题，有重要的文献价值；明代洪基的《摄生总要》收录了大量春方春药，极倡"秘精不泄""还精补脑"之言，更是房中术的重要秘本；其他非医家类的著作，如《礼记》《论衡》等等，也直接或间接涉及性问题。类似的史料，若能广为利用，书的内容将会充实得多。可惜作者成书仓促，疏于搜求。此外，明代的色情、淫猥小说存世者数以百计，作者在上篇第四章"小说"的题下，只讨论了《绣榻野史》《株林野史》与《肉蒲团》三部作品，那是远远不够的；对伟大的现实主义小说《金瓶梅》的色情描写问题未提及，更不能不说是一种疏忽。最后，高罗佩提出的若干论断似乎也值得商榷。正如《中国古代房内考》的译者已经提出的："作者在对中国性观念的评价上使用了'正常'与'不正常'的概念，强调中国人比其他古老文明更少反常行为；在对中国性观念发展的估计上也有'一向开放而突变为压抑'之说。这些提法，作为一种总体性和趋势性的估计也许是成立的，但对具体情况的复杂性似乎缺乏充分估计，线条显得比较简单。"(《〈中国古代房内考〉译者前言》) 高罗佩甚至把房中书的编写者视为"中国女权主义思想的先驱"(《〈秘戏图考〉英文自序》)；《某氏家训》的作者是"一个尤为关注妇女幸福与保护的见解独到的思考者"(《秘戏图考》上篇第四章)，这都不免牵强附会。当然，虽有我们所指出的这些缺点，本书的价值仍是毋庸置疑的。

高罗佩对中国古代性文化史的研究，影响是巨大的。他开辟了这块学术处女地之后，海内外陆续有学者进入，并在其中继续耕耘，终于结出了不绝如缕的成果。早在 20 世纪 60 年代，便有盛五山（Sheng Wu-shan）继步高罗佩，用德文撰写了《色情在中国》(Die Erotik in China) 一书，研究中国古代的春宫文化。同时，英国的东南亚艺术史家菲力普·劳桑（Philip Rawson）也出版了《东方的色情艺术——性在东方的版画与雕刻中》(Erotic Art of the East: The Sexual in Oriental Painting and Sculpture) 一书，其中有专章讨论中国的春宫版画，表明西方的正统艺术史学者已开始把中国的春宫秘戏图作为东方艺术的一部分纳入了研究视野。20 世纪 80 年代后，在西方的社会与知识界，春宫画研究已不再是什么禁忌，于是以私人收藏为研究基础的专著次第面世，比如德国出版的春宫画册《素娥篇》即是一例。而约翰·拜伦（John Byron）的《中国乐土的画像——晚清的色情与性习俗》(Portrait of a Chinese Paradise: Erotica and Sexual Customs of the Late Qing Period) 一书，则聚焦于晚清，在时段上比高罗佩下移。约略同时，日本性学研究家与浮世绘春宫画收藏家福田和彦用意大利文与英文出版了有关秘戏图的系列专书，汉名为《中国春宫画》，呈现了中国春宫画与日本浮世绘的比较研究趋势。在高罗佩自印《秘戏图考》约半个世纪后，新一代的荷兰性文物收藏家白晓乐（F. M. Bertholet）也将其私人春宫画藏品公布了出来，计有《春梦遗叶》(*Dreams of Spring：Erotic Art in China*)等两种。1999年，台湾的古代春宫艺术编辑小组则编辑了《掬香问影：中国古代春宫艺术》一书。

至于一般的中国性文化史论著，继高罗佩之后，在西方学术界也如雨后春笋般出现，例如：

埃利克·周（Eric Chou）的《龙与凤》(*The Dragon and the Phoenix*)（纽约，1971）

张仲澜（Jolan Chang）的《阴阳之道——古代中国人寻求激情的方式》(*The Tao of Love and Sex：The Ancient Chinese Way to Ecstasy*（伦敦，1977）

查理斯·胡玛那（Charles Humana）的《中国人的爱的方式》(*The Chinese Way of Love*)（香港，1982）和《中国人的性秘密——帘后一窥》(*Chinese Sex Secrets：A Look behind the Screen*)（香港，1984）

张绪通（Stephen Chang）的《性之道》(*The Tao of Sexology：The Book of Infinite Wisdom*) San Francisco：Tao Publication（旧金山，1986）

道拉斯·威尔（Douglas Wile）的《房中术》(*Art of the Bedchamber：The Chinese Sexual Yoga Classics, Including Women's Solo Meditation Texts*)（奥尔巴尼，1992）

菲力斯·度那（Felice Dunas）的《性爱游戏》(*Passion Play：Ancient Secrets for a Lifetime of Health and Happiness through Sensational Sex*)（纽约，1997）

日本学者的著作则可以举出以下两例：

土屋英明的《道教的房中术：古代中国人的性爱秘法》（《道教の房中术：古代中国人の性爱秘法》（东京，2003）

坂出祥伸、梅川纯代的《从"气"的思想反映出的道教房中术：存在至当下的古代中国性爱长寿法》（《"气"の思想から见る道教の房中术：

いまに生きゐ古代中国の性爱长寿法》）（东京，2003）

  对中国古代性文化史的研究不仅在西方社会勃兴，在中国大陆的学术界亦已渐成气候。比如，江晓原先生客串性史研究，出版了《性张力下的中国人》；李零先生从道教方术与出土文物的角度，考察过房中术问题；宋书功先生以文献为整理研究对象，编纂了《中国房室养生集要》；刘达临先生专治中外性文化史，出版了《中国当代性文化——中国两万例性文明调查报告》《中国古代性文化》《性与中国文化》《中国性史图鉴》《世界性史图鉴》《中外性文物大观》《20世纪中国性文化》《中国情色文化史》《浮世与春梦：中国与日本的性文化比较》《爱经与秘戏：中国与印度的性文化探秘》《云雨阴阳：中国性文化象征》《中国历代房内考》《历史的大隐私：中华性文化20讲》等一大批专书。在胡孚琛先生主编的《中国道教大词典》中，亦有房中养生类，条目的主撰者为古健青先生、李远国先生、李零先生及笔者。

  当年高罗佩曾在《秘戏图考》中文自序中呼吁："海内识者，如有补其阙遗，并续之以明末以后之作，固所企盼！"他的这个愿望，应该说正在逐步实现。

  高罗佩作为西方人，在短短的57年人生中，于从事专业的外交工作之余，以"暇寄"的方式，居然完成了如此众多的汉学研究与文学创作工作，成就相当惊人，其学力才情与治学精神，是一般人所难以比拟的。作为一位传奇人物，他将永载中西方文化交流的史册。

2013年元月28日

《秘戏图考》译后记

在香港友人黎思人女士的诚意帮助下,去年我终于读到了高罗佩手写的英文本《秘戏图考》。在此之前,我曾多方搜求此书而未获。我希望阅读此书,是出于研究的需要——近年来,我对研究中国古代文化史发生了兴趣,而对所谓的"神秘文化"尤加注意。

起先,我译出了原著的英文自序和正文的若干段落,意在与高氏的另一部著作《中国古代房内考》相参较。想不到好几家出版社的编辑朋友获悉此事后都对出版此书的中译本有意,相率嘱我尽快把全书译出。他们认为,与其让这部罕见的汉学著作深藏密扃于海外的少数图书馆、博物馆或研究机构,不如把之译成汉语,以供海内学者参考。在他们的敦促下,我遂把译事继续了下去。

译事难,不少译家有此感叹,我本非译家,又才疏学浅,自然更感译事之难。事实上,要翻译《秘戏图考》,不仅得外文娴熟,而且要有深厚的古文基础和丰富的房中养生知识。高罗佩精通东方文化,谙熟十数种文字。这部汉学著作的英文原文虽然只有十余万字,却夹杂有不少其他文字,如法文、德文、拉丁文等,还有梵文、日文的对音字。要清除这些译途中的"拦路虎"并非易事。即便读通了原文,还要用中文准确地翻译出来,有时也颇费斟酌。这本书讨论的是我们祖宗的事情,译文自然要尽可能"中国化"。"欧化句"不仅佶屈聱牙,而且可能有悖原意。特别是若干古代汉语,最忌译走样。若《易经》译成"变化之书"(Book of Changes),"房中书"译成"女人的居所"(women's quarters),"既济"译成"已经完成"(already completed),不是不伦不类吗?此外,要把本书所引用的中文史料"还原"也不容易，好在高罗佩在撰写此书时，对这一点已予充分注意，尽可能附上原文，或标明出处。可以说，以我的学养，翻译此书有点不自量力。现在献给读者的这个译本，谈不上"信""达""雅"，译文中的讹误一定不少，敬祈方家斧正。

本书是全译本，对卷一《秘戏图考》的英文原文未加任何删节，俾留原著全貌。从"用备专门学者之参稽"，非以供闲人之消遣"这个角度出发，出版社打算在内部发行此书，这无疑是正确的，但考虑到内部发行之书也有可能流传出去，因此，译者有意删去了卷一《秘戏图考》中的若干不宜传播的春宫插图和收入卷三的春宫画册《花营锦阵》（画册的内容在卷一《秘戏图考》的下篇"《花营锦阵》注译"中有具体介绍，其全部题跋则保留于卷二《秘书十种》的附录坤部所撮抄的说部，文字多涉淫猥，因此只存目。高氏之所以只把此书刻印五十部，就是"由于该书中有复制的春宫版画"及其他不应落入不宜读者手中的资料（见《中国古代房内考·自序》）。中译本删去这些内容，显然会给理解原文带来一些不便，但为了避免本书产生副作用，必须这样做。对此，恳请各界学者理解和谅解。

中山大学中文系张振林教授、黄天骥教授审阅了部分译稿；广东人民出版社总编辑庄昭先生及综合编辑室主任姜玉玲女士一直关心本书的翻译，并细心审编书稿；中山大学外语系王小华副教授、中山大学出版社刘翰飞副编审分别对本书的德文词语的翻译和一些日文词语的回译给予了指导，在此深表谢忱！

1992 年 6 月 1 日

下编 译序

高罗佩《秘戏图考》英文自序

高罗佩

此番到一个汉学家们向来鲜少涉足的领域漫游,起于一件偶然的事情——作者购买了一套旧中国绘画印版。这套雕刻着春宫画和题词的印版,无书名亦无日期。之所以买下它,是因为其艺术质量极佳。继此之后的研究揭示,这些印版是一部大幅中国春宫画册,名为《花营锦阵》。此类书在明末风雅的士人圈中备受青睐。

研究了这套印版和类似的版画后,我发现,即使不考虑它们的奇异特征,这些图画对关于中国的一般研究也是相当重要的。首先,它们在中国套色版画中肯定是屈指可数的精品,这种艺术最近几年始获西方学者注意。这些春宫版画为这种艺术的研究提供了富有价值的材料,因为它们的全部历史被限定在大致70年的短暂时期里。显而易见,最早的画册出自明隆庆年间(1567—1572),至晚不过1610年,接近明万历(1573—1620)的末期;现知最晚的样本大致在1640年前后出版于中国南方,其时北方已落入满洲征服者的手中。因此,就算撇开它们的内在艺术价值不谈,这些春宫版画在旧中国套色版画中也占据着相当特殊的位置。在这些保存下来的样本的基础上,我们可追踪其全部发展:从颇缺自信的尝试经由完美而进入最后的颓废——所有一切都包含在70年的短暂时空里。

而且,这些木刻画在提供大尺寸的全裸人体表现方面有着独特的艺术重要性。其他同时期的色情书籍插图只有非常小的裸体,很少超过3厘米高，且绘画技法拙劣；而在这画册中，人体有 20 厘米高，或者更高，绘画技法娴熟。这些姿态不同的精致裸体男女画说明，如果说中国艺术家把小心翼翼地避免描绘裸体作为一种规划，那仅仅只是为了遵从故作正经的传统禁令，而当然不是因为艺术技巧的限制。这些版画也提供了证明，与流行于许多研究中国插图艺术的西方学者的概念相反，必要的时候，中国画家的确能够借鉴真人模特。

其次，有社会学方面的意义。这些以各式各样的裸体场景展示明代人物的版画，在内衣细节方面——例如衬衣、短袜、护胫等等——提供了珍贵的资料，而它们于普通的中国绘画很罕见。因此，这些版画给许多人提供了进入明代散文和诗歌的鲜为人知的通道的钥匙。此外，它们对各式各样的家具、描绘了花饰的屏风和多种多样的饰物的细致表现，提供了那个特定时期的室内装饰的有趣资料。

再次，这些版画从医学观点上来说也是重要的。它们表现了各式各样的姿势，按这类姿势进行的性行为或许能臻于完美，关于性生活的其他细节也是一样。既然被相当具体地描绘下来，这些版画在研究中国性生活和性习俗方面就是有用的史料。

最后，这些木刻版画清楚地证明了日本套色版画艺术家对他们的中国先生的严重倚赖。早期的日本浮世绘画家不仅采纳中国的彩印技艺，而且袭用中国的绘画风格，有时甚至限于简单地把一种日本韵味移入一幅中国画里头。近年已为日本研究者承认的这一点，为日本套色版画的起源打开了一条新的研究途径，开辟了一个值得密切探索的课题。

既然一个幸运的机会把这部明代春宫画册的印版送到了我的手中，我觉得我有责任让这些极其罕见的资料为严肃的研究者所利用。

*

最初，我只打算配上一篇中国春宫画艺术概览出版这部画册。然而，我发觉若无一些中国性生活和性习俗的知识，要写出这样一篇概览是困难的。当我着手选定这个题目时,我发觉实际上没有资料可资利用,不管是清代的中文文学材料,还是西方的汉学文献。

关于性事方面的资料缺乏的原因的一项调查证明,就中文材料而言,这一空白是传统的中国式的虚情矫饰的结果。或迟或早,实际上,几乎所有的人类活动都能找到诸多规模惊人的文献信息库,这类信息库在清朝被编纂并在帝国的主持下出版,但性是一种例外。当然,中国人希望在艺术与文学中尽可能回避爱的色欲外表,这一点本身是十分值得称道的。既然东西方都有一种在文字和绘画中宣扬爱的色欲外表的明显趋势,而其程度又使性行为的基本精神意义含混不清,那么回避性欲的行为对打击将性欲作为当前时髦的东西的行为肯定有用。但不可否认,中国人走向了另一个极端。在西方关于中国的书中,中国人的虚情矫饰已成为一句套语。

与许多清代作家的断言相反,这种情形并非从来就是如此。当代的文献证据说明,虚情矫饰在唐代(618—907)以前和唐代实际上并不存在,它可溯源于宋时期(960—1279),当时,在古老的儒家经典的再检验下,男女有别之古义被头脑狭隘的学者们所误解。这种固执的态度在元代(1280—1366)有所松弛。中国人在战争中的失败和在蒙古人奴役下的苦难生活,引起了一种喜好轻浮娱乐的风气,于是中国的剧本和色情小说繁荣起来了。其后,明朝带来了民族文化的复兴,其中包括它的许多与性有关的禁忌和习俗的复兴。但到这个时代的晚期,大约自1570年始,南都南京沉溺于风流浮华中。风雅学者的一切文化生活情形,包括他们的性风尚,成为文士、画家的谈资。这就是这一时期春宫画册产生的缘由。

1644年的满洲征服在这种快活场景中放置了一块黑幕。从那时起中国人显示出一种近乎疯狂的愿望去保持他们小心翼翼隐藏起来的所有性生活面目。性别的分隔被推行到了其最终的结局。中国官员们劝告他们那原本很少为性风习操心的满洲主子把以前明代的色情作品放入存目,而在此期间,满洲统治者在这个方面甚至比汉人自身还谨小慎微。在这部分汉人中，是否有一种愿望，要从强化了这种极端矫饰的外来征服者的窥探之眼下，至少保存其闺间隐秘？中国将军洪承畴（1593—1665）的著名故事似乎证明了上述这一点，他接受了满洲人关于男人必须剃发留辫，着满洲服装的命令，但前提是女人可以继续保留原有的发式、服装。

尽管如此，清代士人的固执态度和西方学者获取可用于工作上的可靠中文资料所碰到的重重困难，还是说明了有关中国性生活的西方论著之所以缺乏的原因。当梵文专家理查德·史克密蒂（Richaud Schmidt）以古印度的性生活的复杂记述提供研究成果时，① 当中国的东方邻邦日本的性生活获克劳斯博士（Dr. Krauss）和一批日本学者的充分描述时，② 中国的性生活仍或多或少地处在秘密状态中。这幕帷幔被大为悲叹的法国汉学家马伯乐（Hensi Maspéro）撩起了些许，③ 而马提哥诺博士（Dr. Mtignon）则在19世纪末把其对中国的观察细节公之于众。④ 此外，中国色情小说《金瓶梅》⑤ 的英、德文翻译本对此论题亦有所帮助。然而，还没有研究中国生活状况的复杂著述问世。

清代士人夸张的假正经不仅妨碍了学术研究，而且导致西方对中国的性生活产生了一种完全错误的印象。由于中国人对待他们的性生活的神秘

---

① 《瓦兹耶耶那的〈爱摩经〉，等等》（Das kāmasūtram des Vātsyāyana, etc.），见《梵文选译》（Sanskrit ubersetitund herausgegeben），柏林，1912年版。同一作者：《印度性爱文集》（Beiträge zur Indischen Erotik），柏林，1911年版。

② 克劳斯（F. S. Krauss）、伊姆（H. Ihm）和佐藤·托密斯（Sato Tomis）：《日本人的性生活》（Das Gesdlechtsleben der Japaner），维也纳，1931年版。

③ 马伯乐（Hensi Maspéro）：《养生之法》（Les Procédés de Nourrir le Principe Vical）《亚洲学报》（Journal Asiatique）第229卷，巴黎，1937年版。尤其第二部分：《阴阳交合之养生法》（Les Procédés dlunion du Yin et du Yang pour nourrir le principe vital）第379～413页。

④ 马提哥诺博士（Dr. J. J. Matignon）：《迷信、犯罪和中国之贫困》（Superstition, Crime et Misère en China），巴黎，1902年第7次重印。

⑤ 最好的译本是埃哥顿（Cl. Egerton）的 The Colden Lotus，这是小说《金瓶梅》的英文全译本，分成四卷，伦敦，1939年版。

态度,19世纪,在中国的西方观察者似是而非地假定它是一个可怕的堕落粪坑。这种错误观念被一系列有关中国的西方书本广为传播,时至今日,仍流行在相当数量的西方公众的心目中。

对旧中国文献材料的检索清楚地证明了这一流行观念的严重不当。正像对中国人这么个有思想性的民族所期望的一样,自古以来,他们就对性事投入了大量的注意力。他们的观察结果包含在所谓的"房中书"中,这种书在公元初就已经存在。直至明末为止,这些房中书仍或多或少地自由流传于中国。但在紧接的清朝,绝大部分这种书因政府查禁而付之一炬。

毫无疑问,这些书本证实,古代中国人的性生活在整体上是健康和完全正常的——所谓正常,是就其合乎一夫多妻家庭制度的准则要求而言的。这些房中书是夫妇做爱的手册,它们不是为取悦读者而写的,而是为引导和指导性生活而写的。这些文本传授基本的性卫生和优生学规则,传授能使男女双方从性行为里获得高度快感的方式,从而在对产前护理给予足够关注的同时增进他们的健康。而且,它们劝导家长如何满足其妻妾的性需要而不损害自己的健康和性能力。尽管现代医疗科学可能对"止精法"和其他一些房中书推荐的手段不以为然,但必须承认,这些方法已被应用了2000年以上——它们并没有对中国种族的健康繁殖产生明显的危害。

后来道教的一些左道旁门把这些房中书的原则融入其性修炼和性实验中,以提炼"长生不老药"。然而,这种误用并不反映前置在这些房中书中的原则。道教的炼丹士把女人当作一种纯粹的实验工具,当作等级不同的炼鼎和坩埚而进行残忍的性榨取。而这些讲夫妇之爱的房中书则对妇女的健康快乐给予充分的关注。从某些方面来看,这些房中书的编写者甚至可被视为中国女权主义思想的先驱。他们的基本目标是一个一夫多妻制家庭成员的健康和幸福性生活的增进。

翻开出自他们之手的房中书和春宫画册,这一点会变得相当清楚,即编者们力求送上一份包括全部可能的花样的详目，间或放任一些他们的奇思异想。但这些医学的研究者对属于性病理的一个简单事实疏于注意。没有任何鞭打或类似虐待狂特征的痕迹，既找不出受虐狂也看不到其他与性相关的病态征象。尽管古代中国社会的封建结构这么个事实，暗示着在妻妾奴婢之上的家庭主子的绝对权力会赋予他在性行为中纵欲的充分机会，但是，既然春宫画通常倾向于给现实的性习俗以夸张的表现，而在这种画中欲望的念头又可无拘无束地表达，那么，在春宫画中见不到这类病态现象就更加意味深长了。

上述考察表明，中国人并没有必要对他们的性生活羞愧。事实上，举例来说，他们的古老春宫艺术和文学大可与古印度的同类东西相媲美。诸如《爱摩经》、Kāmasūtra 之类的梵文材料充满了虐待狂的特色，我们西方自己的色情作品就更不用讲了！

为了证明这特别的一点的愿望构成了一个强大的个人动机：把我在中国人的性生活这个题目上所拥有的资料，连同我对春宫画册的研究公之于众。我这样做的另一个动因是，要通过诸如公众图书馆、博物馆和其他学术机构之类的普通渠道获得这些资料极端困难。这些逃脱了明代顽固者查封和清代检察官抄禁的罕见的明代春宫画册和房中书，现在成为中国和日本的私人藏品。图册《花营锦阵》印版的发现以及从一些慷慨的中日古书画收藏家那里获得的额外材料，给我提供了一个直接研究这些珍稀资料的独特机会。因此，我想，我有义务在中国人的性生活研究方面做出对西方学者有用的研究成果。

上述考虑使我决定延期公布《花营锦阵》图册，直到我完成汉代至明末（1644）中国的性生活的历史概览的笔记为止。这篇本来只打算作为春宫画册简介的概览膨胀到了如此的地步，以至于使我怀疑是不是单独出版更好。但经再三思考，我发现中国性生活史与春宫画册的背景是如此地盘根错节，以至于只能把它们组成合理架构出版。

本书包括相对独立的三卷，即英文卷、中文卷、画册。

卷一系英文，分为三篇。上篇提供一个中国色情文献的历史概览，始自古代房中书的范围和内容，终于对明代最后几年间的色情与淫猥文学的讨论。我不打算涵盖清代和当代，主要是因为以我的观点，这类研究应由具有医学资格的人来进行，例如由有广泛的城乡医疗经验而受过西方训练的中国医生来进行。对于与这些古老的资料打交道，医学和性学知识的贫乏并没产生多少障碍，尤其是自从我把自己严格地限定于事实陈述后。我只记录我从文本和图画中见到的事实，而把解释这些资料和理解其他地方的类似复杂现象的工作留给社会学和性学领域的专家。

卷一的中篇，包含一个简明的中国春宫画史概要，接着是一个稍微详细的明末春宫版画述说。这后一节包括关于那个时代的彩色套印技术的讨论和八部春宫画册的简介。

卷一的下篇是对翻印于卷三的画册《花营锦阵》中的题跋的注释性翻译。

卷二全部是中文文本资料。在这卷中，汉学家们可以看到卷一提到的大多数中文著作的全文。其中少数可以从中国或日本的翻印本中见到，但绝大多数只见于珍贵的明版，据悉其中的一些仅以孤本存世。

最后的卷三是春宫画册《花营锦阵》的重印本，是用我拥有的那套古印版印刷的。

希望本研究能在特定的范围内填补西方汉学文献的一个空白。当然，拙著不过是首次的尝试——一块在它之后应会有更深入全面之研究的引玉之砖。卷二所提供的中文材料将为额外的宋、元资料所补充（在本书中这两个朝代仅偶被提及）；然后所有这些汇集在一起的文本将全部被翻译，其内容将被放到中国社会结构的背景去分析、考察，研究成果最终要受到医学观点的再检验。在这样一部标准著作问世之前，拙著也许对于满足参考的目的和一般的取向会有些用处。

读者会原谅我把我的工作限定在这个简要概述中，仅仅翻译需要以我的议论去说明的卷二中的某些中文段落。对于那些像我自己一样在性学方面不是专家的人而言，在性领域拖延研究在很多方面是一种知性牺牲（sacrifice intellectus）。一种为同样性质的题目所限制的文献很快就会成为单调的读物，并最终使译者厌烦，不管这类作品被叙说得怎样优雅，或在多大程度上被丰富的幻想所修饰。

*

理所当然，有关这个特殊专题的书，只适宜于有资格的研究者阅读。因此，本书只印了50个有限的本子发表。而且，为了避免它们落入未经授权者之手，这50个本子——破例送给热心修改本书卷一的英语文字的卡尔·贝奇梅惹先生（Mr. Karl H. Bachmeyer）的一册除外——已专赠给多个国家的图书馆和博物馆。

由于精心制作的图画复制品的数量有限，原有预算使本来难以做到的装饰成为可能。本出版物连同其他12个珂罗版图例，全部是手制的。

首要一点，因为这些数量有限的本子似乎难以证明以英文和中文排印是否必要，故我把两种文字都刻在蜡纸上。如果能注意卷一的英语文本的大陆书写习惯和中文文本的某些简写特点（如"幾"写作"𠨰"，"與"写作"与"，等等），我坚信读者会发现我的手迹是相当易认的。

至于插图、卷首图和卷一的九幅图版以及整个卷三，都是木刻印制的。卷一的十幅彩色木刻画的印版是日本的专家们根据一位希望隐名匿姓的上海收藏家诚心送给我的明代原版摹本刻制的。可以随意接近东京浮世绘的著名权威涩井清（Shibui Kiyoshi）先生收藏的中国套色版画，使我校色和处理技术细节成为可能。这些版画在我的指导下印刷在手制的日本纸上。这里提供的套色版画当然缺少古本的醇厚风味，然而它们是忠实地按照300多年以前它们刚制成的样子复制的。卷三用我收藏的中国单色原版印制。

卷首图和卷一的图版 3 是蜡印后手工上色的。卷一各篇起首处的红色半身图饰是用一块木印版印制的,它是我根据画册《花营锦阵》的第 12 图设计的。

三卷书俱印制在手工制造的日本纸上。封面上的中文题签是用双色版印制的。装订由一位中国古籍的装订行家承担。最后一点,现在公布的图画版式与明代春宫画册的版式完全一致,以便春宫版画能按原尺寸复制。

*

为了避免所有可能的误解,我希望重点指出,即本书独自和专门地讨论了中国人爱情生活的肉体面貌。这个事实丝毫不应被误解为暗含有这样的意思:在中国,两个性伴侣之间的爱的精神面貌被黜贬到了次等重要的地位。相反,新旧中文文献充满了颂扬爱的最高理想的感人段落。那些有意获取真挚伴侣之间的高尚而富有诗意的爱情生活感受的读者们,可参阅《美化文学名著丛刊》(第一卷由上海世界书局于 1936 年出版),这套丛刊,1580 年至 1880 年按年代编排的丛刊,重印了此类最具典型性的中国文学作品中的 11 种。这类书的一本——《浮生六记》,被优秀的英语翻译家林语堂以"Six Chapters of a Floating Life"为题翻译,成为易于西方人阅读的读物。

*

最后,讲一些有关春宫套色版画艺术鉴赏的余话。

单纯将房中书作为另一种类的淫秽图画而摈弃它们似乎是不公平的。为了对它们的价值形成不偏不倚的观点,人们必须通过它们所特有的背景来看待这些版画,即在大约由 1570 年向 1640 年延伸的时期,南京及其周边地区的高度文化和高尚时髦的文学艺术环境。

1421 年明都迁往北京后,旧都南京及其整个地区通常粗略地被称为"江南",并逐渐成为精英文化的中心。南京的南部,是像徽州、休宁那样的著名墨漆生产中心，是歙县附近的著名砚坑，还有遂安——手艺娴熟的雕匠和漆匠之乡。东边是坐落在西湖之滨的杭州，她自从1127年成为南宋的都城后，就一直是来自帝国各地的技艺超凡的画家和艺匠的家园。此外，还有像苏州和扬州这样的艺术爱好者聚集的中心，这种中心在从运河漕运和食盐专卖中获得巨利的大商豪贾的赞助下，各种精美而值钱的艺术品应有尽有，琳琅满目。16世纪末，南京，这整个地区的中枢，成为帝国无可争辩的文化之都。

南京成为对中央政府高官而言的退隐乐园可谓是一个小小的奇迹。正如歌德（Goethe）中肯地指出"厌倦官场，腻于朝政"①，在南京，他们可以生活在一种平和而优雅的闲适中，远离北京这个北方的大都会及其复杂的政治纠葛，还有宫禁里权倾天下的宦官们的阴谋。南京也荟萃了画家与艺匠，游方诗人和巡讲的哲学家，木刻匠和漆器匠，剧作家和戏子，以及一大批在歌舞方面训练有素的美女。他们当中没有谁难于觅到一个有钱的主顾，后者给他们以食物与赞助，从而使他们能专注于各自的艺术，而不用为日常的饭碗担忧。

这多种多样的人才在一个单一地区的集中，连同富有的艺术主顾的慷慨，导致了一种协作艺术产品的产生（它们共同构成了这个特殊时代成为大量精美绝伦的艺术作品的创作见证的主要原因）。一个技艺高超的漆匠能配制出一种混合了墨的精美漆浆；一个诗人可写出一首赞美柔和黄昏的颂歌；一个画家可以绘出一幅袖珍风景画以与诗词相配；最后，一个雕匠能把诗词和装饰设计雕刻在一块使油墨成型的印版上。

同样不寻常的环境促进了套色版画的制作：才华横溢的画家绘出图

---

① 《中－德季日即景》（*Chinesisch-Deutsche Jahres-und Tagesseitetn*）（1827年）之一：厌倦官场，腻于朝政。春和日丽，辞离北国。驻足江南，退隐水乡。游山玩水，舞文弄墨。开怀畅饮，杯复一杯。自在若是，夫复何求！

画，著名学者加上诗词题跋，手艺极其高超的雕匠把作品翻刻在木印版上。这种应用不仅适合于像《十竹斋画谱》那样的著名套色版画，也适合于春宫画册。

这些配有讲解性诗词、图解各式各样的性行为的大幅套色版画册，是居住于南京及其周围地区的过分风雅而稍嫌无聊（blasé）的士人群体的嬉戏实验。正是他们设计了图画，创作了诗词和序言，并私下印成画册，只署上各种笔名或编造的斋号。他们让最好的艺匠来制作作品，不惜工本。因为这些画册虽然不是商业性的出版物，还是常有职业性的出版商出于获利目的而翻印它们。

这些画册基本上仅用于满足设计它们和赞助它们出版的那些闲适人士的趣味。他们意欲窃取一些狂欢的瞬间，并将其固化在印版的精美线条上，为因蛮族威胁北边、行政坍塌而产生的明帝国即将崩溃的预感、加上一种无常的怀旧感触（这种感触对形成赋予这些版画以灵感的心境是必要的）与被那个时候的中庸士人广为研习的佛教禅宗（中国的"Chán"，日本的"Zen"）提倡的对极端的肉欲和世间欢娱的严厉排斥两者之间架起了链接。"愁只愁，苦海无边：喜刹那，善根种遍"，这是翻印于本书卷三的春宫画册《花营锦阵》的结语。由春宫套色版画表现出来的思想是非常悲观的（fin-de-siécle），当然也是公然肉欲的。但它也常有一种表达的柔情和熟练的绘画，正是它们使这些版画列入了春宫艺术的最佳范例中。

在过去的若干世纪中，一直是风花雪月的优雅寻求者所喜欢出没的南京秦淮区，如今除了灰暗阴郁的穷街陋巷外已一无所有。今天，年轻而精神旺盛的人们，脑子里思考着当前与未来的问题，不知不觉地从这个三百年前闲适的士人造就的一种懒散时尚的地方匆忙来往。今天的他们放眼于未来，他们无暇回首一瞥——也许本来就该如此。然而，"路漫漫其修远兮"，假若谁偶尔希望休息片刻，以便从这个时代的忙碌生活的紧迫中获得短暂的安宁，他可能会浏览一下这些纸上的年轻女子和她们那热情的爱侣，他们被如此精致地刻画在木印版上，就像他们在其奢华府第的隐蔽卧室里相互寻欢作乐时一样。于是，甚至这短命的美，这失落的春宫彩色版画艺术，也能够获得一种更持久的意义。

高罗佩（大使馆参赞）

1951 年秋

高罗佩《秘戏图考》介绍[1]

高居翰（James Cahill）

1951 年高罗佩《秘戏图考》的出版引起了中国艺术界的轰动。它最初只私刊了 50 部，分赠给在世界范围内选出的图书馆和博物馆（远东以外的列表见同作者所著《中国古代房内考》附录二）。这些刊本里头都附有一封信，建议只让"一定数量以研究为目的的严肃专业学者"[2] 接触这些书，以防止"感官刺激的寻求者和偷窥者"。分布的稀罕与借阅的困难，连同其文字图画的"禁忌"性质，激发了每一个人的好奇心与获得此书的热情——须知那是一个人们仍会因出版乃至收藏色情物品而被起诉的年代。它被郑重其事地存放在上了锁的特殊房间或柜子里，只有以个人的纯粹学术兴趣才能说服满腹狐疑的图书馆员把它拿出。据说，这些印本的插图甚至在被借离藏馆之前就已经被偷窃。那是一个非常严重的损失，因为此书的所有彩色插图和部分黑白插图都是用原版印制的，有些是由高罗佩指导下的一位日本专家重新雕刻的，有些是用不可能再重印的存世旧版印制的。

---

[1] 高罗佩《秘戏图考》，莱顿 Koninklijke Brill NV 2004 年版序。
[2] 巴嘉迪（Carl Dietrich Barkman）和万莲琴（H. de Vries-van der Hoeven）：《三重生活的人——外交家、作家、学者高罗佩传》(*Een Man van Drie Levens*, *Biografie van Diplomaat, Schirijver, Geleerde, Robert van Gulik*)（阿姆斯特丹，论坛，1993 年）第 176 页。感谢布利尔（Brill）的编辑，感谢埃伯特·霍夫斯塔特（Albert Hoffstädt）把这本我所关注的书里的这篇和另外几篇文章带给了我，并提供了译文。在此我只作了意译，它们并非附信的准确原文。

那些熟悉高罗佩先前著述的人或会感到惊讶：在他选择的主题和他施之于它们的方式上，这个新研究方向与他自己实际认可的学术实践如何契合？与中国文人的品位和实践如何契合？中国文人的雅好是培养这样一类兴趣与追求：收集砚台，演奏与欣赏古琴，或者（在晚年）饲养长臂猿。读了其序言，你就会获得答案：令人难以置信，晚明的套色春宫画册制作，竟然也是高雅士人的另一种追求。他写道，这些画册"是居住于南京及其周围地区的过分风雅且稍微无聊的士人群体的嬉戏实验。正是他们设计了图画，创配了诗词和序言，并私自将这些画册付诸剞劂"。在制作这些配有原版木刻插图的奢华出版物和一个通过其本人手迹再现的专业文本，以及在私下里分发它们等方面，高罗佩再一次把自己放到了和那些博学多才的中国专业文化爱好者相同的水平线上。这么评论他丝毫不意味着要抹杀他的成就，他自己有理由骄傲地宣称，作为凤毛麟角的非中国人，他完全当得起是那个社会的成员。较诸西方，他更倾心于中国式的鉴赏与学问。他在 1936 年出版的一部书①中曾写道，"关于中国画的书，总的来说似乎写得已够多了"，针对此，他不无轻轻视地说它们"大多不过是中国画的西式指南"，他指的是那时西方学者出版的书。

据他回忆，他对明代春宫画册的兴趣，最早系由于 1949 年在京都获得了其中的一套印版而产生的。这套印版共有 24 幅，大约于 1610 年在南京被首次印成一部名为《花营锦阵》的画册。② 在对同类存世书籍的搜寻中，几位被他提到过名字的日本收藏家和一位"希望匿名"的上海收藏家引起了他注意，后者的藏品总是被说成为"某氏藏"。高罗佩所能指出来源的样本并不太多：他列举的图册共有八套，编号从 a 至 h，在书

---

① 《米海岳砚史考》（*Mi Fu on Inkstones*），第 1 页。
② 在这里我沿用的是对这些印版的一般描述。艾思仁（Sören Edgren）在他的文献注释中猜测他们也许在日本被重雕过。

中做了介绍（第 172～204 页），除了他拥有的《花营锦阵》以外，还包括五套日本人的藏本，两套上海某氏的藏本。日本人拥有的样本之一，即画册 d《风月机关》，据称内容大多出自《花营锦阵》，没有画页被重刊。

因为日本样本很难获取——就算能获取，最重要的涩井清藏本据说在他死后已下落不明[①]，而上海某收藏家从未被确认过身份，他的藏本也从来没有曝光过——所以高罗佩对这些画册的研究和他从中挑选出的插图，对任何研究中国画或者中国色情作品的人来说都是珍稀的资料库。他所罗列的资料并未被后来从事本研究的作者扩充多少。[②] 事实上，奇怪的是晚明春宫画在高罗佩的书问世之后的半个世纪里一直被人们忽视。"色情"书画禁律的放松开放了日本春宫版画和绘画的研究领域，以及有关它们的文学领域，经过充分阐述，如今已成显学。可是对中国春宫画的研究并没有出现同样的局面。[③]

无论如何，任何利用高罗佩的研究著述及其所附插图的人都必须意识

[①] 非常感谢东京上智大学的中国画印制专家小林宏光教授（Hiromitsu Kobayashi）努力查寻这些资料，并为我提供了很多信息和帮助。

[②] 理查德·兰（Richard Lane）提到了一部叫《绣枕演义》的书，"为 1594、1595、1610 年的版本"，但未给出有关它的任何信息。他还确定了一批来自浮世绘早期的日本印本系列，它们是中国原版的翻刻本。见他的《爱神穿过大海：明代色情作品在日本江户》，刊于《灯：投射日本艺术》，《日本艺术社团期刊》第五卷第 20 号，1985 年。一部 1606 年的作品《人间乐事》，包含有据说是临摹赵孟頫、周臣、唐寅、仇英等中国大家的画页；其中一张被复制为理查德·兰文章的图 1。王方宇在高罗佩的列表中增入了两部作品，都是存世的孤本。但是其中藏于印第安纳大学金赛研究所的一部《素娥篇》，属于文本插图的不同流派；藏于巴黎国家图书馆的另一部《吴山十景》，被他描述为有"十幅精美的木刻插图，也是单色的"，实际上是题为《湖山胜概》的系列版画的一部分，它共有 12 幅彩图，非色情作品。见王方宇《中国明末清初的书籍插图》，艾思仁编《美国藏中国珍稀古籍》（纽约，中国屋画廊，1984 年）第 43 页。

[③] 我自己有一本差不多要完成的关于中国春宫画的书在等待出版，然而对晚明的春宫画只是简略提及。

到一个问题：在这些画册当中，有两套作为可靠的晚明作品存在着严重的不确定性。《花营锦阵》（画册 c）的真实性似乎比较可靠。根据高罗佩提及的一位信息提供者，这本书中的许多画页都与保存在日本的另一部画册（画册 d《风月机关》）重复，其中一幅套色画页被高罗佩用作其书的图版 22（不过变成了非彩色的）。这些图画各自的风格与晚明吻合。画册 a《胜蓬莱》与画册 f《青楼剟景》同样是真的，两书都曾是涩井清的藏本，原在东京，如今已不知下落。根据高罗佩复制本的画页（两张从画册 a 照相复制的图画成为《秘戏图考》的图版 9 和图版 10）以及涩井清对这些画的早期而独立的描述来判断，它们权且可归为可靠资料。画册 g《繁华丽锦》没法判断，高罗佩将它列为大阪的田边五兵卫的收藏，因为他没有复制画页，据我所知此作品也没有另行出版。

作为高罗佩处理过的作品，画册 b《风流绝畅》问题稍多，不过仍基本上可信是晚明作品。根据高罗佩的注释，它既以裱成手卷的 24 幅彩图的完整版本形式出现在上海某氏的收藏中，又作为"散页"（即独立画页）出现在涩井清收藏的三部画册中。① 高罗佩复制的两幅，即卷首图和图版 11，他写道"是在我的指示下翻刻的"（第 173 页），在得自上海某收藏家据善本制作的摹图的基础上，修改了涩井清"不完善印本"的毛病。出自其不完整套图（插图 A 和 B）的两幅图画从前都被涩井清上过色。仔细比较高罗佩用新雕版印制而用作为《秘戏图考》图版 9 的复制品与涩井清的原图（彩色摹本图 B），可以看出二者的差别极其细微，这就引起了一个相关的问题：事实上在部位增充的意义上，简直看不出高罗佩的复制品对涩井清的原图有什么"修改"。只有一些非常小的线条断

---

① 这部画册中的三幅画页从 24 幅版本中被复制出来，仅用墨印，在理查德·兰的《爱神穿过大海》中，为插图 3、插图 5、插图 7。被用来与它们相配的是一些类似的画页，出自菱川师宣（约 1618—1694）在明代印本的基础上制作的一组日本套图。

裂——比如一个男人右手上部的轮廓——被填补了。确实，高罗佩丰富了色彩，他以蓝色取代黑色，用作大部分描线，在一些细节上用红色取代了黑色，比如右下角的凳子，为花朵添上了黄色和绿色。有些细部色彩的添加显得处置不当：远右侧紧挨着花瓢的一个三脚香炉的左轮廓被印成了黄色，而不是原先的墨线，几乎看不清了。绘画的小细节也有不同——高罗佩曾有所归纳，比如人物眼睛上的双眼皮更明显了。左上方看得见里面的床帐上面的一些褶痕在复制品中消失了，这种帐幔画法减少了体积感。在涩井清的刊本里，有一个垂直的标记，它显然是一个女人腹部上的一张被弄脏了的棕色纸，在复制品中因被误解为一条点缀线或非连贯线而被印成蓝色，变得毫无意义。

另一张出自春宫画册《风流绝畅》而经涩井清上过色的版画，和高罗佩作为卷首图复制的图片（插图A）关系更为密切，画面是一位女子唤醒熟睡中的书生。绘画的差别很小，可能不易察觉——比如男人的鞋子在原图中有本可被区分的鞋底，复制品中被简化成了全黑的。颜色也有改变，对女子长袍的设计部分在原版中显示为绿色，而在复制品中是红色的；插着花的瓶子旁的一个小三脚香炉在原版中印成墨线，而在复制品中再次变成了黄线，非常难看。再者，估量高罗佩的版画制作根本就没有必要介绍上海的某收藏家。看起来高罗佩很有可能只是简单地从涩井清的彩色摹本中复制了这两幅画，尤其是他只收入了涩井清已选中并复制的那两幅画，涩井清这样做，大概是因为它们并非露骨的色情作品（明代的春宫画册多半会包含一两幅非色情图画，通常用在卷首或卷尾，其余都是对性交的赤裸描绘），所以能于20世纪三四十年代在日本出版。高罗佩书中的图片显示他并没有受到任何约束，如果他真的有权从涩井清的原版套画中挑选作品，他本可以选择更为出格的春宫画。有可能制作彩色图片或幻灯片花费太高，也有可能涩井清不允许。无论原因如何，高罗佩显然在已出版的彩色复制品的基础上制作了来自画册

《风流绝畅》中的两幅画。

剩下的画册 e《鸳鸯秘谱》(《秘戏图考》图版 13～14) 和画册 h《江南销夏》(《秘戏图考》图版 15～20)，我们对其仍然抱有怀疑。根据高罗佩对它们的注释，这两本画册是"在某收藏家好心送给我的墨摹本的基础上复制的"，这位收藏家还对印刷它们的用色做过指导。事实上，从画册 e 中选取的两幅版画的用色显得过了。会削弱画面的黄色线条再次被使用：譬如托盘里的壶和杯，扎床帘的带子。图版 14 中的树根椅子被古怪地印成了明蓝色，男人的阴茎用了带红点的黑色，女人的阴户用红色配上黑色的阴毛。中国画师在画室中练就的作画门道被外行地表达：床钩并没有真的挂住帐幔，褶帘的样子看不出是垂布。从画册 h 复制出的六幅画页都用了不常见的深红色来印刷，也显示出与中国的实际相悖的绘画细节。

事实上，如果我们完全不信"某收藏家"的故事——我想我们有理由这么做——又没有这些画是晚明作品的可靠的独立证据，就很有必要对它们的性质展开争论。画册《风流绝畅》的画页原图与复制品近乎完美地一致（插图 A 和 B，《秘戏图考》卷首画和图版 11)，使人们对高罗佩据"某收藏家之摹本""复制"它们之说难免产生怀疑：如果这些图画确是在此种摹本的基础上被严密复制出来的，那么，这些出自画册 e 和画册 h 的画页看起来就应该是晚明的印本，而不是像它们所反映出来的那样，是与小说《狄公案》的插图制作相同的创作手法与艺术想象的产物。它们显然出自高罗佩本人之手。真实情况是，无论是风格还是主题事物，包括人物之间的关系模式，以及关乎它们某些方面的整体概念，在我看来都非出自中国人。

这听上去像是一个主观判断，这些画与可靠的中国绘画之间的差异是不易分辨的。我只能说，对一个曾花费了数年时间研究中国春宫画并正在撰写一部关于它们的书的人而言，显示在我眼前的东西与传统出入较大。①
当然，我们必须接受这样一种可能性，这两部画册的原件的确存在于神秘的上海收藏家手上，并且高罗佩摹印与复制它们异乎寻常地自由。要是这些原件得见天日，甚而高罗佩所宣称的从这位上海收藏家那里获得的摹本出现，它们很显然会推动对这些版画的再评价。就目前而言，我们必须意识到它们全是高罗佩制作的这么一种极大的可能性，而且十有八九是如此。

在这里我不打算对这些图片做细节分析以支持上述主张，更进一步的研究将能说明对错。其他人可一方面将这些画与可靠的明代版画做细致比较，另一方面将它们与高罗佩的公认画作做细致的比较，这样的比较将会肯定或者否定我的观察。我认为不可靠的画册的若干细节（如男人的胡须、脸部、服装及帷帐）连同组合技法，与后来的《狄公案》插图极其相合，它们并非真正的晚明版画。

我们最好暂停下来盘点一下我们的立场。很多遗留下来的东西需要澄清。既然高罗佩所用过的那些原始材料似乎已不存世，或者无论如何都无法获得，那么，我们在追踪其辙迹的问题上就存在着限制。甚至画册《花营锦阵》的成套印版也没有了：1959 年高罗佩在吉隆坡任职时，吩咐一名从前曾与他一起在东京大使馆供职的职员刨掉了木版上凸出的图像，这

---

① 需要补充的是，这个观点并非所有中国艺术史家都认同。柯律格（Craig Clunas）写道："高罗佩自己绘制这些图画的说法像一个学术玩笑，无法令我信服。它们与他的《狄公案》小说里的插图迥异，包括那些在他看来'有悖常理'的活动（特别是同性恋）。要是现代仿品，它们与真正的明代书籍的插画在风格上反倒离奇地接近。"见其《早期现代中国的图像与视觉性》第 203 页，注释 18（新泽西普林斯顿，普林斯顿大学出版社，1997 年）。这一评论被理解为仅适用于画册《花营锦阵》——据我所知并没有谁认为它是高罗佩的仿品——不过是在柯律格对高罗佩书的整体讨论的语境中被认定的。无论如何，我相信是高罗佩所为的版画印本，包括一个同性恋的场景（插图 17，两个女人，其中一个戴着假阴茎），和一个老男人即将与一个女人肛交的场景（插图 19）。

样它们就再也不能用于印刷。① 据传高罗佩自己收藏有色情艺术品,晚餐后会向男宾们展示。他把他们带到自己的研究室,先让他们享用"盛在水晶杯里的干邑"与高品质的香烟,然后再呈上"版画和绘画"及色情物品。② 色情的中国套色版画可能就在其中,但今天这些收藏都已难觅踪迹。至于涩井清的藏品,由于日本对持有、展览和复制色情艺术的法律管制的松弛来得太迟,这些印有色情内容的重要中国收藏品无法适时出版,已下落不明。涩井清自己好像只用彩色复制了其版画中的两幅,它们都出自画册《风流绝畅》,那两幅图(插图 A、插图 B)似乎就是我们所拥有的晚明春宫版画册的可靠而典型的彩色复制品的全部。对少数作品,我们可以从黑白复制品中猜想出彩色印本是什么样子。认真的查找会使原作或复制品更多地出现,尤其是在日本。

在一个拥有春宫画——即便是拥有来自其他艺术传统的旧物——会依法受到惩罚,和通常被社会看作"不知羞耻"的时代,由于其特殊本质,这些图画被侥幸保存下来的概率很低。它们不会像其他艺术品一样在家庭里代代相传——一位父亲可能担心自己死后这些色情物品被孩子们发现会减少他们对他的尊重;精心汇集的收藏会被遗孀或者别的家庭成员销毁,以维护收藏者的声望。我们不知道是不是这种环境导致涩井清或者高罗佩资料的消失。除了传播困难之外,对学术调查的另一障碍有这样一种可能:那些春宫画在它们所出现的馆藏书籍和期刊中会被移除,它们被禁的

---

① 巴嘉迪(Carl Dietrich Barkman)和万莲琴(H. de Vries-van der Hoeven):《三重生活的人——外交家、作家、学者高罗佩传》(*Een Man van Drie Levens*,*Biografie van Diplomaat*,*Schirijver*,*Geleerde*,*Robert van Gulik*)(阿姆斯特丹,论坛,1993 年)第 176 页。感谢布利尔(Brill)的编辑,感谢埃伯特·霍夫斯塔特(Albert Hoffstädt)把这本我所关注的书里的这篇和另外几篇文章带给了我,并提供了译文。在此我只作了意译,它们并非附信的准确原文。

② 简威廉·魏特林(Janwillem van de Wetering):《高罗佩:他的人生,他的作品》(迈阿密海滩,麦克米兰,1987 年;纽约,索荷图书 1998 年重印),第 9 页。

性质似乎助长了使用者的某些非法行为。

一则能部分或充分说明高罗佩是怎样步入中国春宫画研究领域的材料在他于 1966 年所作的笔记中被发现,这些笔记连同他的论文集、书籍手稿等等一起被存放在波士顿大学图书馆,① 材料更进一步透露了他的动机。这涉及他的第二种狄公小说《迷宫案》(又名《中国迷宫杀人事件》),1956 年用英文出版,但 1950 年已出了日文版:

> 1950 年作于东京,立刻被我的朋友——后来的日本知名汉学家鱼返善雄(Ogaeri Yukio)教授译成日文,并交由野间(Noma)先生的讲谈社出版,名为《中国迷宫杀人事件》。由于日本正兴起"裸体崇拜"热,出版者坚持要我在封面设计时加上一幅裸女图。我告知他们说我不能那样做,因为我要使我的插图保持纯正的古代中国的样式,在中国,由于过分拘谨的儒教传统的作用,从来没有发展过一所绘制裸体的艺术学校。而出版者无论如何要我对此予以确认,于是我给好几十位我相识的中国和日本的古籍书商写了信,问他们是否有明代的裸体版画。……所有的回复都是否定的,除了两处。

其中一处来自一位京都的古董商,他说他有一套这种版画的原始印版;另一处是从一位上海书商那里获悉,有一位收藏家拥有此类画册且"愿意让我对这些图画进行临摹……因此我发现裸体崇拜真的在中国存在过"。这是高罗佩对中国人性生活和色情作品的研究的源头。其次,据他所言,他想为绘制一个裸体女子人物去寻找中国模特,以用作其狄公小说之一的封面。女性裸体的上半身已出现在他于 1949 年出版的《狄公案》

---

① "笔记由高罗佩博士写给波士顿大学图书馆特藏部负责人戈特利布(H. D. Gottlieb)先生",在 1950 年版的《迷宫案》之下。非常感谢格雷姆·万德斯托(Graeme Vanderstoel)先生给我提供了这个重要文件的复印件,以及其他很多有关高罗佩参考书目的信息。

的第一插图与封面中（插图 C）。正如这部小说的所有读者都知道的，在他后来的各篇小说的插图中，裸体女性同样继续成为经常出现与颇受喜爱的形象。

这一记述支持一个结论，它与关于这位非凡人士的生活和工作重点的大量证据相吻合：作为狄公小说作者和富有创造性的插图艺术家的一面，与作为高水平的作者与学识渊博的学术研究者的一面，是不能完全割裂的，一面会渗透到另一面。高罗佩对差别不抱幻想："无论如何，如果一个人从事严肃的学术工作，他就应该成为事实的奴隶，严格地控制个人的想象；另一方面，当写小说的时候，他就无可置疑地是事实的主人，应当把想象融合到情感中。"① 但是，将创意转变为学术的诱惑显然太大（上引片段毫无疑问关乎他认为更具吸引力或诱惑力的东西），至少在他生命中的一个时期——即20世纪40年代后期至50年代初期——是这样的。从他这个时期的作品中我们能够观察到，他巧妙地混合了他所具有的日本珍稀中国资料的发现者、传播者和翻译者的能力，并使之与中国式新创作的缔造者这个新角色相兼容。

在1948年11月至1951年12月间，高罗佩担任荷兰驻东京军事代表团的政治顾问。他清楚地知道，由于清王朝的文字狱与图书禁毁行为，在中国曾经很流行的刻本和手稿大量消失了，但是在日本还能发现一些珍稀的本子。利用当时的环境，他找到了一些被用于印刷的特殊材料和工具，私刊了三种限量印制的书，每本都编了号，当中有些部分用手工制作。在这里，他再次沿袭了中国文人的做法，他们常出于审美的需要而将自己的高水平创作与学术结合在一起，在之前引用的文章中他已认识到此。这三种书的第一种出版于1949年，由东京的凸版印刷株式会社印刷，即《狄公案：狄仁杰所断之三桩命案——一部译自文言文的中国旧侦探小说，由

---

① 同上，《紫光寺》，1965年版。

高罗佩博士导读并注释》。它只限量印制了1200册，每册都有高罗佩本人的签名和盖章，原印本封面用木刻版彩色套印（插图C）。① 第二种1950年出版，即《春梦琐言：一个明代色情故事》——在日藏手稿的基础上由高罗佩博士介绍出版。它采用上好的中国纸张，结合中国风格来印制，仅限量出版了200册，同样钤有高罗佩的篆章（由他本人镌刻并盖印）。中文书名为其手迹。他在中文文本上写下了简明的英语介绍：他"在日本知名收藏家的书架上发现了（此书的）日本手抄本，藏家同意将其出版"。这些风雅而极为私人的著作的第三种即是《秘戏图考》，1951年出版，高罗佩同样亲自题签、钤印，并用悉心挑选的饰有花纹的纸张印制。这三种书上还盖了一些别的印章。图版3中的两个彩色部分，即出现在最初版本里的密宗和瑜伽图解，是用毛笔手工添加进去的。

在这三种作品中，尤其是在第一种和第三种中，我们可以发现作为学者的高罗佩与作为艺术创作者的高罗佩之间的界线是模糊的。高罗佩在《狄公案》的译者与其后的狄公小说的作者之间转换自如，它们的风格与结构是如此相近，以至于有人（错误地）以为根本就没有《狄公案》中文原本存在，那完全是高罗佩本人的创作。即便知道中文原本的确存在，我想在开头几页他们也可以察觉到某种不是中国人却模仿中国传统写作的轻微暗示语气，稍涉幽默，仿佛作者对欧内司特·布拉玛（Ernest Bramah）撰写的凯朗故事十分熟悉，这些有趣的故事集由一位仅仅通过翻译来了解中国文学的英文作者作于19世纪20年代，在其中他可爱而令人忍俊

---

① 关于此，见伊维德《半部狄公小说的奥秘：佚名〈武则天四大奇案〉和高佩罗对它的部分翻译》，《淡江评论》第8卷第1期，1977年4月，第155～169页。伊维德纠正了高罗佩认为中文原著的第二部分"是后出的版本，为别的作者所加"，从而不予翻译的错误。

不禁的滑稽模仿。① 高罗佩《狄公案》的开头,较诸它们保留了一幅更加一本正经的面目,而在我看来,其背后却是一派淘气的笔致。比如这一尤为"凯朗样"的段落:"现在,当春风焕发懒散之时,我发现时光很难打发,遂将这故事记录下来,以飨读者。我不会冒昧强调对这些离奇的故事的叙述可以警示人们,从而提升他们的道德品质;我只是试图希望,对这些故事的沉迷可以让人们消磨闲散无聊的时光。"这些话,在我听来,实在太"中国"了,中国得不得了。〔后来伊维德(Wilt Idema)证实了我的怀疑:这段文字是高罗佩篡加的,在中文文本中并不存在。〕

在《狄公案》复制的九幅画中,有六幅与故事相应的插图公认出自高罗佩之手,但他却宣称(令人难以相信)"是按中国古画模样"制作的。第一幅,表现的是"狄公刑讯周氏",也有一个以雕版印制的彩色版本被用作封面(插图C)。正对第20页的一幅名为"地狱十判官之一"的图画确切标明系根据"一个被鉴定为出自唐代的图卷"复制。但是另外两幅,一幅为看起来像是卷首画的狄公立像(插图D),另一幅是第14页对面的"狄公书斋读书图"(插图E),均标明"复制自中国古代的木刻版画",看起来反而像是高罗佩的手笔,至少后者根本不像有任何中国古画作蓝本。高罗佩小心翼翼地安排陈设和装饰细节以勿使出错(有些画的确是他复制或临摹自真正的中国古画),但是在我看来,那独特的绘画和整体的构思都出自他。按正确的看法,放在架上的手卷透视完全不对,却过于夸张,这位中国艺术家偏离了"真实"的透视法则——最上层架子上的手卷极端向上倾斜,架子本身却突兀向下,右边空地的支架无所凭依。还有很多其他特征看上去与真正的中国古画都不相像。

---

① 欧内司特·布拉玛《凯朗的黄金时刻》,伦敦,格兰特·理查德(Grant Richard),1923年。同作者《凯朗的钱夹》,伦敦,梅休因公司,1926年。同作者《凯龙打开他的卷席》,纽约,双日多兰,1928年。

事实上，就作品感人与兴趣多样而言，高罗佩作为学者确非浪得虚名，至少在这个时期，他看来固然喜欢学者的角色，不过也喜欢对其读者和观众耍些小花招。他肯定无疑地一再相信这种实践合乎中国文人的传统，他有时会做创造性增补，甚至或多或少重构一些他们希望传播的子虚乌有的古代文本和图画，又利用现存未获承认的文本和图画，并宣布它们的创作时间与作者。高罗佩的"重建"和模仿，从某个层面上讲，只是无伤大雅的小乐子，我们能够受用这种玩笑的错综复杂，并且欣赏这个有知识和能力搞恶作剧的人。但从另一个层面上讲，如果严肃关注晚明版画与色情作品，我们就最好极端谨慎地使用高罗佩的材料。这些令人怀疑的图画已经被当作晚明时期的作品而被某些中国色情艺术和中国性行为方面的书籍复制，它们当中的一幅甚至被用作封面。以上论述不外是想给那些打算把高罗佩描绘与复制的版画用于学术的人们的一个引导和警示罢了。

高罗佩的书还有一些其他问题需要纠正或证明。宣称画册来自唐寅（1470—1523）太容易让人接受了；想来是为了好卖，明朝大家的名字在晚明时期常被随意附会于许多图画，甚至包括一个根本就不是他著述的文本（《唐六如画谱》）。高罗佩莫名其妙地将他复制的两部画册（图版5和图版6）说成是与唐寅同时代的仇英（或者他的一个好伙伴）的作品，而它们实际上是某位活跃于18世纪中晚期乾隆宫廷内外的不知名画师创作的。有两幅来自一部于20世纪40年代作为复制画册出版的24页套图没有艺术家的署名的图画（还有两幅，即《中国古代房内考》的图版16和图版17，则标"仇英画"）。画页中的12幅最近被波士顿美术博物馆获得。[①] 在高罗佩的个人收藏中，有一个绘画手卷出自黄声，据说他是一位晚明的苏州画师（虽然他并未出现在中国艺术家辞典中），其中一个细节

---

① 这位被我称为乾隆春册画师的艺术家的几幅作品，在我未出版的《中国的色情绘画》一书中有讨论。

出在此书的图版 7，并被用作《中国古代房内考》卷首画的一个色彩细节，是 10 世纪画师顾闳中创作的著名手卷《韩熙载夜宴图》的若干后出摹本中的一个。①

作为技法的开端，把那些我们证明可靠的印本——尤其是画册《花营锦阵》与《风流绝畅》——放入某种艺术史框架还是值得的。② 1606 年的画册《风流绝畅》中的两页使用了彩印，如涩井清的复制品和高罗佩的摹本（插图 A、插图 B，《秘戏图考》卷首图和图版 11），用不同颜色的线形元素印制，无须洗刷，每种颜色都使用独立版片。高罗佩复制的所有彩色印本，无论新旧，都反映了这种印制方式。这是一种简单技法的精致制作，每块版片的不同部位都以颜料来代替墨水着色，被用来制作一些珍稀、奢华印本的画页，如同 1606 年出版的《程氏墨苑》。③ 此外，彩色或黑白的雕版印刷部位，常常像笔触上的分层水洗一般出现阴影，十分接近绘画的外观，它典型地出现在下面这样的晚期作品中：1644 年在南京刊行，使用 1619 至 1633 年间的雕版印刷的《十竹斋书画谱》；与 1644 年出版，现仅有一个孤本收藏在科隆东亚艺术博物馆的奢华《西厢记》系列套色雕版插图。④ 但就目前所知，在它们的生产明显停止之后，并没有春宫版画是用这种新技艺制作的。

只有在色情绘画的语境下来审视它们，晚明色情版画册在风格和主题

---

① 见杨新等《中国绘画三千年》（纽黑文，耶鲁大学出版社 1997 年版），图 103，第 112～113 页。
② 对中国彩色版画的权威描述出自艾思仁的《中国的珍版书和彩色版画》，《东亚图书馆杂志》第 10 卷第 1 号，2001 年春季期，第 25～52 页。
③ 有两页出自一个精致的样本，被复制于菲力普·胡（Philip K. Hu）的机构刊物《文明的足迹：中国国家图书馆善本特藏珍品》（纽约，皇后区公共图书馆，1999 年）第 9 号。
④ 前者参见菲力普·胡的《文明的足迹》第 15 号；后者参见伊迪丝·迪特里希（Edith Dittrich）的《闵齐伋六色套印西厢记版画》（Hsi-hsiang chi: Chinesische Farbholzschnitte von Min Ch'i-chi, 1640）（科隆，科隆城市博物馆，1977 年）。

上的艺术史地位才能确立,它们也被制成连环画式样,在同一时期,它们实现了从对手卷形式的早先喜爱到对册页形式的喜爱这种差别不大的转变。整个明代春宫画系列,无论是版画还是手绘,从存世样本与文学表达来看,主要包括对一幕幕性行为的描绘,重在性交姿势。在这点上,它们类似于在高罗佩看来"激活"了画册的房中书,正如他所说,在性交方面"努力呈现一份所有可能花样的详尽目录"(第7页)。直到晚明的色情小说都有同样的准分类特点:他们先这样做,然后那样做,然后再这样做。相比之下,从清初开始,绘制春宫画册的中国艺术家精英可能受到了新出现的以《金瓶梅》和后来的《肉蒲团》及其他作品为代表的高水平色情小说的影响,通过对性行为的赤裸裸描绘点缀一些调情和诱惑内容而扩展了形式,如静谧却色欲的激情片段,甚至充满浪漫爱情的场景。富有空间感地竭力创造作品为引入窥阴癖和性战之类的子主题开辟了道路,多人物描写能够提出更加复杂的关系和细微的叙事;丰富的陈设和细节允许对所描述的事件作诙谐的评论。① 但是据我们所知,由于彩色春宫版画制作在明末终结,它对中国绘画的色情向更复杂精致、灵活多变和引人入胜的风俗画转变,其实没有发挥作用。

因而,从技术和主题而言,晚明的春宫画册都代表来自从前并已错失了的全面开花的阶段。科隆的大型《西厢记》彩印系列可以刺激对技术上与表现力上的精致品的想象,这些春宫画曾存在于中国,它们的发展并未被打断,它们至少确曾与紧接着那个时期在日本产生的浮世绘的名气相媲美。值得注意的是,首先产生于17世纪作为进口中国样本的复制品和模仿品的日本色情浮世绘版画,按照提供了一系列性行为的早期中国画式样,持续了其后来的历史;只有少数例外,尤其是在春宫版画中,这些版

---

① 这是对在我等待出版的著作《中国的色情绘画》中被安排为一节的复杂发展情形的简要叙述。

画有时将一些色情事件安放在精心设置的场景中，呈现出一种准叙事的、更为微妙的性质。

然而，想象可能发生的事情只是一种推测。需要做与早该做的，是对中国春宫版画的新研究，因为它们幸存了下来，在高罗佩的著作中建立了框架，不过还停留在介绍层面，人们希望新材料早日被发现。存于日本的样本必须找出来，并用好而逼真的颜色重新印制。可能是受成本制约，高罗佩只将三个涩井清收藏的原本以黑白版重印的决定——他所有的书都没有颜色逼真的复制品——对晚明的彩印学术而言是一种严重倒退，但是它还是可以补救的。有关它们在中国存世的可能，应当细致地调查。据说在北京故宫博物院有两大箱锁起来的春宫画册，没有高级别政府的授权，谁也别想打开。中国的一些大型图书馆很可能也同样存有秘不示人的色情印刷资料，这些资料终归应公之于众（你可以梦想在上海的某个这类上了锁的箱子里发现某收藏家的宝藏）。在当今对色情作品更为开放的氛围中，中国台湾、欧洲和美国的私人藏家可能会不再将他们的收藏物捂得紧紧的不让公众看。但是就现在而言，被审慎使用的高罗佩的《秘戏图考》是我们的主要信息与图片来源，把它拿来再次重印当然是很好的。

非常感谢加利福尼亚大学伯克利分校东亚图书馆的韩吉恩（Jean Han），他找到了高罗佩著作的原始版本并供我使用；同样感谢格雷姆·温德斯托尔（Graeme Vanderstoel），他将研究高罗佩著述的目录供给了我，并从它们当中复制图画让我用作本文的插图。小林宏光在寻找和复制珍稀日本出版物方面花了很多时间和精力。艾思仁（J. S. Edgren）、托马斯·埃伯雷（Thomas Ebrey）和约翰·菲奥里洛（John Fiorillo）作为"狄公团队"的活跃成员，在寻找与确认我所不知道或未曾接触过的材料方面，对我也帮助很大。

高罗佩《秘戏图考》书目札记[①]

艾思仁(J. S. Edgren)

1951年高罗佩在东京将《秘戏图考》私刊了50册。这部副标题为《附论汉代至清代的中国性生活(公元前206年—公元1644年)》的出版物,被分送到世界范围内的图书馆与研究机构。1961年布里尔(E. J. Brill)公司正式出版了高罗佩的《中国古代房内考》,其中包含了《秘戏图考》的某些发现概要。

《秘戏图考》由三部分组成(即三卷):第一卷之一为色情文献的历史概览,之二为春宫画史概要,之三为《花营锦阵》注译;第二卷为中文文献引述;第三卷为《花营锦阵》的重印本。我的研究主要关注第一卷中有关"套色春宫画"图册的部分(第165页至第207页)。在这个部分,高罗佩介绍了八种珍稀的"画册和手卷"的样本(标记为a至h)。基于它们的珍稀性,这八套作品对于更好地理解中国书籍和印刷史都很重要,因为据介绍它们是采用彩色印刷的。如果可信,它们就是最早的套色图画印本之一。它们可以很好地填补17世纪之交的著作空隙,如《画史》与《程氏墨苑》之间的空隙,还有像《十竹斋书画谱》与明代最后20年的别的套色出版物之间的空隙。有一点应当注意,并不是所有八套作品都是套色版画。根据高罗佩的说法,有四种作品用五色套印(包括黑色的墨水),有两种用四色套印,一种为蓝印,另一种为红印。以下我将就他的

[①] 高罗佩《秘戏图考》,莱顿Koninklijke Brill NV 2004年版序。

描述发表意见。

《胜蓬莱》（a）。这个题目是推测的，因此，很难做书目追溯。它是涩井清（日本东京）收藏的一个线装本，大概是残卷，包括 15 幅配诗版画（用黑、红、蓝、绿色印制）。图版 9 和 10 是利用照片复制的珂罗版。高罗佩断定这个版本早至明朝隆庆时期（1567—1572），可能出自福建省。这些印本似乎采用了多版套印的技术，应当出现在明万历朝（1573—1620）的最后几年间，可能产自南京或杭州。事实上，得不到原始版本，或者没有两个相同的印本来做对照，是很难确定用于制作这些彩色印本的精确方法的。高罗佩将其归为福建类型，部分是基于他观察到"人体矮胖，头和上身相对于腿而言过大"。实际上，到万历中期，这种人物形象的处理办法已经影响了南京的金陵版刻风格。虽然与之并立的徽州版刻风格倾向于强调拉长人物的身材，《胜蓬莱》图版的两幅版画中的人物的脸部特征和其他描绘元素，在很多万历晚期产生的精美的徽州版刻作品中也可以看到。画册（a）似乎是可靠的明代套色版画的代表。

《风流绝畅》（b）。某氏收藏有一横式手卷（上海），涩井清则收藏有三部残册（东京）。包括 24 幅配诗的版画（用黑、红、蓝、绿和黄色印制）。最初出版于 1606 年，列有刻工黄一明的姓名，根据这位刻工的姓名，我们可以推测他应该是安徽虬村黄氏家族的第 27 代孙。另外唯一记有黄一明姓名的版刻作品出版于 1632 年。这两个年代都在一位刻工的合理职业生涯之内。卷首插画和图版 11 是在高罗佩指导下"复制"的（见第 173 页）（即在日本雕印的副本）。据说这两幅图在涩井清印本中"印得不完美"，于是以上海印本的墨摹本为基础进行了"复制"。这两幅套色版画的风格显得很可靠，但可惜的是，高罗佩没有提供原始照片以供比较。按照高罗佩的说法，这部画册在 17 世纪的日本有很大影响，并且曾用单色重印过。见作为图版 11 的日本版修改本的图版 12。另见高居翰《高罗佩〈秘戏图考〉介绍》中对这些印本来源的讨论和高罗佩的其他介绍。

《花营锦阵》（c）。涩井清收藏的画册（东京）。包括24幅配诗的版画（用黑、红、蓝、绿和黄色印制）。大约1610年出版于杭州。图版22是根据一幅照片复制的。此画看上去应是可靠的明代套色印本，品质与画册（a）相类似。高罗佩获得了这部画册的另一版本的成套版片（单色），他认为是原版的晚明木刻副本。尽管有高罗佩的分析（第205至206页），我仍然强烈怀疑这是17世纪的日本木刻翻版。虽然这种怀疑不能靠一个孤立的对比来确认，但是将同时期日本的《八种画谱》木刻与它的中国原本来作比较，就会发现一种非常相似的关系。作为《秘戏图考》第三部分，高罗佩提供了整部作品的一个现代印本。这部作品的原封面页有"武林（即杭州）养浩斋绣梓"字样。养浩斋作为一个出版者名号还没有在别的明代版本上获得过确认。"绣梓"一词仅指雕版印刷，尽管这可能暗示此书中有木刻出版品，但它不像高罗佩提出的那样，是套色印刷术语（第167页）。

《风月机关》（d）。毛利（Mori）收藏的画册（日本九州）。包括20幅配诗木刻画（四色套印）。明版。这个版本长泽规矩也见过，而高罗佩没有见过。它可能是基于（c）的变种版本。没有具体证据可以判定这个版本。

《鸳鸯秘谱》（e）。某氏收藏的画册（上海）。包括30幅配诗木刻画（用黑、红、蓝和黄色印制），1624年版。封面页上有"青春图""牡丹轩绣梓"的字样。关于出版者牡丹轩的其他线索尚未被发现。图版13和图版15是高罗佩在上海的墨摹本的基础上复制的（见第174页）。从（b）可悉同一时期在日本有类似的复制副本的方法。与（b）不同，这些样本的风格看上去不像是可靠的。的确，它们与高罗佩为他的狄公侦探故事绘制的图画风格很像。

《青楼剟景》（f）。涩井清收藏的横式手卷（东京）。包括20幅配诗木刻画（用黑、红、蓝、绿和棕色印制）。明版。封面页上印有"群玉斋梓"字样。群玉斋这个名号还没有获得其他明版作品确认。没有具体证据可以判定这个版本。

《繁华丽锦》(g)。田边（Tanabe）收藏的横式手卷（日本大阪）。包括 62 幅木刻画（蓝印），由四种不同的作品拼成。崇祯（1628—1644）版。根据高罗佩的看法，质量平庸。没有具体证据可以判定这个版本。

《江南销夏》(h)。某氏所藏的画册（上海）。包括 12 幅没有文字的木刻画（红印）。明版。图版 15 至 20 被高罗佩"复制"（见第 174 页），也是在出自上海的墨摹本的基础上复制的。看来与（e）是风格类似的印本。这些印本也与高罗佩为他的狄公破案故事而作的插画风格相同。遗憾的是，关于这些印本真实风格的更可靠证明还没有出现。

总的来说，被命名为（a）（b）与涩井清本（c）的高罗佩的三个版本，似乎可以被看作包含彩色春宫画的明代真本。这三个版本的可信性获得了印第安纳大学金赛研究所图书馆收藏的奢华的《素娥篇》的支持。《素娥篇》作为一部有许多成熟的徽州风格插图的小说作品，大约于 1610 年用上好的白纸出版成四卷。《素娥篇》的出版证实了一个出售带有清晰春宫插图的精制书籍——就像包含（a）（b）和（c）的书籍那样——的精美市场的存在（假定有一个粗劣出版物市场）。（e）和（h）两个版本，都出自上海某氏的收藏，是以草图方式复制的，它们的可靠性无从证实。剩下的（d）（f）和（g）三个版本，以草率的方式呈现，没有插图，实在没有足够的证据去做出确定的判断。

于普林斯顿

2003 年 5 月

"玩腻了的文人":吕天成与万历晚期江南精英的生活方式①

伊维德(Wilt L. Idema)

从一开始,对高罗佩而言,性就不是纯粹的学术主题。在其自传式笔记中,他强调当他成长于荷属东印度群岛时,② 性对于他而言便已经是相当自然的事。他继而更清楚地指出,他之所以决定以中国语言文学作为其学院的主修科目,主要是考虑到荷兰政府对那些肯修习这种累人课程的人提供丰厚的奖学金(而且订立合同,学业结束后可以在东印度群岛为殖民政府工作),这可以为满足他的肉欲提供独立的财力支持。用他自己的话来说:"坦率地讲,我渴望肉体的欢愉,但要自己付账。"③ 他在莱顿大学求学时代便与一位年长他18岁的放荡寡妇同居,在30年代初期,对一个来自清白家庭背景的年轻男生来说,这真不是什么得体的事情。1935年至1942年,他作为一名初级外交官首次居留日本,他享受着东京夜生活

---

① 高罗佩《秘戏图考》,莱顿 Koninklijke Brill NV 2004年版序。
② 高罗佩《自传注释》,引自巴嘉迪(Carl Dietrich Barkman)和万莲琴(H. de Vries-van der Hoeven)《三重生活的人:外交家、作家、学者高罗佩传》(*Een Man van Drie Levens:Biografie van Diplomaat, Schirijver, Geleerde, Robert van Gulik*),阿姆斯特丹,论坛,1993年,第23页。高罗佩的传记也有法文译本,名为 *Les trois vies de Robert van Gulik*,巴黎,克里丝汀·布格瓦,1996年。我曾对高罗佩的生平和著作做过一个简短介绍,见拙文《高罗佩(1910—1967)》,收入罗宾·温克(Robin W. Winks)编《神秘和悬疑作家——犯罪、侦探与间谍文学》,纽约,查理斯·斯克里布纳之子,1998年,第933~941页。
③ 高罗佩《自传注释》,引自巴嘉迪和万莲琴《三重生活的人》,第29页。

所提供的一切乐趣,并与一位自我定位为"享受主人恩赐的女仆"的年轻日本女子一起过日子。① 至少从学生时代起,他就将对性事的实用兴趣与对藏传佛教的学术兴趣结合在了一起。② 鉴于这样的个人背景,高罗佩一再声称,在 1950 年前,当他的日本出版商征求其意见要为他的一部狄公小说作一个色情封面时,他求人们相信,他对出自传统中国的女性裸体图画一无所知。

诚然,主流中国传统艺术是极其拘谨的。标准的人体绘画作品都以大腹便便的中年男人为出发点,这使得著名的法国哲学家和汉学家弗朗索瓦·于连(François Jullien)杜撰了一个词汇"le nu impossible"(大意为"不可能的裸体"——译者)来描述他在对西方和中国艺术中的裸体作比较研究时对中国的体验。③ 但是当晚明春宫画册对他而言成为新事物时,像高罗佩这样一个男人,必然会对其后的粗陋春宫画范式样本以及中国色情绘画的丰富传统样本感兴趣。他花了不少时间,持续收集中国书籍,包括色情小说,收入《秘戏图考》的文献资料宏富,说明了作者对此主题确有长久不懈的兴趣。另一方面,高罗佩也愿意在这个生活阶段以一位年轻的丈夫和父亲,同时以一颗荷兰外交界的新星出现。在循规蹈矩和拘谨保守的 20 世纪 50 年代那日益浓厚的清教徒气氛下,他并不想让自己显得是个性高手,而想扮演一个纯洁学者,在寄出若干明信片询问信息后,材料与感受就充斥于其脑中,他感到了作为一名学者让这些材料(因为它们的

---

① 高罗佩《自传注释》,引自巴嘉迪和万莲琴《三重生活的人》,第 51 页。
② 高罗佩与他的莱顿大学中文教授戴文达(J. J. L. Duyvendak)相处得并不好,却对自己的日文教授兰都(J. Rahder)有很多美好回忆,是兰都把他带到了藏传佛教与藏语研究领域。高罗佩在乌策特大学获得博士学位,贡达(J. Gonda)是他的论文导师。
③ 弗朗索瓦·于连《本质或裸体》(De l'essence ou du nu),巴黎,门槛出版社(Editions du Seuil),2000 年。古代希腊和古代中国对人体的不同观念,见栗山茂久(Shigehisa Kuriyama)《身体的表现和希腊与中国医学的分歧》,纽约,区域图书,1999 年。尤其是第二部分《视觉类型》。

艺术价值！）为更广大的读者所利用的责任——要是以仅限量50部的非完全公开方式出版的话。①

高罗佩的《秘戏图考》由三部分组成。核心部分就是重印的《花营锦阵》，这是一部包含有24幅描绘各种性交姿势的版画的套图，每图都配有一首描述性的艳曲。然而，高罗佩并没有复制大约1610年的原始彩色本，而只是提供了一个它的后出的黑白重刊本（最有可能是日本的），他从京都的一位古董商那里获得了这些印版。这个重刊本配有图说，对每首配图曲作都进行了翻译，还有多方面的评述。这部著作的第二部分包含了他自己用中文手抄的大量古近代的中国房中书，以及其他描述性行为的诗文。实际上，所有这些文本都是从刻本资料上摘抄下来的，不过在那个年代这些书很难获得，高罗佩的汇辑在随后几十年里成为很多学者的主要学术来源，直至原本被重刊从而更为易得为止。《秘戏图考》的第三部分包括一篇关于中国"房中术"发展的长文，对春宫秘戏图产生的文化环境以及高罗佩已知的各种春宫套画收藏情况做了介绍。这些晚明春宫版画册的某些艺术史面貌在高居翰随附高罗佩《秘戏图考》重印的论文里获得了梳理。在来稿中，高居翰不仅指出了高罗佩从早先给他提供了某些资料的日本出版商那里获得帮助的程度，而且也直面了高罗佩所引用的一些图片材料的可靠性受到质疑的问题，尤其是那些他声称从上海某古董商的精品营业处获得的上海某收藏家的材料。金鹏程（Paul Rakita Goldin）在高罗佩的新版同系列作品《中国古代房内考》（源于1961年版）的介绍中讨论了高罗佩对中国"爱经"态度的改变，这种书教男性伴侣如何通过吸取女性伴侣的阴气增强自己的阳精——原先高罗佩在《秘戏图考》中将其描述为"性榨取"，不过在李约瑟（Joseph Needham）的影响下，他在后来的著作中收回了之前的消极表述。金鹏程也讨论了高罗佩关于早期中国那些本无

---

① 有一个未经授权的《秘戏图考》重印本于1993年在台湾出版。

负疚感的、放任不羁的性事的空想观点是怎样地因为后来学者提出了更合现实的资料评价而成为批评对象的。在对《中国古代房内考》的介绍中，金鹏程也指出了为高罗佩所忽视的文本资料或者高罗佩在世时就已为考古发现所展示的材料。①

*

贯穿《秘戏图考》，高罗佩都在强调这些春宫画册来源于晚明江南风雅士人的生活环境（"是居住于南京及其周围地区的过分风雅而稍微无聊的士人群体的嬉戏实验"）。至于《花营锦阵》，他则暗示了它与吕天成（1580—1618）所写的色情小说《绣榻野史》的紧密联系：画册与小说有许多相同的艳曲，还有《花营锦阵》中的这些曲作者的笔名在某种情况下暗示了与吕天成相关的一些人的身份，在他们当中，有他的终身师友王骥德（约1550—1623）。② 吕天成在近年已成为重要研究对象，现在关于他及其圈子的信息比20世纪四五十年代要多很多。高罗佩在《秘戏图考》中曾局限于王骥德《曲律》——一部关于中国戏曲艺术与格律的通论——所提供的信息，对吕天成做了不完备的简介。③ 通过高罗佩对王骥德提供的信息的概述，人们可以消除吕天成只不过是一个色鬼而已的印象。无论如何，事实证明，吕天成是一个大家子弟，极大程度地卷入了当时生机勃

---

① 金鹏程对高罗佩的《中国古代房内考：约公元前1500至1644年中国的性与社会初探》，伦敦，布里尔，2003年，第13～30页。这篇介绍配有自1961年以来在中国出版的有关"性与社会"的范围广泛的学术书目。

② 《绣榻野史》的两个不同的评点本由陈庆浩和王秋桂提供，编入《思无邪汇宝》第二册，台北，大不列颠百科全书，1995年。英译版由胡令毅（Lenny Hu）翻译，2001年以 The Embroidered Couch 为名出版。温哥华，阿森纳·庞朴出版社，2001年。
在《花营锦阵》中使用的笔名是极普通的，因此高罗佩对罗列在这部作品中的词曲作者的真实姓名的猜测最好被认为是假设。令人惊奇的是，他没有指出图22的配画词作者署名为笑笑生，这个笔名同样用为《金瓶梅》的作者。

③ 王骥德《曲律》的现代版本收入在《中国古典戏曲论著集成》第四卷，第43～191页。王所作的吕氏传略在第172页。

勃的出版文化。充分利用现代的学术发现，对吕天成近距离地观察，将有助于细化这些春宫画册的文化背景：就算我们的资料不能对吕天成直接卷入《花营锦阵》的策划和制作提供确切的证明（实际上，在《绣榻野史》中发现的《花营锦阵》艳曲极有可能是后来的某个编者加进去的）①，它们也的确可证明吕天成十分熟悉色情艺术文化，间或会写一些用来与色情版画相配的艳曲。吕天成恰好不仅是《绣榻野史》的作者，而且也是《曲品》（1613）——我们15至16世纪最为重要的戏曲文学来源之一的作者。此外，他是一位多产而受尊重的剧作家，创作传奇和杂剧，即便他只有一个短剧存世。他的《绣榻野史》是学者在对90年代出版的"禁书"进行研究时毫无例外会论及的，他在中国戏剧史和戏剧批评史上的地位，已经激发了对其生平和作品的最重要的研究。在接下来的讨论中，我将特别借鉴徐朔方（他已撰著了王骥德、吕天成的合并年谱）②和吴书荫（他撰著了吕天成《曲品》的校注版）③的严谨研究。

　　吕天成是浙东余姚地区最有名望的家族之一的子弟（这个家族在县治绍兴尚保存有一间大宅）。他的曾祖父吕本（1504—1586）宦途得意，1549年甚至作为当时掌权的首辅严嵩（1480—1565）的支持者加入了内阁。严嵩死后他的宦海生涯就中断了，死时享有中国官僚所能期望的最高品秩与头衔。人们可以设想吕本和他的亲属们毫不犹豫地将他在首都的高位就地转化成了声望、权力和财富。④他的一个儿子，吕天成的祖父吕兑（生于1540年），娶了一位门当户对的余姚官员孙升的女儿为妻，孙升官至南京礼部尚书。由于其父的高位，吕兑进入官场并非通过科举一途，而

---

① 《绣榻野史》的《出版说明》，第5～6页。
② 徐朔方《王骥德吕天成年谱》，收入他的《徐朔方集》卷三中的《晚明曲家年谱浙江卷》。杭州，浙江古籍出版社1993年，第237～289页。
③ 吴书荫《〈曲品〉校注》，中华书局1990年版。
④ 吴书荫《〈曲品〉校注》，第424页。

是靠荫袭，不过他从未能超越精膳司郎中这么个不大不小的官位。① 然而，说到他的妻子，却是一位具有自强品格的女性。她的弟弟孙矿（1543—1613）1584年进士及第，官至南京兵部尚书，他这样描述她早年的生活："姊自髫年习书，常忆昔先夫人教姊为诗，矿从旁听，虽不解音律，而稍知其意，姊启矿良多。又姊好观史籍，从诸嫂侍先夫人商讨古今豪杰事，甚有丈夫之该概。"② 其他资料也提到这位令人敬佩的女性是个热心的藏书家，所藏曲本宏富。

她的儿子吕胤昌（生于1560年），即吕天成的父亲，1583年中进士，与她的堂弟孙如法（1559—1615）及剧作家汤显祖（1550—1616）同科。吕胤昌和汤显祖二人相交终生。吕胤昌继而担任了河南参议一职。他继承了母亲对书籍的爱好，包括那些边缘文学流派的书籍，与那个时代的不少重要戏剧作家都有交情，不仅有汤显祖，还有张凤翼（1527—1613）、汪道昆（1525—1593）、屠隆（1542—1605）、梅鼎祚（1549—1615）、龙膺（生于1560年）等人。③ 吕天成的一些早期戏剧作品也被归功于吕胤

---

① 吴书荫《〈曲品〉校注》，第424页。
② 孙矿《月峰先生集》卷八《寿伯姊吕太恭人七十序》。吴书荫《〈曲品〉校注》，第424页引。
③ 吴书荫《〈曲品〉校注》，第424～425页。

昌，后者被认为是最先改写汤显祖《牡丹亭》的人之一。① 不仅是吕氏，孙家也有很多人很深地介入 16 世纪晚期至 17 世纪早期的密切的戏迷世界。孙矿在南京时就已与特立独行的绍兴天才徐渭（1521—1593）有私交，并与苏州的主要剧作家和曲论家沈璟（1553—1610）通信，探讨戏剧曲调。②他的堂弟孙如法不仅是汤显祖的好友，而且是沈璟的密友，对曲律方面的问题很感兴趣。③

世纪之交，适逢吕天成达至成熟，是中国文学史上激动人心的时刻。整个 16 世纪江南地区见证了经济的持续增长，这刺激了都市化的进程和巨额个人财富的出现。经济增长带来了社会和经济的巨大变化，其中一个方面是繁荣的艺妓文化，另外一个方面是名副其实的出版兴盛。从 16 世纪下半叶始，江南地区成为中国无可争辩的文化中心。伴随着私人财富的

---

① 17 世纪早期，任职于南京的吕胤昌积极参与了《牡丹亭》的传播工作（梅鼎祚在一封致汤显祖的信中赞扬了他最近从吕胤昌处得到的剧作），这提示了他参与作品印制的可能性。以汤显祖的家乡江西的音乐形式写成的《牡丹亭》，在演出时很快被苏州时兴的戏剧——昆曲所取代。梅鼎祚从吕胤昌处得到的本子是否为改编本不清楚，但是在一封写给凌濛初（1580—1644）的信中，汤显祖说："不佞《牡丹亭记》，大受吕玉绳改窜，云便吴歌。不佞哑然笑曰：'昔有人嫌摩诘之冬景芭蕉，割蕉加梅。冬即冬矣，惜非王摩诘之冬景也。'"在《与宜伶罗章二》中，他写道："《牡丹亭记》要依我原本，其吕家改的，切不可从。虽是增减一二字以便俗唱，却与我原做的意趣大不同了。"吕胤昌的改编本没有保留下来，所以我们无法得知他应在多大程度上受到汤显祖的轻蔑。从保留下来的同时期的少数片段和未保留下来的沈璟改编本可悉，后来的改编的确很厉害。参见周育德《汤显祖论稿》，文化艺术出版社 1991 年版，第 183～186 页、第 303～308 页。
现存的《牡丹亭》改编本分别出自稍后的臧懋循（1618）和冯梦龙（约 1623），它们在史恺悌（Catherine C. Swatek）的《牡丹亭在台上：一部中国戏剧的四个世纪的历程》一书中获得了详尽的讨论。安娜堡，密歇根大学中文研究中心，2002 年。尽管两位改编者使用的策略不同，史恺悌断定："两人都有相似的目的——他们想要使这个戏程式化，使独唱与昆剧的韵律标准相一致。二者都想简化结构，使语言易懂……各自也都想剥离汤显祖那与众不同的语言，去除女主角的独特性。"（第 63 页）

② 吴书荫《〈曲品〉校注》，第 425～426 页。

③ 吴书荫《〈曲品〉校注》，第 425～426 页。对曲律的兴趣与昆曲作为整个江南地区的主要戏剧形式和地位升高有紧密联系。

增长，越来越多的人家组建了用于家庭表演的私家戏班。16 世纪最后的若干个年代，主流文人们对戏剧越来越感兴趣。社会庆典中的戏曲表演当然继续进行，这类表演保持了对戏曲的要求，强调责任与自我牺牲，而更多艺妓团体和家庭戏班的私人演出则给戏剧创造了探索不同主题的机会。抓住了这个机会的最早剧作家之一显然是徐渭。他的四部短剧，以《四声猿》为名结集出版，大胆地探索了个人的身份、身体、性别与禁欲的恶果等一类问题。① 假如朱熹（1130—1200）强调了对道德理解的抽象原则的重要性，那么为应付明代考试体系的死记硬背式的学习就使这种道德表面化为程式。不过王阳明（1472—1529）一再强调要将个人自己的道德感作为伦理规范和社会生活的基础。② 但如果王阳明是在心性中发现了个人的深层道德特性，那么徐渭也同样地——甚至首要地——将个人的自我人格放置到人的肉体中：在他的《渔阳三弄》中，祢衡通过脱除衣服、赤身裸体对枭雄曹操展示其真实的道德气概。

在徐渭的戏中，身体总是性感的身体，富于感情，能激起肉欲。他的两部戏（一部是《木兰》，另一部是《黄崇嘏》）通过女扮男装故事的戏剧化改编探索了身体和性别之间的暧昧关系：两个女子都激起了男性的欲望，不论她们以什么性别出现；两个人最终都接受了身体的命运。徐渭的弟子王骥德不仅终身为校注王实甫的《西厢记》——"一本教人淫荡的书"而忙碌，③ 而且在其先生的引领下，写作了《男王后》，质疑了身体

---

① 伊维德《女性的天赋与女性的德操：徐渭的〈女状元〉和孟称舜的〈鹦鹉墓贞文记〉》，载华玮、王瑷玲编《明清戏曲国际研讨会论文集》第二卷，台北，"中央研究院"中国文哲研究所筹备处，1998 年，第 549～571 页。

② 王阳明的思路被李贽（1527—1602）推到了极致，他的著述在 16 世纪晚期发挥了相当大的影响。

③ 王骥德有关《西厢记》的著作，见夏颂（Patricia Sieber）《欲望之剧：作者、读者和早期中国戏曲的重构，1300—2000》，纽约，帕尔格雷夫，第 123～147 页。关于《西厢记》的色情意象，见《月光与古筝：王实甫之西厢记》，由奚如谷（Stephen H. West）和伊维德编译并导读，伯克利，加利福尼亚州大学出版社，1991 年，《导言》，第 143～153 页。

与性别之间的关系。这部戏改编自元杂剧,讲述一个英俊的年轻男子,因为美貌而激起了王子及其妹妹的欲望,他最后当了王子的"妻子"和公主的"丈夫"。① 徐渭的第四部杂剧展示了正常的欲望受到压抑后的毁灭性力量:一位持戒的和尚放任自己,为其养女之美色所诱惑,强奸了她,于是他只好自杀——强奸的肉体性在这部两幕戏中的第二幕被强调,此时另一个和尚再来扮演这位转世和尚的化身,以启发他明白现世所存业力的因果报应。在小说中,这个表现疯狂激情的毁坏性力量的主题,则在《金瓶梅》中的主人翁西门庆和潘金莲身上具体化了,不过当时这部小说仅以手抄本形式传播。② 汤显祖表现了很多相同的主题——欲望的无所不在、激情的力量、身份与肉体的关系。当写作《牡丹亭》时(1598),他以"传奇"的形式来处理这些问题,将他们带出士子的书斋,置于公众的舞台。他的戏在17世纪早期的男男女女观众中引起了轰动:僵死的伦常要求与性欲的急不可待之间的冲突,以一种如此直白的方式,以一种诱惑性感与搞笑淫秽的引人入胜的混合,被前所未有地放置到了公众的面前。③

  作为一位与其背景相称的年轻人,吕天成曾为科举而学习。他早年考中了秀才。1603年秋天他参加了乡闱,但名落孙山,此后就再也没有见

---

① 这部戏保存在沈泰的《盛明杂剧》中。对这部戏的翻译和讨论,见袁书非即将出版的《临近的世界舞台:17世纪的中国戏剧轮廓》(暂定名)。

沈璟创作了一部大型传奇《分柑》,以演绎广为流传的卫君和弥子瑕的故事,但该剧已佚。吕天成在其《曲品》中这么评价它:"男色无佳曲。此本谑态迭出,可喜。第情境犹未彻骨,不若谱董贤更善也。"(吴书荫《〈曲品〉校注》,第211页)

② 最早提及《金瓶梅》是在1595年,见于袁宏道(1568—1610)给董其昌(1555—1636)的一封信。这部小说在17世纪20年代首次印刷。

③ 吕天成在他的《曲品》中对汤显祖剧作的评价强调了《牡丹亭》异乎寻常的色情性:"杜丽娘事,果奇!而着意发挥怀春慕色之情,惊心动魄。"(吴书荫《〈曲品〉校注》,第221页)可参看吕立亭(Tina Lu)《人物、角色、思想:〈牡丹亭〉与〈桃花扇〉的同一性》,斯坦福,斯坦福大学出版社,2001年。

到他有去碰运气的记录。① 此后，在 1613 年的《曲品》序言中他责怪自己科场失利，是由于时间和精力都花到了戏曲上。大部分被人熟知的与他有交的人（沈璟、王骥德、叶宪祖②、单本）都同样地卷入了那时的戏剧中。然而，这种对戏剧的沉浸，并非单纯地关乎文学，也涉及与艺妓的"浪漫瓜葛"——在人生的最后时光，吕天成在其分为两组的百首绝句中描述了他在娼妓家里的生活，包含私密的、肉体的细节，它们各为酬和王骥德百首绝句中的一组作品而作。③ 娼妓世界和戏剧世界紧密地缠结在一起。④ 17 世纪最初几年最惹人注目的事件之一是，1604 年秋天，南京名妓

---

① 徐朔方《王骥德吕天成年谱》，第 268 页。一些现代学者相信吕天成"曾作为小吏在南京官府做事"（胡令毅《〈绣榻野史〉介绍》，第 12 页），但是这说法可能是把他爷爷的职位加到了他身上。同是这些学者还指出了吕天成的"贫困"，但未获进一步证实。

② 叶宪祖（1566—1641），是另一个世代为官的余姚望族子弟。他在 1594 年的乡试中举，但直到 1619 年第九次考试才中了进士，其后官运亨通。他写传奇也写杂剧，很多都保存了下来。他与孙如法和王骥德熟识，并为后者喜爱的艺妓写过一首曲子。见徐朔方《晚明曲家年谱》浙江卷中的《叶宪祖年谱》，第 493～518 页。在《曲品》中，吕天成一再称叶宪祖为"吾友"（吴书荫《〈曲品〉校注》，第 249、310、318 页）。

单本（约 1562—1636 后），生于绍兴。他被认为是三部传奇的作者，其中一部保存了下来。祁彪佳这样描述他和他的作品："槎仙生而不好学，故词无腐病；生而不事家人产，故曲无俗情。且又时以衣冠优孟，为按拍周郎，故无局不新，无调不合。"见徐朔方《晚明曲家年谱》浙江卷中的《单本事实录存》，第 489 页。吕天成在他的一出戏中写了一篇序（吴书荫《〈曲品〉校注》，第 254 页）。

③ 原版抄本题为《红青绝句》，曾为郑振铎所拥有，现藏北京图书馆（现名中国国家图书馆——译者）。此题目源自两组诗的名称，一组酬答王骥德的《红闺丽事》，另一组酬答他的《青楼艳语》。"红闺"指女性住所，"青楼"指妓院。在吴书荫《〈曲品〉校注》中，吕天成于 1616 年春为该集所作的序被复制，见第 398～399 页。吕天成说他的两个好友也承诺和诗。暗示他那时在出版界深度卷入，他写道："予诗先成不能等，爰付剞劂。"我没有见到他的《红青绝句》，徐朔方《王骥德吕天成年谱》第 283 页引用了组诗的一些题目和其中的一些句子，已足可说明这些诗的强烈的色情性质。其中一个被引用的题目是《羞颜望春晚秘戏图》。

④ 最近对晚明南京青楼的研究，见大木靖（Oki Yasushi）《中国游里空间明清秦淮妓女的世界》，东京，《现代思想》（*Seidosha*），2002 年。

马湘兰（1548—1604）带着她的一群娇娥往访苏州，为王稚登（1535—1612）庆古稀之寿。① 在那个场合，她的女孩们因演出王实甫的全本《西厢记》而引起了轰动，她们上演的不是作为传奇的压缩改编本，而是以北调演唱的原创杂剧版。② 马湘兰本人也是一位像名妓梁小玉一样身体力行的剧作家，③ 后者将黄崇嘏的故事写成了传奇版，故事被徐渭最早改编成杂剧。顺便一提，梁小玉是一位极其多产的作家，她当时因写作"秘戏"诗而出名（或者说声名狼藉）。④

吕天成首先是一位剧本的狂热读者和收藏家，他甚至憧憬过一个专门戏曲藏阁的建立。1602 年他完成了《曲品》的初稿，在 11 年后的 1613 年才出版了完整的修订版。正如我们从这部著作的序言中获悉的，他把自己在应用品评方面的努力看成是王骥德《曲律》的规范理论的配对：

> 予舞象时即嗜曲，弱冠好填词。每入市，见新传奇，必挟之归，笥渐满。初欲建一曲藏，上自先辈才人之结撰，下逮腐儒老优之攒

---

① 钱谦益《列朝诗集小传》，上海，古典文学出版社，1957 年，第 765～766 页。没有任何官衔的王骥德"三十年间在苏州的文人圈发挥了领袖的作用"。见傅路德（L. Carrington Goodrich）和房兆楹编《明代名人录》第二卷，纽约，哥伦比亚大学出版社，1976 年，第 1361 页。

马湘兰在《绣榻野史》中被提及。当赵大里第一次进入金氏——其主顾东门生之妻的卧室时，他将它比作马湘兰的卧室，说："我旧年到南京科举去，院子里马湘兰家里耍了，见他的床铺与你家差不多的。只是马湘兰极出名的小娘，赶你的脚底毛不来哩。"（第 158 页）如此一次对马湘兰宅邸的访问，当然更相符于年轻的吕天成而不是赵大里，后者被描述为一名寡妇的儿子。

② 沈德符《顾曲杂言》，收在《中国古典戏曲论著集成》卷四，第 212 页，《北词传授》一节。

③ 马湘兰被认为写作了戏剧《三生记》。在《曲品》中，吕天成也质疑了她的作者身份，描述书的内容如下："始则王魁负桂英，次则苏卿负冯魁，三而陈魁、彭妓各以义节相守，卒相配合，情债始偿。但以三世转折，不及《焚香》之畅发耳。马姬未必能填词，乃所私代笔者。"（吴书荫《〈曲品〉校注》，第 390 页）《焚香》是一出早期戏剧的名称，讲书生王魁和妓女桂英的故事。

④ 钱谦益《列朝诗集小传》，第 771～772 页。

簇，悉搜共贮，作江海大观。既而谓多不胜收，彼攒簇者，收之污吾箧，于是多删掷，稍稍散失矣。壬寅岁，曾著《曲品》，然惟于各传奇下著评语，意不尽，亦多未当，寻弃去。十余年来，予颇为此道所误，深悔之，谢绝词曲，技不复痒。今年春，与吾友方诸生剧谈词学，穷工极变，予兴复不浅，遂趣生撰《曲律》。既成，功令条教，胪列具备，真可谓起八代之衰，厥功伟矣！予谓生曰："曷不举今昔传奇而甲乙焉？"生曰："褒之则吾爱吾宝，贬之必府怨。且时俗好憎难齐，吾惧以不当之故而累全律，故今《曲律》中略举二一而已。"予曰："传奇侈盛，作者争衡，从无操柄而进退之者。矧今词学大明，妍媸毕照，黄钟、瓦缶，不容溷陈；《白雪》《巴人》，奈何并进？子慎名器，予且作糊涂试官，冬烘头脑，开曲场，张曲榜，以快予意，何如？"生笑曰："此段科场，让子作主司也。"予归检旧稿犹在，遂更定之，仿钟嵘《诗品》、庾肩吾《书品》、谢赫《画品》例，各著评论，析为上、下二卷，上卷品作旧传奇者及作新传奇者，下卷品各传奇。其未考姓氏者，且以传奇附；其不入格者，摈不录。世有知我，按品收阅，亦已富矣；如或罪我，甘受金谷之罚①。虽然，古本多湮，时作纷出，管窥蠡测，何能周知？所望同调者出家藏、示茂制以启予，是亦词社之幸也。②

正如吕天成在自叙中所说，《曲品》由两部分组成。第一章致力于给剧作家划分品级：首先是1350至1550年间的剧作家，接着是近代和当世的作者。吕将早期的剧作家分为四品，他将神品颁给了高明；对前半个世纪的新剧作家，他则分为九品，沈璟与汤显祖并列上上品。第二章对单个

---

① 石崇（249—300），金谷园的主人，当客人们赋诗不成时，就要罚酒三斗。
② 吴书荫《〈曲品〉校注》，第1～6页。吕著刻于南京，但并无明代刻本存留。现代版本据清代抄本翻印。

剧作进行赏析评定。在此吕天成声称自己是以其舅舅孙如法构建的传奇的十大要求为基础：

> 凡南戏，第一要事佳；第二要关目好；第三要搬出来好；第四要按宫调，协音律；第五要使人易晓；第六要词采；第七要善敷衍，淡处作得浓，闲处作得热闹；第八要各脚色分得匀妥；第九要脱套；第十要合世情，关风化。①

然而，吕天成指出，相同时期的当代剧本鲜能符合这些要求，最好者充其量也只符合其中的六七条要求。在对单个剧本的讨论中，他经常引用沈璟、王骥德和他父亲的评论。②

作为一名实践型剧作家，吕天成是把其应用批评建立在广泛经验的基础上的。③ 20岁时，他已经写成了三部传奇剧。24岁时，他又写成了另外三部。在此期间，他成为沈璟至为欣赏的弟子，沈璟委托他刻印自己创作和指定的书籍。不过这些本子都没有保存下来，我们只有吕天成为沈璟《义侠记》所作的序。④ 有一次，吕天成和沈璟合写了一部戏，吕天成负

---

① 吴书荫《〈曲品〉校注》，第160页。
② 关于吕天成对中国戏曲批评传统的贡献的详细评价，分见路工《访书见闻录》中的"明代戏曲评论家吕天成"，上海，上海古籍出版社，1985年，第274～275页；吴书荫《〈曲品〉校注》，第439～463页；叶长海《中国戏剧学诗稿》，上海，上海文艺出版社，1986年，第185～194页。
③ 他的戏剧作品全目见傅惜华《明代杂剧全目》，北京，作家出版社，1958年，第121～124页；傅惜华《明代传奇全目》，北京，作家出版社，1959年，第167～173页。关于作品的创作时间，吴书荫《〈曲品〉校注》，第434～435页。
④ 吴书荫《〈曲品〉校注》，第397～398页。沈璟与吕天成的接触时间至少可追溯到1596年，见徐朔方《王骥德吕天成年谱》，第364～365页。沈璟曾写信要吕天成不要刊印《义侠记》，因为"非关太平盛世事"，但吕天成还是将其刊印了，因为之前已有人把它梓行，而且演员也爱演。吴书荫《〈曲品〉校注》，第207～208页。另一部由吕天成刊印的沈璟戏剧名为《合衫》。吴书荫《〈曲品〉校注》，第207页。

责写"书",沈璟创作歌词。① 到 30 岁时,吕天成又写作了另外五部传奇。在其后的余生中,他至少还写作了两部。除传奇之外,吕天成还写了八部短剧。除了一部杂剧以外,他所有的戏剧作品都散佚了,但是在其有生之年,他的戏受到了剧作家同道的追捧。我们可以看到沈璟②和其后的祁彪佳(1601—1645)③对他的戏的欣赏。讨论那些佚失了的作品几乎没有什么意义,不过从沈璟和祁彪佳的评论可悉,吕天成在其许多作品中对像王骥德、汤显祖这样的前辈剧作家开创的领域做了进一步的探索。吕天成明显偏爱那些敏感题材——要是有更多吕天成的作品被保留下来的话,李渔(1611—1670)在我们眼中的大胆就会被大打折扣。例如,吕天成的传奇之一起名为《二淫记》。从沈璟对该作品的特性的描述来判断,其情节可能关涉两位少女的婚前艳事:"纵述秽亵,足压王、关,似一幅白描春意图,真堪不朽。"④ 祁彪佳如此评论这部戏:"不知者谓吕君作此,实以导淫,非也。暴二淫之私,乃以使人耻,耻则思惩矣。拘局攒簇,一部左史,供其谑浪,而以浅近之白、雅质之词度之,此郁蓝游戏之笔。"⑤ 被

---

① 这部戏是《结发》,已佚。吴书荫《〈曲品〉校注》,第 216 页。
② 沈璟《致郁蓝生书》,吴书荫《〈曲品〉校注》,第 406～407 页。
③ 祁彪佳的评论见于《远山堂剧品》;相关部分被复制在吴书荫的《〈曲品〉校注》中,第 417～421 页。祁彪佳生于绍兴,有可能使用了吕氏家族保存的抄本。吕天成三部戏的序言,同书,第 412～413 页。
④ 吴书荫《〈曲品〉校注》,第 406 页。沈璟自己的戏中也未回避淫猥题材。对他的《四异记》,吕天成是这样描述的:"旧传吴下有嫂奸姑事,今演之,快然。净、丑用苏人乡语,亦足笑也。"(吴书荫《〈曲品〉校注》,第 212 页)。
⑤ 吴书荫《〈曲品〉校注》,第 418 页。祁彪佳提及《左传》使人怀疑该戏是否采用了与 1621 年无名氏的色情小说《株林野史》(高罗佩曾讨论过)相同的题材,它讲述了素娥与她的丫鬟荷花于约公元前 600 年在郑国、陈国和楚国经历的性与其他方面的奇遇。该书的现代评点本收入《思无邪汇宝》第 20 册。这部小说被安格尔(F. K. Engler)译成德文,名为 *Dschu-lin yä-schi, ein historisch-erotischer Roman aus der Ming-Zeit*,苏黎世,平衡出版社(Die Waage),未注明出版日期;被克里斯汀·巴比尔-孔特勒(Christine Barbier-Kontler)译为法文,名为 *Belle de condeur*,阿尔勒,菲利普·毕基耶出版社(éditions Philippe Picquier),1990 年。

妖冶的东邻女儿热情追求的懦弱而英俊的诗人宋玉，也许就是《神女记》的主角。吕天成留下来的传奇显得更正常。他可能在考虑戏曲韵律方面发展成了沈璟的忠诚信徒，但是在内容方面同样显示出他受到了汤显祖"野性"的影响。

沈璟对吕天成的全部短剧仅给予了措辞有限的一般性赞扬，幸运的是，祁彪佳的评论却间或让我们窥见了吕天成杂剧的撩人题材。他的《秀才送妾》，是一部八折的南杂剧，下面引述祁彪佳的评论：

> 《辍耕录》载：维扬秀士为部主事致一妾，自邗关达于燕邸。时天渐暄，多虫蚋，乃纳之帐中。部主事初疑之，既而谢曰："君真长者也！"相与痛饮尽欢而散。剧中水仙作合，以配于焉支公主，则勤之增之。以为柳下、叔子之辈，必获美报若斯耳。①

如果说《秀才送妾》的刺激效果是由未实现的性引起的，那么其他杂剧就显示出了率直的下流特征。祁彪佳在《耍风情》——一部综合了南腔与北调的四折戏中这样指出："传婢仆之私，取境未甚佳，而描写已逼肖矣。披襟读之，良为一快。"②《缠夜帐》，一部南腔四折杂剧，可能取材类似，因而祁彪佳写道："以俊仆狎小鬟，生出许多情致。写至刻露之极，无乃伤雅！然境不刻不现，词不刻不爽，难与俗笔道也。"③

吕天成唯一存世的杂剧名为《齐东绝倒》，这是一部四折的南北调戏，亦名《海滨乐》，见于沈泰的《盛明杂剧》。其实这部戏无关性事，它显露了吕天成的玩世态度。《盛明杂剧》本评论家的第一则评论就说："此非亵渎圣贤乎？"④ 该剧的基本情节据自《孟子》卷一三《尽心章句上》

---

① 吴书荫《〈曲品〉校注》，第 420 页。
② 吴书荫《〈曲品〉校注》，第 420 页。
③ 吴书荫《〈曲品〉校注》，第 420～421 页。
④ 沈泰《盛明杂剧·齐东绝倒》，第 1 页 a 面旁批。

第 35 段的对话，其文如下［理雅各（James Legge）的翻译］：

> 桃应问曰："舜为天子，皋陶为士，瞽瞍杀人，则如之何？"
>
> 孟子曰："执之而已矣。"
>
> "然则舜不禁与？"
>
> 曰："夫舜恶得而禁之？夫有所受之也。"
>
> "然则舜如之何？"
>
> 曰："舜视弃天下，犹弃敝屣也。窃负而逃，遵海滨而处，终身欣然，乐而忘天下。"①

吕天成为舞台改编了这一假想事件，舜的父亲瞽瞍在宫廷音乐演奏中迟到，夔的儿子把他当成盲人乐师而拒其入场，瞽瞍一怒之下杀了他。皋陶继而下令拘捕他，于是他逃到了天子的私人寝宫。当皋陶到舜的宫殿搜寻时，舜背负着父亲逃到了最遥远的海岸。国家无君，朝政混乱，舜的兄弟象（恶棍）和尧的儿子丹朱被派出去，试图把他追回来，但就算皋陶做出了不再追究舜父的保证也无济于事。直到最后一折，舜的继母命令他回家，这个孝子才回心转意，回来复位。

舞台上的古圣贤形象在明代极为少见。实际上，在王朝早期已被明令禁止。《齐东绝倒》的题材因此相当新颖，现代学者曾永义对这部戏的结构大加赞扬，② 正呼应了祁彪佳的溢美（"错综唐、虞时人物事迹，尽供文人玩弄。大奇！大奇！"）③。而孝子舜和逊帝尧却被吕天成描绘成美德的典范。在这部戏中，他们的美德甚至未能改造他们的近亲：舜的父亲依旧是一个傻子，他的兄弟依旧是一个贪婪的恶棍，尧的儿子依旧是一个无

---

① 理雅各译《中国经典》第二卷《孟子著作》，台北重印，文史哲出版社，1971年，第 469～470 页（作者翻译改编）。
② 曾永义《明杂剧概论》，台北，学海出版社，1979 年，第 290～293 页。
③ 吴书荫《〈曲品〉校注》，第 421 页。

用之人，他的继母依旧是一个愚蠢之辈。当舜离开宫殿时，他的同父异母兄弟象相信帝位将归其所有，而且他可以享用舜的妻妾：

> 我老象从来是个傲人，到底不改。近日一桩奇事，虞帝不见了！算起来帝位定轮到我，谁敢抢得？谁人不是我管的！二位嫂嫂，也用靠我。那女英生了商均，甚是无理。与我一般，不可惹他。次妃癸比，年纪虽幼，生了女儿。我老象一生不喜那生育过的妇人。只有娥皇，虽是年纪略大些，倒也再不曾破肚。况且我哥哥，又不是好这把刀的，家伙也不十分弄坏。我老象也不是十分要处子的，将就用得。宵明烛光，两个侄女，甚是美艳。我想起来，如今又没有同姓不许为婚之制。自家的人，难道倒与别人受用？况且哥哥也把姑婆作妻，谁说得我！①

在戏中的其他地方，舜的婚姻正当性极受质疑（尧和舜毕竟都是黄帝的后裔，这样婚姻便是乱伦了）②，这个根本的瑕疵很可能是舜的美德异常无效的首要原因。想花时间去估量像《齐东绝倒》这样一部戏给当时观众带来了多大影响是困难的。在对舜的传说的普通复述中，他的亲属们最终会被其孝行的力量所改变。所以把他作为由人渣构成的朝廷的中心来展示，势必对许多当时的读者——还有观众，要是它曾演出过的话——造成冲击，因为大不敬。

从以上对吕天成戏剧作品的考察来看，有一点可获得证明，那就是他的淫秽小说绝非某种青春失检，它们显示了一种终生的兴趣，这种兴趣也可以被看作中国文化历史的一个特殊瞬间的反映，它被对身体、欲望和性

---

① 《齐东绝倒》，第 14 页 b 面～第 15 页 a 面。在《绣榻野史》中，金氏美丽的标志之一是她紧致的腹部："金氏是不曾生产过的，并没一些皱路。"（第 125 页）

② 《齐东绝倒》，第 3 页 a 面。

等问题的前所未有的探索打上了标记。《绣榻野史》的出发点实际上会使人想起王骥德《男王后》的结局:在那部戏的末尾,一个年轻男子最终成了王子的情人与王子妹妹的丈夫。然而在这部小说中,中年的书生(东门生)允许其年轻的男侣(赵大里)与他自己的年轻妻子(金氏)同床共枕——当他知道这两个人已坠入爱河时。① 他们在一起的头晚,赵大里早泄(因此"失败"了),但他发誓要"雪耻",于是第二晚他靠吃药来使自己那活勃起,而且通过把春药塞入金氏的阴道来激发她狂乱的性欲。此时他以胜利者出现,因为金氏最后向他求饶了。这一晚,赵大里花样百出(也让金氏一次又一次地恢复精力),他还和她的两个年轻女仆交合。金氏发誓要"复仇",决定引诱赵大里的母亲——贞洁的寡妇麻氏。赵大里被打发到另一个镇去当塾师,东门生邀请麻氏与他还有他的妻子住在一起。东门生假装不在家,金氏不断劝麻氏喝酒,在床上与她依偎在一起,在淫语和缅铃的刺激下她的性欲被唤起,以至于到了这样的程度,当她的"秘密情侣"来访时,麻氏一心渴望在第二晚取代金氏在床上的位置。第二晚,她发现"秘密情侣"原来是东门生。从那以后,他们就生活在这种三角关系中,不过当赵大里回来的时候,他们就分成两对:东门生跟麻氏,而赵大里跟金氏,都住在同一间房里。一天晚上,金氏、赵大里和东门生三人淫乱。邻居对他们的可耻行径厌烦不已,两对情侣遂浪迹四方。结果两个女人和赵大里都死了,后来他们托梦于东门生,证实他们已转世为畜

---

① 鉴于早期淫秽小说频繁提及男子之间的性战(通常但不一定是出于不相称的社会地位和年龄)却未对卷入派对的任何一方有排他性同性恋关系的暗示,人们感到疑惑,为何高罗佩坚持《花营锦阵》的插图 4 描绘的是正在沉迷于肛交的一个男子和一个女子。此图的题名(《翰林风》),引人注目的裸露天足,配画诗提及的男性美典范,这一切似乎都在暗示插入方是一位衣冠楚楚的青年美男子。高罗佩把此句("谁家少年润无瑕")翻译为:"Who is that gentleman of dignified mien?" 实际上应该表述为:"Who is that young man whose luster is without blemish?" 鲁德才《古代性爱小说中的性心理意识》列举了一些男性逃避与女子的性接触的罕见例子,收入张国星编《中国古代小说中的性描写》,天津,百花文艺出版社,1993 年,第 74 页。

生。东门生不断地为他们祈福,于是他们可托生为人,而他自己则剃发为僧。他讲述自己的放荡故事,以警示他人,他的经历也被当作白话故事记录了下来。

与后来的在情节上有多方面预示的《肉蒲团》相比,① 《绣榻野史》很显然是一部较为粗糙的著作,所以要解释王骥德对其年轻朋友之努力的高度赞扬,我们也许应该把它放置于当时的背景。我们必须认识到那时可以获得的有关当时文人日常生活的小说有多少。② 《金瓶梅》开始是以抄本形式流传的,但是众所周知很难得到。又过了二十年,在冯梦龙(1574—1646)开始出版他的白话故事集前,吕天成就已经写短篇小说。可得到的色情文学几乎都是由有关过去那些著名人物之放荡的经典故事组成的,其中可以《如意君传》为典型,故事大概创作于 16 世纪早期,讲述老年女皇武则天性欲的亢进和她的面首薛敖曹(原文写作 Ao ch'ao)肉

---

① 《绣榻野史》是在《肉蒲团》中被明确提及的少数几部早期色情小说之一。韩南《李渔的发明》,马萨诸塞州剑桥,哈佛大学出版社,1988 年,第 123 页。《绣榻野史》在整个 18、19 世纪仍在传播,它的书名出现在 19 世纪的所有禁书目录中。

② 附于张国星编《中国古代小说中的性描写》按年代排序的《涉及性描写的古代通俗小说书目》,第 387~400 页,将《绣榻野史》列为最早。它仅晚于《金瓶梅》和《浪史》,但是后一部著作的写作时间很有可能可追溯到大约 17 世纪 20 年代后期。见黄卫总(Martin W. Huang)《中华帝国晚期的欲望与小说叙述》,马萨诸塞州剑桥,哈佛大学亚洲中心,第 23 号,第 130 页。关于 17 世纪中国色情小说的主题安排概览,见司马涛(Thomas Zimmer)《中国皇朝末期的长篇小说》(*Der chinesiche Roman der ausgehenden Kaiserzeit*)[顾彬(Wolfgang Kubin)主编《中国文学史》(*Geschichte der chinesischen Literatur*)第二卷之二],慕尼黑,苏尔出版社(K. G. Saur),2002 年,第 407~481 页。对《绣榻野史》的讨论在第 452~454 页。还有韩南的《色情小说:某些早期的映象》,尚未发表的论文,1982 年。

具的伟岸。① 那时的白话色情小说几乎无例外地是由《风流趣事》一类的著作组成,这是在几十年前就被雷维安(André Lévy)讨论过的短篇弹词文本,它们以武装战争的隐喻术语来形容普通的性交行为。② 这种使用苏州方言的小调,已被收入冯梦龙的《山歌》梓行,里头常用俏皮话和双关语来描写性欲,也形容性行为。③《绣榻野史》在很多方面仍然受惠于这

---

① 对这个故事的翻译和详尽研究,见查尔斯·斯通(Charles R. Stone)《中国色情的源头:〈如意君传〉的译文及评论性导读》,檀香山,夏威夷大学出版社,2003年。《如意君传》是在金氏卧室中置于主人手头的三个被列入色情文学目录的书名之一(《绣榻野史》,第157页),另外两个《娇红记》和《三妙传》是古典长篇爱情故事,而非色情作品。见理查德·王(Richard G. Wang)《清朝的祭仪,晚明时期和〈娇红记〉中的浪漫主义》,《明史研究》第33辑,1944年,第12~55页;陈益源《元明中篇传奇小说研究》,香港,学峰文化事业公司,1997年,第19~46页,第177~187页。至少有两名明万历时期的作者(杭州剧作家程文修和他的绍兴同行金怀玉)将传奇用于表现女皇武则天的声名狼藉的统治和狄仁杰(630—700,参见高罗佩的《狄公案》)(在很大程度上是传奇)挽救李氏社稷的努力。吕天成在赏析程文修的《望云》时这样评价他们的努力:"载狄梁公事具核,词亦斐然。吾越金叟亦有《望云》一记,词虽不佳,而中有二张召幸、对博赌裘、怀义争道、三思遇妖诸事,演之可观。惜此记未曾博收之耳。"(吴书荫《〈曲品〉校注》,第314页。)这些题材的流行或是对万历朝政批评的最好解释。

② 雷维安《16世纪弹词风格的诙谐文本》(*Un texte burlesque du XVIᵉ siècle dans le style de la chantefable*)《河内远东学报》(BEFEO)第56卷,1969年,第119~124页。这篇文章讨论一个名为《风流趣事》的文本,它作为最终文本见于吴敬所编《国色天香》的一些本子里。雷维安的讨论以内阁文库(Naikaku Bunko)中的1597年汇编本为基础。这个文本的一个荷兰文翻译在白行简的《天地阴阳交欢大乐赋》(原文为 *Het hoogste genot*,即《最高享受》——译者)及《李娃传》(原文为 *De genoegens van de liefde*,即《爱的愉悦》——译者)中可以找到,由伊维德翻译、介绍并阐释(vertaald, ingeleid en toegelicht door W. L. Idema),莱顿,普兰德基,1996年,第57~65页。在我的《所有关键与模式中的讽刺与预言》中,我曾试图提出作为战斗的性交隐喻在董解元(约1200)的《西厢记诸宫调》中是怎样地操作的,见田浩(Hoyt Cleveland Tillman)和奚如谷(Stephen H. West)的《女真族统治下的中国》,纽约州立大学出版社,1995年,第57~65页。

③ 科妮利亚·托潘尔曼(Cornelia Töpelmann)《冯梦龙的山歌:明代民歌集》(*Shan-ko von Feng Meng-lung: Eine Volksliedersammlung aus der Ming-Zeit*),《慕尼黑东亚研究9》,威斯巴登,弗兰兹·斯坦纳,1973年;大木康《冯梦龙山歌研究:中国明代的通俗歌谣》,东京,曹书房(Seiso shobo),2003年。

种早期的传统。它继承了以夸张得离谱的词语来描述性对垒的传统。吕天成通常直接描写,他偶尔也用战争为喻——比如,第二晚赵大里和金氏的一次又一次的做爱就被形容为女真金朝与南宋(皇室姓赵)的战争,在宋的胜利中达到高潮。① 《如意君传》是金氏的卧室秘籍之一,东门生、赵大里和金氏的三角关系也被拿来和一幅"古春宫画"所示的武则天和张氏兄弟(实际上是堂兄,《如意君传》中薛敖曹的前任)的三角关系来作类比。② 它也显示吕天成对《金瓶梅》的内容一定很熟悉。东门生的名字对应西门庆,而且他这个角色在许多方面可以看得出是一个成瘾色鬼的拙劣模仿者。同样,作品也暗示金氏这个角色是基于潘金莲塑造的。《绣榻野史》的报应情节很可能也是对《金瓶梅》的报应情节的拙劣模仿。③

然而,《绣榻野史》在很多方面是一部高度原创的作品。把它看成第一部白话色情小说很有可能不确切。《金瓶梅》包含了大量直露描写性的段落,但它们仅占整部小说的很小一部分,小说首先是一部社会讽刺作品。《绣榻野史》则倾力于用直截的白话描述性场面,刻意避免委婉语和双关词的使用。其描述从对主角夸张的性技巧的描写,转移到对年轻女仆强奸的令人毛骨悚然的刻画,只点缀了极少的真正柔情场景,如金氏在与赵大里度过了痛苦的第二晚之后东门生对她的抚慰。为了有益于其体裁,《绣榻野史》中的个性描述极少,但是作者却以着墨不多的灵巧笔触区

---

① 《绣榻野史》,第 144～146 页。后来,在对《精忠》这部戏的评价中,吕天成写道:"此武穆事。词简净。演此令人愤裂。予尝欲作一剧,不受金牌之召(命令他放弃收复北部中国的战争,班师回朝),而直抵黄龙府,擒兀术,返二帝,归而奏秦桧罪正法,亦大快事也。"(吴书荫《〈曲品〉校注》,第 186～187 页。)这样一部戏,多年后被张大复改写为《如是观》。然而,在《绣榻野史》的世界里,"黄龙府"指肛门。

② 《绣榻野史》,第 157 页、第 325 页。

③ 韩南《色情小说:某些早期的映像》,第 9～10 页。也被吴燕娜引用于《中国色情小说中的妇女形象与性教育》,吴燕娜、魏纶编著《中国妇女与文学论文集》第一集,台北,稻乡出版社,1999 年,第 47～48 页。.

了不同的女仆。① 正如高罗佩已注意到的，小说对淫具的描述相当细致。对于这部书的读者来说，什么是最让人感兴趣的呢？当然是小说中反复提及的春宫画和它们的用途。金氏的卧室不仅悬挂着仇英绘制的美人图，而且还有"各色春宫画"。② 为了维持麻氏刚被激发的性欲，金氏在白天给她看了她丈夫的"诸多春宫画"。③ 作为前所未有的独创的结果，《绣榻野史》很可能遭遇了怀疑与惊愕，而不是突如其来的咒骂。

作为最早的白话色情作品之一——如果不是最早的话——《绣榻野史》在其随后的发展中对同类作品发挥了不可忽视的影响，尤其是在吕天成死后。丈夫允许妻子与自己的朋友或者娈童进行性接触的情节元素被后来很多色情小说借用，④ 正如最后都有的报应安排一样。《绣榻野史》似乎对《肉蒲团》产生了很大影响。⑤ 而且，《绣榻野史》的影响范围很可能大到超出了它本身的类型。对金氏诱惑贞洁的寡妇麻氏的描述，这本身

---

① 对《绣榻野史》的文学评价，见王从仁、黄自恒的《中国历代禁毁小说漫谈》，台北，台湾双笛国际事务有限公司，1994年，第183～191页；吴燕娜《中国色情小说中的妇女形象与性教育》，第47～56页；以及胡令毅译《绣榻野史·前言》，第14页。胡令毅也指出这部小说在禁区探索方面较诸以前的小说已经大胆了许多："当我读到《绣榻野史》时，……我们仿佛回到了自己的世界，一个我们能够遇到男同性恋、女同性恋和双性恋者的当代世界，一个手淫、三角关系（menage à trois）、乱伦……都是相当普通现象的当代世界。"，第15页。

② 《绣榻野史》，第152页。

③ 《绣榻野史》，第268页。从文本无法判断此处是意指手绘还是刻印的画册。存世的手绘插图暗示是绘制的手卷而不是刻印的画册。（《绣榻野史》醉眠阁本第10图a面；种德堂本第13图a面、第14图a面。）

④ 这一情节元素被后来很多色情小说借用，证明了《绣榻野史》造成的影响。见李梦生的《中国禁毁小说百话》，上海，上海古籍出版社，1994年，第82～83页。

⑤ 韩南《色情小说：某些早期的映像》，第10页："两部小说有……相称的组织，……各自表现了诱惑和反诱惑。二书都通过隐秘环境中的已婚家庭成员展示了放荡。他们的一些性实践也与众不同，例如，男性饮女性的阴道分泌物。最重要的，两部小说都有聪明的男主角，学佛却自我放浪，对性不满足。二书都以地狱之想结尾，连同赎罪，连同遁入空门。尽管《肉蒲团》显示出它本身对别的色情著作的了解，《绣榻野史》似乎是它的主模型。"浪子变成和尚当然是一种讽刺，"和尚"一词常用于指代阴茎。

很有可能系借自《金瓶梅》第六十九章中的类似故事，成为《蒋兴哥重逢珍珠衫》中的贞洁妻子三巧儿被薛婆诱惑的先例，后者是1620年或1621年冯梦龙创作的《古今小说》的开场故事。① 当读到曹雪芹《红楼梦》第五章对秦可卿那装饰和陈设更为奢华的卧室的描写时，人们很难不联想起对金氏卧室的描写。②

接下来，将吕天成的作品置于当时的背景下做延伸讨论，我们可以更好地理读王骥德对其年轻朋友的生活与作品所做的全部解释：

> 郁蓝生吕姓，讳天成，字勤之，别号棘津，亦余姚人，③ 太傅文安公曾孙，吏部姜山公子；而吏部太夫人孙，则大司马公姊氏，于比部称表伯父，其于词学，故有渊源。勤之童年便有声律之嗜。既为诸生，有名，兼工古文词。与余称文字交垂二十年，每抵掌谈词，日昃不休。孙太夫人好储书，于古今剧戏，靡不购存，故勤之泛澜极博。所著传奇，始工绮丽，才藻烨然；后最服膺词隐，改辙从之，稍流质易，然宫调、字句、平仄，兢兢悉慎，不少假借。词隐生平著述，悉授勤之，并为刻播，可谓尊信之极，不负相知耳。勤之制作甚富。至摹写丽情亵语，尤称绝技。世所传《绣榻野史》《闲情别传》④，皆其少年游戏之笔。余所恃为词学丽泽者四人，谓词隐先生、孙大司马、比部俟居及勤之，而勤之尤密迩旦夕，方以千秋交勖。人咸谓勤之风貌玉立，才名籍甚，青云在襟袖间，而如此人，曾不得四十，一夕溘先，风流顿尽，悲夫！余顷赋《四君咏》，别刻《方诸馆集》中。

---

① 吴燕娜《中国色情小说中的妇女形象与性教育》，第54页。
② 陈诏《也谈秦可卿的出身问题》，引用于黄卫总《中华帝国晚期的欲望与小说叙述》，第288页注解30。
③ 王骥德的前面开头包括一个吕天成舅舅孙如法的传略。
④ 这部作品似乎佚失了。高罗佩认为它与18世纪中叶的色情小说《怡情阵》是同一部似乎是被误导。《怡情阵》有相当多的文字来自《绣榻野史》。

《曲律》故勤之及比部促成，尝为余序，谱有余怅，遂并比部梗概，识之后简。①

*

万历朝最后几个年代是中国文化史上少有的瞬间。似乎已盛行于文人圈的开放性事在那些年间中辍了。"对情的膜拜"获得了新转折：真实激情不被认为是对习俗的挑战，而被认为是其最深的源头，纵然最初它的表现形式似另有所指。在继步汤显祖写作滑稽浪漫喜剧的众多剧作家中，没有人敢承袭他对激情和欲望的直截描写。明代最后两朝的女主角变成了小青，这个可怜小妾的受苦故事可以激发几十个改编本产生。可以肯定，冯梦龙和凌濛初曾通过偶尔穿插粗俗段子的方式来促进他们的白话故事集的销售，但是虽然数量激增，露骨的色情作品仍然退到了匿名的模糊边缘。怪不得吕天成的作品不走运。在所有人当中，冯梦龙敏锐地察觉到了风气的改变，他写道：

> 勤之工于词曲，予唯见其《神剑记》，谱阳明先生事。其散曲绝未见也，当为购而传之。伯良《曲律》中，盛推勤之，至并其所著《绣榻野史》《闲情别传》，皆推为绝技。余谓勤之未四十而夭，正坐此等口业，不足述也。②

---

① 王骥德《曲律》，第 172 页。在其《曲律》的下一则，王骥德进一步对吕天成的《曲品》做了详细描述，批评他过于包容，以及收录题目分品过于复杂。

② 吴书荫《〈曲品〉校注》，第 417 页。冯梦龙的评论保留在其《太霞新奏》中，这是一部收录了当时大多数作者的作品的散曲选集，一直作为天启朝（1621—1627）的印刷物存世。它是一则附在王骥德为悼念吕天成之死而作的一组散曲中的注释。

附编 书评

荷兰莱顿 Koninklijke Brill NV 2004 年版《秘戏图考》的三篇他序

1951 年，著名的荷兰外交家与汉学家高罗佩在东京以亲笔书写与限量印刷的方式，发表了其汉学名著——《秘戏图考》（EROTIC COLOUR PRINTS OF THE MING PERIOD, with an Essay on the Chinese Sex Life from the Han to the Ch'ing Dynasty, B. C. 206-A. D. 1644），这部书是中国古代性文化史研究领域的开山之作，问世后备受瞩目。全书一函三卷，锦面线装。卷一《秘戏图考》是正文，用英文写成，内容分为三篇：上篇《性文化的历史概览》从缕析古史旧籍、房中秘书、道家经典、传奇小说、野史笔记入手勾勒了自汉至明中国人的性生活情形。从内容上看，本篇属于"附论"，与秘戏图研究并无直接关联；作者把其置于卷首，旨在为读者理解中篇和下篇提供一个背景材料。但作者在撰写这篇概览时广集史料，一发难收，竟使"附论"膨胀成了本卷的主体。中篇《春宫画简史》与下篇《〈花营锦阵〉注释》均以明代的春宫秘戏图为研究对象，前者讨论了套色春宫版画的一般历史、制作方式和艺术特色，并扼要介绍了作者所曾寓目的《胜蓬莱》《风流绝畅》《花营锦阵》《风月机关》《鸳鸯秘谱》《青楼剟景》《繁华丽锦》《江南销夏》八种图册的版本情况、画面内容与艺术特色；后者则专门介绍了作者自己收藏的印版《花营锦阵》的画面内容与艺术特色，并对题跋进行了注释与翻译。卷后有附录《中国的性术语》。卷二《秘书十种》是中文卷，在性质上是卷一的附编，它收录了卷一曾征引的一些中文秘籍的原文。十种秘书实际只有九种，因为《洞玄子》是从日本人丹波康赖的《医心方》卷二十八《房内》析出成篇的。这些珍贵的中国古文献除了《房中补益》之外，全部流失海外，其中《天地阴阳交欢大乐赋》的全文以及《房内记》的内容在清末已被叶德辉收入《双梅景暗丛书》，而《纯阳演正孚佑帝君既济真经》《紫金光耀大仙修真演义》《素女妙论》三篇房中秘文，《某氏家训》一篇残页，以及《风流绝畅》《花营锦阵》两种春册题词均系首次发表，是研究中国古代性文化的珍贵史料。除收录了十种秘书以外，本卷还有一个附录，分"乾""坤"二部。乾部选录了卷一提到的一些古籍段落；坤部为"说部撮抄"，节录了《肉蒲团》《株林野史》《昭阳趣史》三部色情或淫猥小说的典型段落。卷三《花营锦阵》系一部单色春宫画册，它是高罗佩用自己收藏的那套据称是明代的印版，按中国传统的制作方法印刷出来的，尺寸与式样都与原画相同。

高罗佩撰著此书，意在"用备专门学者之参稽，非以供闲人之消遣"（《〈秘戏图考〉中文自序》），因此只印制了50册，其中1册破例送给了一位对本书写作有直接帮助的学者，其余49册则全部赠给了一些国家的图书馆、博物馆、大学或研究机构，中国的大陆与台湾都没有此书。20世纪90年代初，笔者利用从香港购得一个复制本，把该书译成了中文，由广东人民出版社（1992）与台湾金枫出版公司（1993）出版，前者为"内部发行"，后者则把内容改编成了"秘戏图大观"。此事在当时广受关注，香港演艺界闻人文隽曾于1994年6月在香港《星期天周刊》第26、27期上发表连载文章进行评论，称是"出版盛事"。笔者则有《海峡两岸〈秘戏图考〉》一文（广州的《东方文化》2004年第1期）讲述事情的始末。

虽然在西方国家要获得高罗佩的《秘戏图考》原本并不是一件很困难的事情，虽然汉译本在中国早问世多年，但是让人感到不可思议的是，这部赫赫有名的著作在高罗佩发表之后竟然一直深藏密扃于各收藏机构，直至53年之后，才于2004年由荷兰莱顿的Koninklijke Brill NV公司出版了一个面向公众的英文排印本！这个英文排印本的内容与高罗佩的手写原本完全一致，唯一不同的是新增添了三篇原书所没有的他序。这三篇分别是高居翰（James Cahill）的《高罗佩〈秘戏图考〉介绍》、艾思仁（J. S. Edgren）的《高罗佩〈秘戏图考〉书目札记》与伊维德（Wilt L. Idema）的《"玩腻了的文人"：吕天成与万历晚期江南精英的生活方式》。

长期在美国的加州大学伯克利分校艺术史系执教的高居翰教授是西方中国艺术史研究的权威之一，享有世界范围的学术声誉，被认为是"最了解17世纪中国绘画的美国人"。他的《高罗佩〈秘戏图考〉介绍》并不是对《秘戏图考》的一般性介绍，而是从中国版画制作艺术的角度对收入《秘戏图考》中的春宫秘戏图册的严格品评。在这篇他序中，高居翰首先肯定了《秘戏图考》这部曾引起"中国艺术界的轰动"的名著的价值。他承认，高罗佩对秘戏图的研究和他从中挑选出的样图，"对任何研究中国画或者中国色情作品的人来说都是珍稀的资料库"。不过，他也以自己挑剔的专业眼光，对被高罗佩收入书中的八种秘戏图册进行了苛严的审查。他得出的结论是，在这八种图册中，《胜蓬莱》《风流绝畅》《花营锦阵》《风月机关》《繁华丽锦》《青楼剟景》六种是可信或基本可信的晚明作品——虽然有些样图复制得很拙劣；而高罗佩声称上海"某氏"收藏的《鸳鸯秘谱》《江南销夏》两部图册则存在很大问题，它们"作为可靠的晚明作品存在着严重的不确定性"。高居翰觉得这两种图册的样图复制品与高罗佩为自己的小说《狄公案》绘制的插图在风格上很相似，因此认为它们很可能是高罗佩依靠"想象"臆造出来的，他甚至怀疑高罗佩所说的上海"某氏"也是杜撰的。至于高罗佩为什么要这么做，高居翰的解释是，他像中国古代文人一般故意搞"恶作剧"——"他看来固然喜欢学者的角色，不过也喜欢对其读者和观众耍些小花招"。说实话，高居翰的结论让笔者感到有点惊讶，对他的这个纯粹出于个人主观感觉的判断，笔者是不予接受的；因为高居翰并没有提供让人信服的证据，而我们也看不出高罗佩作为一位严肃的汉学家有什么可能与必要去"造假"。笔者认为,那些样图与《狄公案》插图风格的"相似"并不意味着高罗佩根据"想象"制作了古画赝品,而只能说明高罗佩在为《狄公案》绘制插图时受到了古代作品的影响。在对这个问题的认识上,高居翰可能颠倒了因果。当然,对于深化高罗佩与《秘戏图考》研究而言,高居翰的看法有理由作为一家之言而存在。

《高罗佩〈秘戏图考〉书目札记》的作者艾思仁本是瑞典人,后来加入了美国国籍,现为普林斯顿大学东亚图书馆的研究员。他是当代西方汉学界的领袖人物、著名的瑞典汉学家马悦然(Goran Malmqvist)的学生。作为中国古籍收藏与版本目录研究领域的专家,他对纳入《秘戏图考》视野的八种秘戏图册做了总体的评价,认为"如果可信,它们就是最早的套色图画印本之一。它们可以很好地填补16、17世纪之交的著作空隙,如《画史》与《程氏墨苑》之间的空隙,还有像《十竹斋书画谱》与明代最后二十年的别的套色出版物之间的空隙"。依靠高罗佩提供的样图,他对它们的制作者与产生年代进行了初步的鉴定。他认为《胜蓬莱》不一定出自福建,也有可能出自江浙,但无论如何都是明代的套色版画。《风流绝畅》是17世纪初由安徽虬村黄氏家族的第二十七代孙黄一明镌刻的。对被高罗佩认为是晚明木刻的单色版《花营锦阵》,艾思仁有不同意见,他"强烈怀疑这是17世纪的日本木刻翻版"。由于缺乏相关的证据,他对《风月机关》《青楼剟景》《繁华丽锦》的版本出处未做判定。至于《鸳鸯秘谱》与《江南销夏》,他也认为与高罗佩为他的狄公破案故事而作的插画风格相同,这显然是由于受到了高居翰的影响。

哈佛大学东亚语言与文学系的伊维德教授是荷兰人,以研究中国古代小说与戏曲见长。他的序文先从性与裸体的角度,讨论了高罗佩撰写《秘戏图考》的动因及书中的内容,然后以"高罗佩都在强调这些春宫画册来源于晚明江南风雅士人的生活环境"为过渡语,"植入"了他的长篇论文

《"玩腻了的文人"：吕天成与万历晚期江南精英的生活方式》。这篇论文很有分量，内容相当丰富，光注文就让人叹为观止；但是其研究对象是以创作论著《曲品》、小说《绣榻野史》与杂剧《齐东绝倒》而闻名于世的晚明小说家与戏剧家吕天成，除了"明代""江南""文人"与"性"这几个关键词相同外，论文的内容与高罗佩的《秘戏图考》其实关联不大。当然，论文本身具有很高的学术水准，对于研究明代小说与戏剧的读者而言，是一篇很值得一读的作品。

2014年，已从荷兰方面获得《秘戏图考》汉译本出版授权的海南出版社与笔者联系，提出有意采用本人的译本。为了保证出版质量，对高罗佩负责，对读者负责，笔者抽出时间，逐字逐句地对二十多年前的旧译本进行了细致的校订，几乎等同于重译。与此同时，笔者把英文排印本新增的这三篇他序也译成了中文。由于某种原因，这个获得正式出版授权的《秘戏图考》汉译本至今尚未能面世，考虑到这三篇他序从不同角度对高罗佩、《秘戏图考》及其他相关问题进行了较为深入的研究，对人们认识与理解高氏的著作各有价值，兹征得海南出版社同意，把它们先发表于此，以供学术界利用。

原载《文化遗产》2016年第6期

海峡两岸《秘戏图考》

不久前，香港《纯文学》主编王敬羲前辈见告，金枫出版公司的老板周安托已于去年 3 月 25 日去世，并把报道此消息的台湾某报交给了我。该报的一篇题为《金枫出版社后继有人》的文章说："周安托曾因出版荷兰汉学家高罗佩的《秘戏图考》和法国巴黎大学专研俗文学的陈庆浩所主编的《法国性文学大系》而被（台湾地区）'新闻局'以触犯'出版法''妨害风化罪'告发，然而却在官司获胜、出版法废止后不久辞世，颇令出版界唏嘘。"

我是文中所说的《秘戏图考》的译者，且与周安托先生有过一面之缘。因此，这则消息使我很自然地想起了与海峡两岸《秘戏图考》出版相关的一些事情。

《秘戏图考》是荷兰职业外交家高罗佩于 1951 年撰写的一部以中国古代的性文化为研究对象的汉学著作，英文书名为 "*EROTIC COLOUR PRINTS OF THE MING PERIOD, with an Essay on the Chinese Sex Life from the Han to the Ch'ing Dynasty, B. C. 206-A. D. 1644*"。高罗佩终其一生所从事的工作并不是学术，而是外交。在 1967 年 9 月患癌症逝世前，他是荷兰驻日本兼驻韩国的大使。但这位外交官对研究中国文化却投入了一般外国学者所没有的热情，被认为是一个"中国痴"。我在《秘戏图考》中译本的"译者前言"中曾这样说过："身为西方人的高罗佩对博大精深的中华文化情有独钟，他不仅穷毕生之力去探讨它、研究它、弘扬它，而且连身心都为中华文化所'化'。他像传统中国文人一般喜欢琴棋书画，爱好吟诗作对，还取字'忘笑'，取号'芝台'，把寓所命名为'犹存斋''吟月庵''犹存庵''尊明阁'等，颇有儒雅之风。他作文写字，多署名'荷兰高罗佩'，为的是提醒别人同时也提醒自己别忘了自己的祖国。可是在行文中他又不自觉地使用'吾华'这样的字眼。他受中华文化浸染之深，由此可见一斑。"这位对中国的琴棋书画、诗词曲赋都进行过研究，并因撰写了一部一百三十万言的章回体小说《狄公案》而名满天下的业余天才，因一个偶然事件而与中国古代性文化结了缘。

在日文版《狄公案》中的一个故事片段出版的时候，出版商为迎合读者口味，意欲给此书配上一个裸女封面，而高罗佩认为这与中国古代的礼教相悖。在他的印象中，中国古代并没有裸画。然而调查结果却出乎他的意料——其实在中国古代，这类绘画作品并不在少数。高罗佩从日本京都的一家古董店里买到了一套名叫《花营锦阵》的明代春宫画版，因为它十分珍贵，所以高罗佩想配上一篇中国古代春册概览之类的文字把它公布出来，以供社会史、文化史与艺术史方面的专家研究用。然而高罗佩发现这篇概览并不好写，因为春宫画与古代的性问题密切相关，如果对中国古代社会的性习俗和性文化情形一无所知，就无从着笔；而在当时，无论是中国还是西方，都还没有人研究过这个题目。高罗佩是一个执着的探索者，台湾的历史学家方豪先生说他"远离常道，不谈中国历史及社会上的大问题，不谈哲学、人生。他寻找那不寻常的枝节问题，而这些枝节问题往往引起他极大的兴趣，一旦他的兴趣被引起了，他就非穷根究底才肯罢休，就像他研究学问一样"。为了搞清楚这个问题，他不惜花费许多时间精力去探幽索隐。他的这番研究，最终导致了中国古代性文化研究领域的开山之作——《秘戏图考》的问世。

《秘戏图考》1951年发表于东京。全书一函三卷，锦面线装，全部文字均系高罗佩用钢版手刻，封面有他自己用中文题写的书名。卷一《秘戏图考》是正文，用英文写成，内容分三篇。上篇《性文化的历史概览》从缕析古史旧籍、房中秘书、道家经典、传奇小说、野史笔记入手，勾勒了自汉至明中国人的性生活情形。从内容上看，本篇属于"附论"，与秘戏图并无直接关联。作者把其置于卷首，是想为读者理解中篇和下篇的内容提供一个背景材料。但作者撰写这篇概览时一发难收，竟使"附论"膨胀成本卷的主体。中篇《春宫画简史》与下篇《〈花营锦阵〉注释》都以明代的秘戏图为研究对象。前者讨论了套色春宫版画的一般历史、制作方式和艺术特色，并扼要介绍了作者所曾寓目的《胜蓬莱》《风流绝畅》《花营锦阵》《风月机关》《鸳鸯秘谱》《青楼剟景》《繁华丽锦》《江南销夏》八部春宫画册的版本情况、画面内容与艺术特色；后者专门介绍作者自己收藏的春宫印版《花营锦阵》的画面内容与艺术特色，还对题跋文字作了注释和翻译。卷后有附录《中国的性术语》。卷二《秘书十种》系中文卷，从性质上来说它是卷一的附编，收录了卷一所征引的若干中文秘籍的原文。除了十种秘书外，本卷还有一个附录，分"乾""坤"二部，乾部选录了卷一提到的一些旧籍的段落；坤部为"说部撮抄"，节录了《株林野史》《肉蒲团》《昭阳趣史》等色情小说的一些段落。卷三《花营锦阵》是一部春宫画册，它是高罗佩用自己收藏的那套明代印版请工匠按中国传统的制作方法印制的，尺寸与式样均与明代原画相同。

　　高罗佩撰著此书，意在"用备专门学者之参稽，非以供闲人之消遣"（《秘戏图考》中文自序），故只刻印了50册，不付市售，除了其中的1册破例送给一位对本书的写作有帮助的学者外，其余全送给了若干国家的图书馆、博物馆、大学或研究机构。据悉，中国的大陆和台湾都没有此书，而外国的收藏单位又多视为善本，因此一般读者难得一见。

　　于是英文原本《秘戏图考》在图书馆里沉睡了数十年。在此期间，尽管海峡两岸学术界也有人听说这部著作的存在，但是，真正见过原书者微乎其微。1986年，九十高龄的俞大维老先生在台湾首先注意到了学术界对此书的漠视。他委托寓学海外的后辈学人设法寻找，终于搜寻到了一部保存完好的《秘戏图考》。俞大维老先生找到出版商杜三升，把这部珍本交给了他，嘱他按原版式样影印重刊。在俞大维老先生的鼓励下，杜三升置台湾地区司法部门的尺度于不顾，毅然翻印了500本英文原著《秘戏图考》，面向海内外公开发行。

也许在许多人的眼里，中国古代性文化领域确是一片污浊不堪的溷池，出版以这方面内容为研究对象的专著，无异于败坏风化。杜三升斗胆涉足禁地的结果，是被台湾地区司法部门罚款，他所影印的本子也遭到查禁。于是影印英文原著的工作甫起即衰，由俞大维老先生牵合的这段出版因缘，就这样昙花一现了。

《秘戏图考》英文原著的影印本虽然在台湾遭到查禁，但对已发行到岛外的本子，台湾地区司法部门却鞭长莫及。杜三升先生影印的《秘戏图考》英文原著，有一部分落到了有研究需要或喜欢涉猎奇书的读者的手里，其中之一便是笔者本人。

20世纪90年代初，历史科班出身且从事出版工作多年的我，因组织出版一部讨论古代方术的著作而对中国古代的"神秘文化"——包括性文化——发生了兴趣，并通过颇有古道热肠的香港友人黎思人女士从波文书局买到了一套价格不菲的《秘戏图考》，它正是杜三升影印的。阅读了高罗佩这部奇书后，我翻译了英文自序和正文的一些段落，以与他的另一部名著《中国古代房内考》（《秘戏图考》的姐妹篇）相参校。想不到看过译文的朋友相率劝我译出全书，他们的观点是，与其让这一部书深藏密扃于海外的图书馆，不如把它译出来以供海内学者参考。但是当时我估计，在中国大陆，大概没有哪家出版社斗胆出版这部讨论春宫画的书。

可是我的估计错了。我的老上级、时任广东人民出版社总编辑的庄昭先生竟觉得有必要也有可能出版这部书。他也是历史科班出身，也许因为这一点，他对出版文史类出版物总是情有独钟。听了我的介绍后，他嘱我尽快译出全书，以供广东人民出版社出版。当时有意于出版这部书的出版社还有几家，不过态度都没有广东人民出版社来得坚决。庄先生还根据有关方面的要求请中山大学中文系的张振林教授（著名古文字学家容庚的助手）写了一个审稿意见，目的是为本书的顺利出版"保驾护航"。张教授鼎力推荐，这个选题于是获得了有关部门的批准——不过要求"内部发行"。广东人民出版社安排与我联系的责任编辑是后来成为该社副社长的姜玉玲女士。让我感到惊奇的是，这位并非专攻文史、且老是把"高罗佩"说成"高佩罗"的女士，对出版本书居然也抱有比她的上司还浓厚的兴趣。

《秘戏图考》的中文翻译碰到了一些困难。因为要翻译这样的书，不仅要娴熟外文，而且要有相当的古代文化基础。至于译文如何做到"信""达""雅"，也是一个不能不考虑的问题。高罗佩这部书讨论的是我们祖宗的事，译文如果尽是"欧化句"，既佶屈聱牙，也可能有悖原意。尽管有这样那样的困难，但翻译工作进度还是很快。1992年7月，《秘戏图考》中译本在中国大陆问世。

说来也怪，一部在台湾受禁的书，在大陆竟能顺利出版！

这部选题十分敏感的书在中国大陆出版而未惹麻烦，与我是出版界中人、比较了解出版尺度不无关系。为审慎起见，我对原书做了必要的处理，删去了卷一《秘戏图考》中许多不宜传播的春宫插图和整个卷三《花营锦阵》（一套春宫画册），对卷二《秘书十种》附录的说部文字——它们多涉色情或淫秽——也只存目。这种下手很"狠"的处理办法导致了读者的不满（有人很尖锐地对我说，这本书连"图"都没有，还"考"什么?），但至今我依然认为这样做是必要的。如果不是我小心翼翼，麻烦必接踵而至。曾有人匿名致书某主管部门，说广东人民出版社出版的这部《秘戏图考》，"比《金瓶梅》还《金瓶梅》"。某主管部门组织专家审读后，对这一可笑的"告发"未予理会。

《秘戏图考》中译本在大陆出版后引起了广泛瞩目。学术界、非学术界的广大读者，都对这部书报以很大的兴趣，有一段时间，大江南北，沿边内地，到处都可以见到这本书的影子。虽然盗印本滥行（仅我见过的就不下四五种），它的"内部发行"量竟超过了 10 万册！对于一部文字严肃而所引述的资料对于多数读者来说读起来不无费力的书而言，这不啻是奇迹。

尽管本人就学力而论并不足以担当这本书的翻译工作，但《秘戏图考》中译本的质量还是获得了大多数读者的肯定。法国巴黎大学的陈庆浩博士说："《秘戏图考》已由中国内地的杨权先生译成中文。由于高氏的英文原著涉及中国文化的层面相当广泛，与历史、文学、思想、美术、中医、道家都有关系，译者没有足够的学识是无法进行的，杨权先生学养精深，译笔畅达，并且仔细校正了高氏引文的讹误，这个中译本的完成，的确是学术界的一件盛事。"这一过誉的评价使我受宠若惊。一位比我大 12 岁的上海医生，竟来信对本书的翻译质量加以赞扬，还祝我这个他所想象中的"老教授""健康长寿"！

《秘戏图考》中译本出版后，我被许多相识或不相识的人士目为"性学家"。有热心的读者给我寄来自己收藏的古本房中书，或寄来古代秘戏图册的影印本，鼓励我研究古代性文化；北京有人要介绍我加入"中国性学会"。可是惭愧得很，我虽翻译了《秘戏图考》，并因此结识了一些对中国古代性学有研究的学者，却连一篇讨论中国古代性文化的文章都没有写过。倒是由于《秘戏图考》的翻译，中国社会科学研究院哲学所的研究员胡孚琛博士对我垂以青目，到广州邀我参加规模宏大的《中国道教大辞典》的撰稿，并出任"房中养生门"的主编（与我同任这一门主编的还有北京大学的李零先生，他是高罗佩的《中国古代房内考》的译者之一）。

获悉《秘戏图考》在大陆出版后，杜三升先生颇感不平，他想："这样一部攸关中国古代春宫画的唯一学术论著，中国大陆都可以容许翻译发行，此岸的出版界难道就不敢闯这一方禁地吗？"（台湾版《秘戏图考》

"出版缘起")于是便和他的合作者周安托先生与我取得了联系。周安托于1993年秋来到广州，在中山大学和我商讨在台湾出版中文繁体版《秘戏图考》的问题。他是残障人士，走路需借助拐杖，但办事却很精明利索。他见到我，第一句话是原来您这么年轻。又说他和杜三升看了我的译本，觉得很好；台湾不是没有人有这等功力，而是没有人有耐心做这种坐冷板凳的事——那里的人很浮躁。周先生也是学历史的，所以我们有很多共同的话题。我们在餐厅里一边吃饭一边谈，不多久就达成了协议。周先生很高兴，说按台湾的习惯，好朋友一个晚上要喝三回酒，所以饭后又邀请我到别的餐馆再饮。第二天我送他到车站返香港，他送了我一本台湾地区擅长交际的学者陈之迈（清代岭南著名学者陈澧的后人）写的《荷兰高罗佩》。陈之迈与高罗佩是好友，读了这本小册子，使我对高罗佩有了更多和更深的了解。

这样，从台湾出来的《秘戏图考》，在大陆绕了一圈，又以另外一种形式回到了台湾。1994年《秘戏图考》繁体字版由台湾金枫出版公司出版，出版人是周安托。富有戏剧性的是，为台湾版《秘戏图考》写"出版缘起"的，正是那个斗胆影印《秘戏图考》英文原著的杜三升！

海峡两岸两个版本的《秘戏图考》，文字虽然都出自我的手，但内容、式样和定价却有天壤之别。首先，大陆版的《秘戏图考》是用简体字排印的大32开本平装书，除了少量插图外，其余是用普通书写纸印刷的，定价只有十八元人民币；而台湾版是用繁体字排印的大开本精装书，全书都是用铜版纸彩色印刷的，定价为一万二千元新台币。其次，如上所述，大陆版的《秘戏图考》删去了绝大多数图片和一部分文字；而台湾版不仅补全了这些内容，还增补了大量高罗佩的原著所没有的中日春宫画，书后且增加了题为《歌枕的世界》的长文，介绍日本的浮世绘春宫画，它们与高罗佩和我都没有任何关系。最后，因为上述缘故，台湾版的书名没有叫作《秘戏图考》，而是叫作《秘戏图大观》，封面和扉页都未署作者和译者的名字，但在"译者前言"后面有我的署名。

周安托在广州与我告别后，我再也没有见过他；对台湾方面的出版情况，我也一无所知。大约在1993年年底，我曾就台湾版《秘戏图考》出版的有关问题，给周安托去过以下这封信：

安托先生台鉴：

　　秋间文驾莅穗，多承雅教。送别行旌，转瞬数月。只以俗尘莫浣，未遑修书通问。迹维履祉增绥，骏业日新。拙译著《秘戏图考》承蒙垂青，不胜感激之至！印本倘已发行，亟盼惠寄样本二册，用慰下怀。其悬欠润笔，并请尽快俯予，以济羞涩之囊。至于为台版写译序之事，本欲勉图报命，无奈因他事烦扰，所谋辄左，实难成文，伏乞鉴谅。管颖滋扰，幸勿为怪。具颂吉祺，凭书翘切。并请朗照不尽。

后来我在1994年6月份的香港《星期天周刊》（第26、27期）上看到香港演艺界闻人文隽先生所写的《海峡两岸秘戏图》一文，才知道台湾版的《秘戏图考》已经出版。出版前，金枫出版公司在《自立晚报》上刊登了全版的广告。此书尽管价格昂贵，但在台湾依然卖得很红火，"几乎任何爱书之人都希望拥有一册"。有趣的是，文先生与我素昧平生，却为我打抱不平。他认为台湾版"对译者杨权先生没有片言只语（字）的介绍"，也没有出版授权说明，这是"漠视杨权先生的权益"。

杜三升和周安托请龚鹏程先生为台湾版《秘戏图考》中译本题签。龚先生原为台湾"陆委会"文化处处长，后任佛光大学校长，杜、周二位请他出面，无非是想找"护身符"，以免重蹈覆辙。不过这一着并没有作用，他们最终还是惹上了官司。好在台湾社会的的开放程度已今非昔比，这一次，当局成了败讼者。

台湾版《秘戏图考》中译本的"出版缘起"在一开头便说:"这一部巨构的出版,就像唐人的传奇小说,有着诸般巧合的因缘。"信然!

原载《东方文化》2001 年第 1 期

龚鹏程先生原为台湾宜兰佛光大学校长,卸任后受聘为北京大学哲学系客座教授,几年前与我在北京香山饭店曾有一面之缘。谈起周安托,二人都不胜唏嘘。2009 年 10 月 24 日附记。

民国史研究的重要史料：《陈炯明集》[①]

段云章、倪俊明合编的《陈炯明集》近日由中山大学出版社出版，这是迄今为止第一部全面系统地反映陈炯明生平活动和思想的文集。

本书旨在存真求实，为民国人物、民国史研究提供翔实资料，因此编者积若干年之苦心，从数以百计的报刊、图案等资料中，搜集了陈炯明的论著、演讲、谈话、书信、电报、公牍和诗文共1100多件，凡87万字，分上、下两卷出版。为展露陈炯明的真实面目及其言行的演变轨迹，编者对上述内容未做任何删节改动，相信读者会运用历史唯物主义的观点，实事求是地审辨文中是非，做出客观公正的评析。

该书内容丰富，征引广博，具有较高的史料价值。编者不仅系统地翻阅了上海《申报》、上海《民国日报》、广州《民国日报》、北京《晨报》等较易见到的资料和书刊，而且还在一些鲜为人知和十分罕见的报纸和书刊中披沙拣金，大有收获。如较多记载其早年思想和活动的《广东谘议局第一次会议报告书》、《广东谘议局第一期会议速记录》、广州《民生日报》、李准编《光复广东始末记》、《国华报》、《广州共和报》、《大报》、《广州中西星期报》等；反映其经营漳州护法区的《闽星》半月刊（编者所获较《五四时期期刊介绍》所列目录还多，而目录所载内容很难见到）等；反映其思想和活动的有广州《群报》《修齐月刊》《恩平公报》《广东教育会杂志》《广东第八次运动大会会务纪要》《南侨月报》《真光杂志》《震坛周报》《中国统一刍议》等。在编入的资料中尚有陈炯明后嗣家藏

[①] 段云章、倪俊明编《陈炯明集》，中山大学出版社1998年9月版。

《陆安简札》，广东省中山图书馆藏原件和日本久保田文次赠送的复印件，陈定炎博士（陈炯明子）所提供之香港《华字日报》《士蔑西报》，当时美国驻华人员的报告书，以及20世纪60年代初广东省政协文史资料研究委员会和原中国科学院广州哲学社会科学研究所中国近代史研究组合编的油印本《有关陈炯明资料》等。

　　本书辑文基本上反映了陈炯明一生各个历史阶段的思想和活动，以往有关论著比较零碎，且较多涉及某一阶段的政治、军事活动，现在收入的资料不仅大大丰富了上述方面的情况，而且在经济、文化和诗文等方面有很大的扩充；由此可悉陈炯明不仅注目于广东，而且注目于全国乃至世界，对许多事件、思潮，有自己的观察方法和独特认识。由于陈炯明在广东史、民国史乃至中国近代史有重要的地位和影响，他和许多历史人物、事件多有互动关系，本文集的出版将有助于我们深入研究陈炯明和孙中山、蒋介石、胡汉民、朱执信、廖仲恺、汪精卫、陈独秀、彭湃、伍廷芳、李烈钧、段祺瑞、吴佩孚等著名历史人物的关系，以及他在辛亥广东独立、反袁护法、建立漳州护法区、粤军回粤驱桂、六·一六政变、国民党右派的反共等等重大历史事件的正负作用和影响，从而为解答历史的疑难问题、填补某些历史研究的空白和不足、显现历史全貌真相提供若干新素材。

　　本书编者对待史料采取了严肃认真的态度，从史料的发掘、时间的考订，到标题的拟定、文字的校勘、底本的标注，都严格按照统一规范处理，务求准确无误；且每一文件均详细标明出处，俾研究者查索，因而具有较强的科学性和可信性。本书的出版将对陈炯明和相关人物、事件的研究，起到积极的作用。

原载《读书人报》1998年10月6日第43期

道成肉身的文化人生

——《陈寅恪的最后 20 年》[1] 读后

生前孤寂的陈寅恪也许想不到，自己有一天会成为文化人评说的热点。

不知从什么时候开始，在海内外文化人当中，悄然兴起了一股"陈寅恪热"。这股热，与人们对人文精神的寻思显然有某种同构关系。面对浮躁、喧嚣、功利、无序，面对理念销蚀和道德失范，一部分冷静下来了的文化人开始把视点投注到与"终极关怀"相关的命题上，思考起"塑造理想人格""重建神圣"和"人文精神从根救起"一类的严肃问题。在这种背景下，一个文化大师道成肉身的人生引起人们关注，就是很自然的事了。

于是，一部阐发文化大师"潜德之幽光"的传记冷不丁地在书林中冒了出来，并在神州大地引起了震动。此书的书名叫《陈寅恪的最后 20 年》，作者是笔者的朋友陆键东，由三联书店出版。

陈寅恪，20 世纪杰出的学者，1890 年生。其祖父是光绪年间支持维新变法的湖南巡抚陈宝箴，其父则是近代的著名诗人陈三立（散原）。陈寅恪幼承家学，七次留学外国。1925 年回国，执教于清华大学，与王国维、梁启超、赵元任并为清华国学研究院的"四导师"。此后先后在清华大学、西南联合大学、香港大学、燕京大学执掌教席。1949 年南下，先

---

[1] 陆键东《陈寅恪的最后 20 年》，生活·读书·新知三联书店 1995 年 12 月版。

在岭南大学，后在中山大学担任教授。1969年在"文革"的动乱中忧愤而逝。《陈寅恪最后的20年》，描写的是陈寅恪晚年在岭南（主要是中山大学）的生活历程。这是一部不算很成熟却相当动人的传记。作者用情感饱满得要滴下来的深沉笔调，对晚年陈寅恪的人生做了感人肺腑的述说，使人一打开书，便不由自主地追寻着呵护文化有若呵护生命的大师的足迹，去做沉重、苦痛而神圣的漫游，而在掩卷拭泪叹息之际，产生斯人逝后高音杳渺的空寂感。

壁立千仞的陈寅恪很值得写，却不容易写。徐葆耕先生在《文化的两难处境及其他》一文中，曾说陈寅恪"如一口深井，难测底蕴"。陈氏思想的超常深刻性和坚定性，使他与同时代的学术同道落落寡合。他不为时代所理解，自己也不向时代敞开心扉，因而有"一生负气成今日，四海无人对夕阳"之叹。他在其著名的《论再生缘》的校补记后序中，把自己的著作比作"固非吴井之藏"的"所南心史"。"所南"，即宋末元初的富有传奇色彩的士人郑思肖，他写了一部痛诋异族的《心史》，书稿装入铅匣，丢入苏州的一口井中，于明末被人发现。陈寅恪以"所南心史"来比喻自己的著述，是意味深长的。思想纵横无羁、想象丰富奇崛的陈寅恪，在自己的著作中熔铸了坚定的理性和丰富的情感，但其思想意蕴都深藏密扃在文字的"铅匣"，需要人去发幽探微。《陈寅恪的最后20年》的作者在这方面做了许多工作，此书从缕析档案文献和采访资料入手，诠注了陈氏著述的内涵，探索了陈氏的内心世界，向读者展示了陈氏的生存状态，揭开了一段尘封的历史。立论也是公允持平的。

在20世纪中，很少有学人在学问的渊博方面能超得过陈寅恪。陈寅恪是史学名家，但绝不仅是一个史家。他是卓然独立的宗匠，仰之弥高的泰斗，学贯中西的通儒。这位文史兼通的文化大师不仅谙熟中国古代典籍，而且懂得十几种外国或他民族的语文。他著书作文，只是厚积薄发，却在魏晋南北朝史、隋唐史、明清史、蒙古学、敦煌学、突厥学、藏学、佛学、宗教学、考据学、语言学、古典文学等领域取得了卓著的成就。要评说陈氏的学术很困难。熔"史笔诗心"于一炉的《柳如是别传》，可说是他的代表作之一。这部长达八十余万言，征引儒法道释、经史子集、笔记小说多达六百种以上的巨著，竟是他在盲目膑足的衰年写成的！举此一例，足见其博学卓识。无怪乎当年吴宓在美国哈佛大学初识陈寅恪，即断言"合新旧各种学问而统论之，吾必以寅恪为全中国最博学之人"。吴世昌亦曾对唐兰作大言："当代学者称得上博极群书者，一个梁任公（启超），一个陈寅恪，一个你，一个我。"大音希声，大象无形，陈寅恪的学术，恐怕只能用他形容王国维的话来形容才比较贴妥："先生之学博矣，精矣，几若无涯岸之可望，辙迹之可寻。"

陈寅恪的博学和通识，孕育了他的历史文化情结。他对历数千载之演进而渐衰的传统文化，有一种执着而至死不渝的眷恋。他的文章著作，乃至整个生命，都弥漫着一种浓郁的文化意绪，充满着博大的传统情怀。在文化取向上，陈寅恪忧虑物本主义吞蚀人文主义，西方文化同化中国文化。1927年他的忘年之交王国维自沉于颐和园昆明湖后，陈寅恪对王氏之死这么评说："凡一种文化值衰落之时，为此文化所化之人，必感苦痛，其表现此文化之程量愈宏，则其所受之苦痛亦愈甚。""劫尽变穷，则此文化精神所凝聚之人，安得不与之共命而同尽？"（《王静安先生挽词》）正是这种人与文化"共命"的信念，使陈寅恪保持了超出"穷则独善其身"意义的人生操守，历大半个世纪的岁月消磨而不损蚀些许。陈寅恪的一首《咏黄藤手杖》诗，中有"支撑衰病躯，不作蒜头捣。……独倚一枝藤，茫茫任苍昊"的句子。诗中所咏的黄藤手杖，无疑是其生命所倚仰的文化信念的象征。在近现代学人中，没有谁比陈寅恪更追求学术独立和思想自由。他撰写的《王观堂先生纪念碑铭》有一名言："士之读书治学，盖将以脱心志于俗谛之桎梏，真理因得以发扬。思想而不自由，毋宁死耳。斯古今仁圣所同殉之精义，……先生之著述或有时而不彰，先生之学说或有时而可商，惟此独立之精神，自由之思想，历千万祀，与天壤而同久，共三光而永光。"陈寅恪的这段话，是写王国维，更是写自己。陈氏一生的文化学术活动，都贯穿了独立与自由的精神。用他自己的话来说，"寅恪平生治学，不甘逐队随人，而为牛后"，"论学论治，迥异时流，而迫于事势，噤不得发。""默念平生固未侮食自矜，曲学阿世，似可告慰友朋。"因为不趋时，不傲物，陈寅恪的著述才有卓尔不群的见识，才有长久不衰的生命力。陈寅恪是一位伟大纯正的人文主义者，其人品，表现出高贵的书生风骨，令人有"心向往之而不能至"之慨。

陈寅恪逝世几十年了，昨天似乎已经很遥远。但陈寅恪的人生历史却没有褪色，也不会褪色。作为一个人，陈寅恪杳如轻尘弱似芦草；但他殚精竭虑维护的文化却有顽强的生命力，作为此文化的承载者，他是一座名山。《陈寅恪的最后20年》讲得好：陈寅恪"在这个裂变时代洒下的那一片洋溢着无比暖意的文化情怀，以及他身体力行的痛苦求索，在现代中国文化史上铸造了一个鲜活的文化灵魂"。

原载《南方日报》1996年11月24日

对汉魏鼎革史的新审视

——读朱子彦教授的《汉魏禅代与三国政治》①

相对于中国古代史的其他断代史,三国史研究似乎是一个较为沉寂的领域。这不仅表现在学术力量薄弱、核心作者较少,而且也表现在课题创新不够、学术突破有限。以是之故,近年来该领域有分量、具识见的高水准著作并不多。不过,前不久上海大学文学院历史系朱子彦教授的新著——《汉魏禅代与三国政治》的问世却让人眼前一亮。作者是秦汉魏晋史领域的知名学者,治三国史有年,其《走下圣坛的诸葛亮——三国史新论》(中国人民大学出版社2006年12月版)及《朱子彦论三国谋略》等著作曾以识见超拔而引起学术界瞩目;在最近出版的这部著作中,作者在不少问题上又有新创见。此书内容涵盖三国政治史的多个方面——包括王朝鼎革的形态、地理枢纽与军事集团、历史人物评价、政治集团斗争以及其他政治文化问题,视角独特,研究深入,观点新颖,堪称力作。书中对曹魏代汉及其正统化运作问题所做的研究见解尤为精当,称得上是发前人所罕发,令人耳目一新。兹申论之。

王朝的正僭问题,即国家最高政治权力的合法性问题,向来是居位者甚为关注的问题。在"天命论"根深蒂固的中国古代社会,人们普遍接受"君权神授"的观念。这种观念认为:某家某姓"王天下"并不是民意的结果,而是天意的安排;因此判断一个王朝是正是僭,不能看其政治势力

---

① 朱子彦《汉魏禅代与三国政治》,上海东方出版中心2013年5月版。

的大小或军事武装的强弱,而要看其是否获得了绍续古圣治统的天授资格。在古代文献中,常有"天之历数在尔躬"(《尚书·大禹谟》)、"天命靡常,惟德是亲"(《孟子·离娄上》)、"受命之君,天意之所予也"(董仲舒《春秋繁露·深察名号》)一类的表述,它们都是对王权合法性的宣示;而曾对古代政治历史产生过深刻影响的五德终始说与三统说,也是为了迎合居位者的正统证明需要而炮制出来的理论工具。德国的社会学家马克斯·韦伯(Max Weber)曾说人类历史上存在过传统型、神授型、法理型三种不同的政治权威,中国古代的一切政治权威都可归类为神授型,这种说法并不是没有道理的。在中国古代,政权转移的方式归根结底只有两种——不是武力征诛(如"汤武革命"),便是和平授受(如"尧舜禅让")。但不管政权以何种形式转移,新崛起的政治权威都必须直面这样一个问题——如何向世人证明自己"王天下"是出自上天的安排,通过受汉禅的方式践祚的曹魏政权亦不例外。

朱子彦教授并不是最早研究曹魏代汉问题的学者,但是是研究这个政治事件最有心得的学者。早在70多年前,顾颉刚先生就已在其《汉代学术史略》(后易名为《秦汉的方士和儒生》)中讨论过曹丕受禅的问题,其后又有若干继步者。受前贤启发,笔者也曾于几年前在拙著《新五德理论与两汉政治——"尧后火德"说考论》(中华书局2006年4月版)中讨论过曹魏在受汉禅的过程中利用五德终始说与谶纬来制造理论依据的问题。但是,无论顾颉刚先生、其他学者还是笔者,都只是把曹魏受禅当作汉代政治的"余绪"来看待的,而没有对事件的历史地位及对后世的影响做更深一层的考察。作者与众不同之处,就在于以一位训练有素的历史学家的敏锐眼光,从中国历史发展的总脉络对这一事件做了多角度、多层次、全方位的新审视,从而使事件的深刻性、复杂性与延续性获得了清晰的呈现,事件在古代政治史上的重要意义亦因此彰显。

作者在《汉魏禅代与三国政治》一书的开篇指出,应当把汉魏禅代

"作为一个连续、动态、立体的政治文化工程"（第15页）与"一个涉及政治、思想、礼仪制度等诸多方面的文化工程"（第16页）来解读。其意思就是说，研究这一课题既要注意纵向关系，也要注意横向关系。在纵向研究方面，作者并不像有的学者那样被史籍记载牵着鼻子走，将过多笔墨消耗在对汉魏禅代这出政治剧的繁复表演经过的叙述上，而是跳出具体过程本身，以广远的视角，对事件发展的重要节点做深入的研究考察。在他看来，虽然汉魏禅代的主角是曹丕，但是整个事件却是曹操奠基、曹丕受禅与曹睿完善三个阶段的组合。它们前后照应、相辅相成，三曹在不同阶段的举措，对禅代的发生、发展、完成都发挥了重要作用。许多学者都会注意到曹操为汉魏禅代所做的铺垫——这些铺垫为曹丕后来取献帝而代之夯实了基础，但是很少有学者会注意到曹丕的继任者曹睿在曹魏受禅后为宣示禅代的合法所做的努力。事实上，曹魏葬山阳、改正朔、推三统、定五德、易服色、祖虞舜、更郊礼等活动仪式，在性质上都是受禅的配套举措，而它们均实施于曹睿时期。因此，研究汉魏禅代这一政治事件若仅仅停留在考察曹丕——或者曹操与曹丕——时期的举措，那还谈不上完整的，而只有是像作者那样，把曹操、曹丕、曹睿三个阶段的活动都纳入考察范围，事件的因果关系与整体面貌才会清楚显现出来。在横向关系研究方面，作者从政治、军事、外交、思想、文化、礼仪等不同方面探讨了汉魏禅代与其他历史事件之间的关系，如配祭模式、五德之属、三统理论、郊祀形式、正朔服色等，而它们也是今日的学术界中人所甚少措意的。正是得益于作者这种开阔的历史视野与高明的研究方法，读者才看到了汉魏禅代这一历史事件的丰富内涵以及它与其他历史事件之间的密切关系，从而对当时社会的复杂性获得了更深入更真切的认识。

对曹魏代汉及其正统化运作这个课题的研究，会牵涉许多外围问题。在解析这些外围问题方面，作者也显示了自己的历史眼光与学术功力。例如，东汉末年，刘氏衰微，皇帝已成为权臣、军阀手中的玩偶，觊觎帝位者不乏其人，可是汉室在很长的一段历史时期里危而不倾，董卓、袁术、袁绍、刘表等军阀的僭越行为固然未能得逞，已创立功业的刘备、孙权也不敢有不轨之行，这是什么道理呢？对此作者做出了令人信服的解释，他说，这是"因为两汉国祚绵长（历24帝，绵延426年），儒学传统深植朝野，使得人心归汉得以长期积聚，伦纪纲常化入风俗，无形中形成了一个深厚的戴汉思想基础，令士人群体会在汉室将亡之时奋不顾身，效忠朝廷"（第20页）。"曹、刘、孙等汉末群雄虽是三国时期的主角，但身受羁拘的汉献帝和行将就木的东汉王朝在某种意义上仍是该时代的形象标志。只要东汉皇室继续存在，皇帝的天下共主名分未废止，就必然要对现实政治的运行产生巨大的影响力。汉献帝的背后是两汉四百余年积聚的社会基础和笼络的人心。这种根植于人们思想深处的元素意味着当时社会上存在大量的拥汉力量"（第21页）。在这样的背景下，谁图谋不轨，必会成为众矢之的，难免会冒巨大的政治风险。正是由于这个原因，哪怕是已把献帝牢握在掌心的曹操也不敢造次，而始终只能像翦伯赞先生所说的那样，"把黄袍当作衬衣穿在里面"。《汉魏禅代与三国政治》一书对曹操"挟天子以令诸侯"的利弊所做的分析也相当有见地。一般论者，只是看到曹操把汉献帝控制在许昌所获得的政治优势，而没有看到他这样做给自己造成的掣肘；而作者则眼光独到地看出了"挟天子是把双刃剑，利弊各得其半"（第25页）。其最大的弊端在于：一方面使曹操陷入两线作战的处境——既要与各路诸侯征战于疆场，又要与各种政敌在朝廷中角力；另一方面也使曹魏集团代汉增加了难度，"因为曹操把汉献帝接到身边，就等于向世人宣告，他承认了汉献帝的合法性、正统性。魏武虽为马上天子，但他却不能用汤武革命的方法来革除汉命"（第35页）。看到这里，人们很容易明白，曹魏代汉只可能有一个模式，那就是禅代。《汉魏禅代与三国政治》一书对曹丕"纳汉二女"与魏国"四易其祖"的真正原因，亦有精到分析。作者指出，如果把前者仅仅理解为曹丕"好色耽乐"，那就再肤浅不过了,其实曹丕这么做是对舜受尧禅前娶娥皇、女英的刻意模仿。而曹氏从祖曹参到祖曹叔振铎到祖颛顼再到祖舜,目的是也为了对尧舜禅让做精确比附,以向世人证明魏受汉禅是舜受尧禅的翻版。

对曹丕受汉禅的过程,在《三国志·魏书·文帝纪》裴松之注引《献帝传》有详尽记载,事情从动议提出到付诸实行前后只有一个来月,但是群臣的劝进与曹丕的"揖让"过程却繁复不已。不少论者认为,这是一场政治闹剧,但是作者却认为那不是闹剧,而是曹丕精心策划的政治谋略。目的是通过这连番的劝进与揖让,"一来粉饰曹丕自己并无代汉之心。之所以称帝,是因为献帝的主动禅让和群臣的一致拥戴,曹丕完全是不得已而受之。二来借机察看魏国官员,乃至天下士人的人心所向"(第36页)。历史上的许多事情其实都是如此,"闹剧"的背后往往隐藏着某种真意。

那么,如何认识汉魏禅代的性质及其在古代政治史上的意义呢?作者首先明确了上古的禅让与中古的禅让的区别。他指出,自从《尚书·尧典》记载了尧舜禅让的传说之后,以"尚贤"理论为基础的禅让制就成了中国古代政权转移的可选方式之一,并且在历史上不乏实践者。在汉魏禅代之前,就已经有过燕王哙禅位于其相子之(战国)与王莽受汉禅称帝(新朝)的先例。不过,同是"禅让",上古与中古却有很大不同。上古的禅让"是原始部落及部落联盟时代的原始民主选举制度",后世的禅让"是专制皇权下的易代更祚,其采用的是权臣逼宫、君位让贤的形式"(第3页)。它们之间的区别,至少有三点:"第一,上古禅代,如尧、舜、禹之间的禅让,是在'公天下'的前提下,人与人之间的相禅;中古禅代,是在'家天下'的前提下,王朝与王朝之间的相禅。第二,上古禅让,是以'禅'而让,即天下为公,选贤与能;中古禅代,是以'禅'而代,即假禅让之式,完成此姓与彼姓之间的君臣易位。第三,上古禅让是前者施于后者,前者主动,后者被动,如尧禅位于舜;中古禅代是后者施于前者，后者主动，前者被动，如曹丕逼汉献帝禅位"（第35页注）。因此汉魏禅代并不是古典式的禅让，而是被温情脉脉的"让贤"外衣包裹起来的冷酷逼宫。如清代史学家赵翼《廿二史札记·禅代》所言："至曹魏则既欲移汉之天下，又不肯居篡弑之名，于是假禅让为攘夺。"由于这个缘故，历代史家对此事向来评价不高。但作者却有不同看法，他把汉魏禅代定位为中国古代历史上的一个具有划时代意义的政治事件，理由是汉魏禅代是中古时期禅让制的第一次成功实践，并且该事件对后世产生了深远影响。赵翼曾有言："古来只有禅让、征诛二局。……至曹魏创此一局，而奉为成式者，且十数代，历七八百年"；"自此例一开，而晋、宋、齐、梁、北齐、后周以及陈、隋皆效之。此外尚有司马伦、桓玄之徒，亦援以为例。甚至唐高祖本以征诛起，而亦假代王之禅，朱温更以盗贼起，而亦假哀帝之禅"。（《廿二史札记·禅代》）根据朱子彦教授的统计，继汉魏禅代之后，两晋南北朝至隋唐五代北宋共有十三个王朝是以禅代方式完成易代更祚的。他还提醒我们，禅代政治对近代历史亦曾造成重大影响。由"武昌起义"发端的"辛亥革命"，最终也是仿效汉魏故事、以禅代方式结束清朝统治的（1912年2月12日隆裕太后接受清皇室优待条件，代宣统皇帝颁布《清帝逊位诏书》）。基于以上史实，作者得出结论：可将以汉魏禅代为分界岭的中古禅代视为"中国封建王朝鼎革的主流形态"（第15页）。

作者不仅指出了汉魏禅代在历史上的重要性，而且对它给予了正面肯定。他认为该事件是"一次了不起的创举"（第3页）。为什么这么说？因为它以和平方式实现了政权在异姓之间的转移，避免了宫廷政变的刀光剑影，也避免了战场征诛的尸横血漂。作者说："虽然旧史家将汉魏禅代视为曹丕篡位而不屑，但曹魏代汉却符合中国古代的仁政精神和礼治原则。"（第71页）问题讨论到这里，实际上已涉及一个政治价值判断问题，即王朝更迭究竟以温和的禅代方式进行好，还是以暴力的革命方式进行好？过去由于受主流意识形态的影响，史学界普遍认为只有农民的革命战争才是推动历史发展的根本动力。作者则怀着探求学术真理的精神与勇气，对这一传统观点提出了质疑。他认为，较诸暴力革命，和平禅代对历史发展更具合理性，因为它的社会成本更低，"它将杀戮与流血降到最低程度，仅仅以前朝帝王一姓一族的权力终结，来换取政权的平稳交接"（第4页）。应该说，从社会生产力发展与传统文化保存的角度来看，道理的确如此。

在研究上述课题的过程中，作者还发现了九锡制度与禅代政治的密切关系。回顾中古历史，他注意到每个时期权臣受禅易代，都是按照"晋爵建国→封王封公→受九锡礼→更祚登基"的路线图来进行的，这说明九锡制度与禅代政治如影随形。九锡制度滥觞于西周、成型于两汉而延续至北宋，在历史上曾被袭用了一千多年的时间。可是史家对其向来甚少措意，以至于有不少人对它认识模糊，有人甚至把"九锡"混同于"九命"。作者敏感地注意到了九锡制度在禅代政治中的作用，认为它"是解读魏晋南北朝隋唐时期皇权更迭的一把钥匙，具有十分重要的意义"（第74页），于是在书中设专节考察了九锡制度的内容、缘起、嬗变、功能以及它与禅代政治的关系，剖析了它在中古皇权政治运作中的作用。他一针见血地指出："九锡礼是一种君主专制制度下权臣逾越人臣名份，向准君主迈进的一种非常手段，因为它从礼仪的角度把人臣与君主放在一个大致相同的位置上。九锡礼的授予是新旧王朝即将鼎革的昭示，是易代更祚的宣言书。"（第82页）从而揭橥了禅代政治的又一基本特征。

当然，作者的研究也不是没有可商榷之处。就笔者的关注点而言，其书把刘备称帝视为"内禅"，就与历史事实不符。作者笔下的这种"另类受禅"，其实是不存在的，因为它不符合禅让制的基本要素。在刘备践祚的过程中，并没有哪位"禅君"曾把帝位"相赠"给他，而他也没有举行过任何的"受禅"的仪式。事实上，身为汉景帝之子中山靖王刘胜之后，并自称"皇叔"的刘备完全是以汉朝皇位的继承人自居的，"兴复汉室"一向都是他用以号召士民的口号。《汉魏禅代与三国政治》的不足之处，还表现在有些地方文字较为粗糙，甚至有表述重复的情况，这大概与该书是由单篇论文改写而成的有关。

正如本文开头说到的，《汉魏禅代与三国政治》一书的内容甚为丰富，除了本文讨论的问题外，作者对三国政治史别的问题的研究——例如诸葛亮研究、司马昭研究、东吴研究、党争研究、军事集团研究等等——也有不少新见。笔者觉得，作者这些方面的学术贡献应当由更有资质的论者来阐发，故在此就不赘言了。

原载朱子彦《史海一粟》，文汇出版社 2018 年 8 月版

平淡出新奇

——评王敬羲的短篇小说

在港台早有令名的作家王敬羲（齐以正）最近才首次在内地出版了他的短篇小说集——《囚犯和苍蝇》（花城出版社 1997 年 10 月版），可谓姗姗来迟。王氏当年在香港办过《纯文学》杂志，这本小说集也是地地道道的纯文学作品。

不过，他的小说集可能来得不是很适时，因为内地文学界最近像是转换了口味，对那些写生活琐事或一己悲欢的作品有些不耐烦。如果单以取材衡量，多写市侩、世俗、平凡、琐碎之事的王氏作品的确谈不上什么"模样"，更遑论"气势磅礴""波澜壮阔"。但是，选材从来就不是评判文学作品水平高下的基准。众所周知，明清时代的"市民文学"（如"三言两拍"之类）的价值，就是许多椽笔演义所不能比肩的。因此，问题并不在于写什么，而在于怎么写。

有一种很极端的理论："学者需要好屁股，文人需要好脑袋。"此话的意思大概是，搞研究需要耐性，搞创作则需要灵性。吃学术饭固然不易，但平常之人，肯下功夫，"板凳坐得十年冷"，也许就能卓然成家；而写小说搞创作，就非有才情不可了。王敬羲敢去"玩"文学，而且居然"玩"出了名（内地出版的《港台名家散文集》收有他的作品，可为一证），倘不具别人别趣的眼光，焉可若斯？

王敬羲作品的价值，需要用心去体会。

经过一番反刍后，笔者发现王敬羲有不少作品是象征性的。他常常赋予其情节简单甚至零碎的作品以抽象、深刻的寓意。这一点，在开篇之作《囚犯与苍蝇》及紧接其后的《鹰劫》中体现得最为充分。结构精致的《囚犯与苍蝇》，故事线索却相当简单：一个在大牢里蹲了七年的囚犯把一只偶然抓到的苍蝇装在火柴盒里消遣日子，不久苍蝇死了，囚犯也死了。这篇作品，值得注意之处不在于用洗尽铅华的文字从容细腻地描写了牢房里的生存状态，而在于提供了一系列由可恶的生物苍蝇及人类中"万劫不复的凶手"囚犯引生出来的深具寓意的比照：火柴盒是缩小了的"牢狱"，牢狱是放大了的"火柴盒"；苍蝇是缩微化的"囚犯"，囚犯则是放大化的"苍蝇"；被撕去翅膀的苍蝇在火柴盒里的无望挣扎，暗示囚犯难有获释的天日，即使有，自由也会变得很苍白；蝇死在盒，囚卒于牢，则是恶者同构的结局。《鹰劫》写张一雄乘坐那种没篷顶的林场小火车入阿里山，听说"山上有大鹰"，初未在意，不料这只不可思议的大鹰果真出现，且把同车的一位聋哑女子怀里的婴儿叼走了。这个故事暗示了人类常常遇到某种逃避不了却又无可奈何的"劫数"。硕巨凶狠的"大鹰"无疑是厄运的象征。

王敬羲的另一篇小说《深山惊变》（屠豪志台湾历险系列之四），也是具有象征意义的作品，但情节安排有些生硬，立意也嫌浅露。小说写道，在一支入山的标本采集队里，长相文秀的青年男子吕文逸与孔武有力的壮汉屠豪志同寝一帐。吕文逸生性懦弱，对时常嘲弄、奚落和欺负他的屠豪志又憎又怕。二人都爱上了同队的姑娘余玉鸣。在取悦姑娘方面，屠豪志比吕文逸有着更多的优越感，处在劣势地位的吕不无自卑。可出人意料的是，余玉鸣没有爱屠豪志，反而做出了下山与表面上关系疏远的吕文逸结婚的决定。小说通过情场上的这一番几乎没有角逐情节的"角逐"，阐释了一种强弱互化的关系。作者想告诉人们的是："四两拨千斤"，柔能克刚，进攻未必就是退缩的对手，懦弱可以战胜粗鲁，有时"强者"是弱者而"弱者"是强者。如果以角逐结果来评判，这篇小说中的两位对立者孰强孰弱，不言而喻。

王敬羲并不以架构故事见长，却善于用绵密细腻的文字和各式各样的手法——如铺陈、渲染、暗示、隐喻、烘托、穿插等——状物写景，而景物的描绘又往往与事件的发展和人物的心态紧密照应，于是故事情节零碎简单的缺陷获得了弥补，而情景交融的良好效果则得以产生。以《鹰劫》为例，小说写小火车渐到山顶，叙述者张一雄见到了这样的景象：

> 鸟鸣声不知何时开始稀少，终于连一声也听不见。偶尔有一声飘上来，却又是这样轻微，使人感到它似来自另一个世界。
>
> 风也寂止，树木都静静的耸立着，枝条动也不动，像是树木都在酣睡。

静，本来是一种很让人赏心悦目的自然状态。但作者笔下的这种突如其来的"静"，却静得很不正常，它预示着可能要发生什么，使人不得不紧张起来。小说在插入了一番人物的动态后，接着这么写道：

> 火车再往上爬，山势更险恶了。不久便见一大片火烧林在他们身前展开。全是烧黑了的死树，但都苍健老硬，或高耸而逆枝，或曲折而俯仰，无边无际，从山坡到山谷，再蔓延到另一片山坡……黝黑的树，衬着蔚蓝的天，形成极悲壮的画面。

作者对这种不祥之象的渲染，层层推进，预示了一场厄运即将来临。果然，那只可怕的大鹰出现了，其雄猛的气势甚至超过一架行将下降的直升机：

> 一抬头，他吓得浑身发软。
>
> 他看见那只鹰了！那只很大、很大的鹰。……他只瞥见它巨大的翅翼。它无视一切的飞着，威武、骄傲、一个君王似的。……那鹰两

只翅膀伸得平平的，他甚至可以看清它翅上的翎毛，它扇动翅膀的时候，一阵疾风拍打他的脸。

他狂叫起来，喊声中充满了绝望与愤怒。大鹰在他的狂喊声中悠然的向上飞，逐渐飞高，消失在崖岩之上。

结果当然是悲惨的：

他急急地跳到那节车厢上：那妇人跪着，双手前伸，满脸是血，翻着死鱼眼珠一般的眼珠，胸前的花布衫撕裂了一大块。

她怀中的婴儿不见了。

《荔枝角海湾，泛舟》写杜玉婷对方人杰的一段话，也体现了作者对人物心理刻画的细腻和把握的准确：

你心很好，你不是坏人。可是，你的心，我永远抓不到。我们离得太远，倒是你在日本，我们还离得近。你的心，你的心在哪里呢？我可以去找它。多远我都可以去。我不怕累。我一直能够吃苦。但是你却不肯告诉我……我傻我自己知道。我永远不会挂在天上，我要是有光亮，也不过是长在浮筒上的小贝壳。谁会重视小贝壳？世界上这么多！

无需作者解释，读完这段话，谁都会体会到杜玉婷对方人杰情感复杂万端——有爱，有怨，有恨，有痛苦，有无奈，有遗憾……对话极素淡，写得却见功夫，是高手的笔墨。

作为附录收入本书的叶维廉的文章《弦里弦外》，拿王敬羲的小说与他的唐朝本家王维的诗做了有意思的对比，认为王氏小说的长处，有如王维的一些诗句，往往于平淡里出新奇，在平常中透出电光石火般的顿悟。我们以此观点衡量王敬羲的作品，大体不差。

《康同的归来》，不如叫《康同的死去》更为恰切，因为小说表现了"视死如归"的倒错——"视归如死"。在小说中，作者描写了一位从美国归来的知识分子的茫然无奈心态。情节是这样的：康同在美国求学，以打工维持学业，本可读完硕士、博士，因母亲病危，他寄去了所有的钱，于是失学返台。失意中他认识了二等舞厅里的一位舞女，他需要满足欲望，那女孩却需要爱情。由不同的需要引发出来的心理冲突使他断然送走女孩，而这时他的欲望忽然像风刮油灯一般熄灭了。他觉得潦倒无望的自己实际上已"死"。小说对主人翁的这种"死亡"知觉做了反复的渲染：

> 他的欲望已熄灭，只有疲倦。……接到杨大嫂的电报立刻回来，至少他可以救回自己的生命。而现在一切都嫌太迟，他已经死去太久。他已随母亲死去，在手术台上。他知道自己已经死去，但今夜他才真正认识自己的死亡。他已丧失了一切：同情与爱，生命中一切美好的。……没有欲望，他尸骨已寒。……他已回来，但他回来太迟，他已死去。……在自己的死亡中他现在恨她，……但他知道她活着而他已死而他恨他。……一刹间他的房间中挤满了那些纸剪的幽灵般的影子，他的床单很白，而世界上有很多种死亡。

康同这种对"死"的特别感觉，浅层起因于对"有年青温暖身体"的她的占有欲的忽然消失，深层是由于美国求学梦的中途破碎，更深层的则归根于人生的失望消极和精神的无所归依。在此处，王敬羲的发掘是深刻的。多年前，笔者曾写过"四堵寒墙拴寂寞，一轮明月照孤单"这样的旧体诗句。王敬羲这篇小说所表现的意境，似乎与这两句诗不无暗合。

王敬羲小说的基本调子是灰色的。他很少表现欢快的场面，倒是悲观的情调在他的作品中到处散发。王敬羲对"死"这个永恒主题的观照，远多于对另一个永恒主题——"爱"的观照。上文提到的《康同的归来》是一个典型，《囚犯与苍蝇》也是一个典型。此外，还有《鹰劫》写女人怀中的婴儿被鹰叼走；《春天风景》写孔廷文由春雷的轰鸣而产生恐惧感，恍惚中似闻临盆难产的妻子发出"救我"的呼喊；《海滩上》写女子秀仪在海上漫无目的地向浩瀚的深海——实际上就是死亡——游去；《不速之客》提及朱文琴初恋的爱人在大陆被打成"右派"，凄凉而死，"连尸骨也都荡然无存"；《荒村之夜》写一个不知来历的人向乡村车站售票员诉说女儿之死；《大光旅店的投宿者》描写那种悲悲戚戚的调子——"好像是死亡之舞的音乐"，等等，无不强化着王敬羲小说的沉郁倾向。这到处弥漫着的死亡意绪，如果不是作者心底深处悲观情结的折射，便是作者认同悲剧文学观的证明。钱锺书先生在《诗可以怨》的演讲中曾反复强调：对忧患、悲苦、愁愤的审美肯定是中外文学史上的通例。中国人说"愁苦则其情沉著，沉着则舒籁发声，动与天会"（张煌语），外国人则说"最美丽的就是最绝望的，有些不朽的篇章是纯粹的眼泪"（缪塞语）。王敬羲的作品，大概也可成为这一理论的佐证吧。

最后值得一提的是，王敬羲的作品常有细腻、奇诡、机巧、突兀，出人意料却又相当准确的想象。像下文中所摘引的句子，在他的作品中俯拾皆是：

都市的华厦从黑暗中冉冉上升，庞大得好像远古的恐龙，俯视他，而他要去睡了。（《大光旅店的投宿者》）

小梅属于昨夜，小凤仙属于明晨。长长的走道，黑黝黝的死巷子是走不尽的今天。（《大光旅店的投宿者》）

他的希望他的理想就像地下室屋顶角偶断了的蛛丝，夕阳照进来才看到他闪着微光随着空气中的尘埃飘啊飘的。（《康同的归来》）

窗外是阳光的世界，夏天的阳光固执、严厉得像私塾的老先生。蓝天又干又亮，好像才油漆过。（《昨夜》，未收入本书）

如果将他比成一块石头，那就是湿淋淋、滑腻腻、生满青苔的石

头；这种石头是敲不出火星的。(《旧地重游》，未收入本书)

  王敬羲的作品大多撰写于 20 世纪五六十年代（部分于 20 世纪 90 年代做了改写）。后来由于种种原因，他淡出文坛，进了香港中文大学，又转行进了传媒界，办起杂志来。他与金庸、白先勇、高阳、张爱玲、柏杨等一大批作家都有过从。余生也晚，当王敬羲以一杆妙笔纵横文坛时，笔者尚在襁褓之中；而王敬羲摆出一副"刀枪入库，马归南山"的姿态蛰居北美后，笔者却偶然地成了他的忘年交。听说王先生当年以才情自负，颇不把一般人放入法眼，"谈笑有鸿儒，往来无白丁"。他是大文豪梁实秋的高足，又在美国爱荷华大学拿过洋学位，有些"傲气"，也怪不得他。进入老境后，他显然少了几分少年的矜伐倨傲，多了几分长者的风度涵养。但是，谈及文学，他还是常常故态复萌。有很多次他相当认真地对笔者说："我搞的是'纯文学'而不是'流行文学'，我的小说可不是下里巴人的东西！""作品高下要讲天分。但不管如何，我是在如实抒发内心的感受呵。"我亲眼看见他很不客气地对一位年轻的文学编辑说："你们怎么能够把××的作品冠以'奇情'二字呢？怎么能够呢？这是对他作品的亵渎呀！××在天之灵，一定很难过！"那副忿忿然的样子，着实让人好笑。也许这个时候的他，才是真正的王敬羲，一个在心底里对文学依然怀有至真至爱的人。

    写于 1997 年 10 月 25 日。原载《南方日报》1998 年 2 月 15 日。

莫仲予《留花庵诗稿》[①] 读后

时下旧诗式微，染指旧诗写作的"墨客骚人"却比比皆是，惜乎作品多凑泊成篇，不能入格。在这样的背景下，有水准的作品面世，便显得格外高耸突兀、峭拔不凡，有如孤峰拔地。《留花庵诗稿》便是这样的作品。

钱锺书先生曾说过："大抵学问也者，乃荒江野屋二三素心人商量培养之事，朝市之显学，必成俗学。"其实不单学问，赋咏吟哦，也是"荒江野屋二三素心人商量培养之事"。长期蛰居岭表、专心修持、泊然自如、不求名利的《留花庵诗稿》的作者莫仲老，便是这样的"素心人"。他在《留花庵诗稿》卷末附言中说：作者向"无取悦于时、垂名后世之念"，吟诗赋句，"自适而已"。这是夫子自道。因为无名利心，所以他能潜心学问，出入经史，至情发而为辞章，写出高雅绝俗的诗作来。

虽然莫仲老名重士林，后学却无缘识荆。不过数年前，承沚斋（永正）教授见示，后学曾在《岭南五家诗词钞》（莫仲老是五家之一）中拜读过莫仲老的大作，当时即疑为天籁，惊叹不已。《岭南五家诗词钞》刊行已十有余年，当时流传不广，且收莫诗不过百题，只能约略展示莫仲老诗的风神秀骨。而今天出版的《留花庵诗稿》，所收莫诗的数量，已超出《岭南五家诗词钞》所收的三倍。这部诗集的问世，可谓给读者品赏莫诗神韵提供了一个无论是内容还是形式俱堪称上乘的本子。莫仲老之诗，境界宏阔，格调超迈，是当今不可多得的逸品。它们或感时赋事，或托物寄情，或怀古论史，或引吭长歌，俱直抒胸臆，不同凡响。其中一些佳句，

[①] 莫仲予《留花庵诗稿》，香港创慧文化2002年出版。

炼字精严，意境深邃，给人的印象很深，说得上是意韵直逼唐宋，气度不让古人。如《岁晚四首》中的"梦冷寒侵席，窗虚月照琴"，《荐福寺》中的"芦荻花开秋欲尽，苍茫斜照读残碑"，《岁暮园坐三首》中的"槛外疏花斜正好，一冬残渴寄春冰"，《泊城楼》中的"灯色灿南楼，又乱寒山月"，《癸亥初秋偕门人游惠州西湖憩六如亭访朝云墓》中的"梅边小雨凋亭草，柳外残碑咽暮楸"，等等，端的是大家手笔，妙不可言！如果不是题材偶尔透出一些消息，你无论如何也不会想象得到，这等好诗乃是出自时贤手笔。康南海戏评自己在书法方面是"眼下有神，手中有鬼"，而我们觉得莫仲老在诗法方面（当然也包括书法）是"眼下有神，手中亦有神"。不懂诗而又想学诗的人，最好多诵读莫仲老的诗，潜心揣摩，必有进境。

论到诗的渊源，我想用"出唐入宋"四个字来评论莫仲老的诗应不会离得太远。以前有人评论明代的诗人黄哲，说他的诗是"唐骨宋面"，在下觉得莫仲老的诗也有这种味道。沚斋先生说，莫仲老早年学盛唐，后学宋人梅尧臣、陈师道、陈与义。唐诗格律精严，梅尧臣走的是疏淡一路，陈师道属于深受老杜影响的"江西诗派"，陈与义诗风先苍凉而后雄阔，莫仲老把他们的诗风熔于一炉，形成了自己高古苍郁、雄浑遒劲而又深沉淡远的诗风。当然，除师法唐宋外，清诗，尤其是陈散原、陈石遗、沈曾植为代表的学者色彩浓厚的"同光体"诗，对莫仲老的影响，似乎也是显而易见的。

岭南一向给人"文教消磨"的印象，似乎总不是化毓人文之地，其实不然。在下新近因参与《全粤诗》的辑纂，对岭南诗史略有了解。如果说被尊为"诗宗"的唐代张九龄、宋代余靖因年代久远可暂且不论的话，至少自明以来，岭南便称得上是大家迭出、群星灿烂了——明初有南园五子（孙蕡、王佐、赵介、李德、黄哲），明中有邱濬、陈献章、黄佐，还有同出黄佐之门的南园后五子（欧大任、梁有誉、黎民表、吴旦、李时行），明季有人称"粤中李白"的黎遂球、人称"粤中杜甫"的陈邦彦、人称"粤中屈原"的邝露，以及以他们为首的"南园十二子"，明末清初有屈大均、陈恭尹、梁佩兰三大家，清代有程可则，还有方殿元、冯敏昌、黎简、宋湘、张维屏，维新后有黄遵宪、康有为、梁启超，民国有近代岭南四家……这些诗家，俱高蹈不凡。明万历时浙人胡应麟已经指出了"岭南诗派"的崛起，近数百年来，该诗派即使不能说雄霸海内，庶几不让岭北。即便在目下旧诗风光不再的背景下，岭南仍有若干爱诗好诗有诗心诗情的人士在努力承先贤之余绪，挽变世之颓风，在旧诗创作方面孜孜以求，莫仲老以及上文提到的岭南当代名家（番禺张建白、中山刘逸生、惠阳徐续、茂名陈永正），便是他们当中的翘楚。《留花庵诗稿》的问世，是当代"岭南诗派"的一个标志性成果。

原载《岭南文史》2002年第2期

杨刚之"梦"

——评《沸腾的梦》[①]

"杨刚"——看到这个阳刚的名字,你可不要被迷惑了,她是一位女子!

可是这位女子也真配得上这个名字,她性格刚烈,虽是女子,却全无脂粉气,亦从不做袅娜态。她是一位狂热的理想主义者,胸腔里时常燃烧着一股可外化为斗志的热情。这位女子集革命家、文学家、翻译家、新闻家与活动家于一身,在20世纪20至50年代曾在文坛、政界活跃一时。

读杨刚的散文,你首先要做好心灵受撞击的准备。你休想心平气和地欣赏她的作品,因为她压根儿就不是那种心平气和的人。她的散文《沸腾的梦》就像她本人一样,也是豪情万丈的。这篇作品不适合坐着读,哪怕你先是坐着读的,读着读着,也会不由自主地站起来,并且下意识地握紧拳头。因为她写的是"梦",所以我们看到的都是"梦者的呓语"。作者写她听到了"婴儿的哭声",这种"哭声"表达着一种原始、坚定、执着的诉求,寻着它,她进入一个如诗似画、其美无比的梦境。"它使我一面听一面不自主的随着跑,它使我舌尖雀跃,喉衣颤动,脚下自作主张的踏跳。我欢喜,我流泪,我癫狂,我爱,我恨。我的心血泛滥,如猛涨起来的夜潮。"她认为这个梦境是宇宙的精华凝聚而成,是人为的力量禁止不了的,因此,以一颗"红如玛瑙,热如火焰,光明如疾电的心"尽情讴

[①] 杨刚《沸腾的梦》,上海美商好华图书公司1939年版。

歌。她的话看似语无伦次，甚至有些歇斯底里，实际上却显示着清晰的理路，那就是本真的生命对完美的追求，那就是觉醒的民族对理想的憧憬。阅读这篇散文，你很难不为作品的强烈气势所感染，唯有跟着作者在"沸腾的梦"中去癫狂，去躁动，去欢叫，去"沸腾"；阅读这篇散文，你也很难做到不对作者灵动的笔触、奇诡的想象与鲜活的语言而惊艳。胡乔木说，《沸腾的梦》"是中国人爱国心的炽烈而雄奇的创造"。散文的语言，是诗的语言，充满了象征主义的意味，虽写于20世纪30年代，却有浓厚的当代色彩。

由于为自己的"梦"所感动，杨刚与她的战友们一起，把梦境变成了现实；可是后来现实似乎又和"梦"发生了冲突，她无法消解心头的矛盾，便匆匆离开了这个世界，而且不告而辞。

原载中山大学中文系《在水一方》2012年5月

杨刚（1905.1.30—1957.10.7）女，原名杨季徽，又名杨缤，笔名杨刚。祖籍湖北沔阳，生于江西萍乡。曾任《大众知识》编辑、香港《大公报》副刊《文艺》主编、天津《进步日报》副总编辑等职，新中国成立后曾任外交部政策研究委员会主任秘书、周恩来总理办公室主任秘书、中共中央宣传部国际宣传处处长、《人民日报》副总编辑。1957年10月7日自杀身亡。有散文集《沸腾的梦》《东南行》，历史小说《公孙鞅》，中篇小说集《桓秀外传》，长诗集《我站在地球中央》，通讯集《美国札记》以及《杨刚文集》。

功在桑梓　泽惠学林

——评《东莞历代著作丛书》（第一辑）[①]

经过莞城各有关方面的共同努力，《东莞历代著作丛书》第一辑 14 种终于出版了！此辑丛书的面世，令岭南文史学术界耳目一新。列入丛书出版计划的著作总数有 32 种之多，虽尚未能说已囊括莞人著述之大部，但作为一套地方文献总汇，已足称大观。整理、出版这套丛书，是一项功在桑梓、泽惠学林的工作，对保存乡邦文献、展示东莞的传统积淀、弘扬岭南文化，具有重要的意义。本人拟谈几点拙见。

一、向主编杨宝霖先生致敬

这套丛书能高质量地编纂完成，并以如此精致的形式出版，主编杨宝霖先生功不可没。本人久闻杨先生的令名，也读过他的学术作品，但迟至今日才有机会与老先生谋面。杨先生在中学执教有年，并曾在高校从事过教学研究工作，是一位深有功力的学者。他在农史研究，木鱼书、木鱼歌研究与古典诗词研究等方面，都有不俗的成绩；在乡邦文献的整理与地方历史文化的研究方面，建树尤其卓著。在过去几十年中，他在调查、发掘、抢救、整理、研究乡邦文献方面不遗余力，做了许多笃实的工作。在很早以前，他就已经开始整理莞人的著述，如《张家玉

[①] 杨宝霖主编《东莞历代著作丛书》（第一辑），上海古籍出版社 2011 年 7 月版。

集》之类，又曾参与编纂《虎门历代诗选》，并于 21 世纪初将成果汇成"莞水丛书"10 种出版。他的工作成果，给岭南文史学术界留下了深刻印象。他对海内孤本 30 卷本《琴轩集》的追寻，前后长达 30 多年之久，事迹相当感人。我感觉到，杨先生身上有两点可贵的品质。一是以弘扬地方文化为己任，具有强烈的社会责任感与历史使命感。东莞素称人文沃壤，在长达一千六七百年的发展过程中，先贤曾撰著过众多文化学术作品；但由于历史的洗礼、社会的变迁，流传至今者不到十一。对这些幸存的作品，若不及时发掘、抢救、整理、刊布，它们最终也难免遭遇湮灭无闻的命运。为了避免将来出现"索枯鱼于肆"的尴尬局面，杨先生自觉承担起了主编《东莞历代著作丛书》这项艰巨而富有意义的工作，为保存地方文化做出了可贵的贡献。二是治学态度严谨认真，一丝不苟。杨先生选编这套丛书，是在对整个东莞的"家底"做了全面摸查的基础上进行的，并非随意而为之；而对作品的整理固然是一项集体劳动，但收入丛书的每一部著作都经过了杨先生本人的反复把关。因此，现在我们看到的这辑丛书很合乎学术规范，无论是外在质量还是内在质量都堪称上乘，非社会上的那些"野狐禅"式出版物所可比拟。在一个学术环境并不是很优越的地方，能做到这一点，那是不简单的。杨宝霖先生的行动，反映了他对家乡的热爱、对东莞文化的热爱。如今杨先生已成为东莞的一张"文化名片"、一个"文化符号"，被人誉为地方的"文史泰斗"。在我看来，并非浪得虚名。

二、《东莞历代著作丛书》的价值

据有关材料，莞人流传至今的著述约有 200 种左右。入选丛书的 32 种著作，是其中的一部分精华。它们不是像宋代赵必𤩪的《覆瓿集》、明代陈琏的《琴轩集》这样的大家手笔，便是像明代王希文的《石屏遗集》、明代王猷的《壮其遗集》、清代钟菁华的《亦隐斋漫存》那样的稀见之作。这些著作闪烁着的人文精神的光芒，是岭南文化的瑰宝，对古近代历史研究与地方文化研究，各有不同价值。其中特别引起我注意的，是陈琏的《琴轩集》。陈琏字廷器，是明洪武二十年（1387）举人，以有治才，在永乐初年受到朝廷的重用，曾任许州、滁州知州，扬州知府，四川按察使，南京通政使，最后官至南京礼部侍郎。陈琏无论文誉、政声，都是当时的第一流人物。他在滁州时，滁人曾侑之于醉翁亭，与欧阳修、王禹偁并称"三贤"。史载他"德行淳懿，文词典重，人爱之若拱璧。……搢绅士大夫求碑、铭、序、记、诗、赋诸作，足相蹑于门，应之如响，故著作最多"（黄佐《广东人物传》卷十二）。《广州府志》《东莞县志》以及黄佐的《广东人物传》、何乔远的《名山藏·臣林记》、徐竑的《明名臣琬琰录》、罗亨信的《觉非集》、屈大均的《广东新语》、张其淦的《东莞诗录》、罗学鹏的《广东文献》、阮元的《广东通志》、郭棐的《粤大记》、潘楳元的《广州乡贤传》、温汝能的《粤东诗海》、吴道镕的《广东文征作者考》、何藻翔的《岭南诗存》、梁九图与吴炳南的《岭表诗传》均有传，陈伯陶对他尤为推重。由于陈琏勤于著述，又长期在外任官，故其《琴轩集》对明朝初年的社会状况有不少翔实具体的记载，书中的一些文字可补正史之不足；又由于陈琏为东莞乡贤，故其集子有不少内容关乎梓里，保存了不少当时及以前的地方史料。《琴轩集》原先只有民国的"聚德堂"本传世，这是一个篇幅只有10卷的本子，内容并不完整；收入丛书的不是这个本子，而是杨宝霖先生寻获的清"万卷堂"本。后者是香港学海书楼的旧藏，现藏香港大都会图书馆，共有30卷，内容远比"聚德堂"本丰富。不仅如此，书后还增补了杨先生从各种途径搜集的王氏逸诗69首、逸文54篇，内容至为完备。收入丛书的明嘉靖解元与进士王希文的《石屏遗集》，是海内孤本，同样珍贵。此书兼具历史价值与艺文价值，里面有不少文字关乎当时的朝政，如边防、市舶、商税、武器等；对当时作者的家乡东莞的情况，亦多有记述。但此书不见于载籍，只有一个家抄本流传在族内，如果不是杨先生把它发掘出来，获睹者固然甚罕，将来会不会失传，还是一个问题。情况与此相似的，还有王希文的族侄孙、万历进士王猷的《壮其遗集》。这些珍稀著作的刊布，不仅保存了地方文献，也为学术界从事相关的研究工作提供了很大的便利。例如王希文的诗作，在《石屏遗集》刊布之前，我们所知的只有5首，这就是选录在《东莞诗录》卷十二的3首，收录在《禺峡山志》卷三中的1首，收录在《岭海名胜记》卷四中的1首；而载在《石屏遗集》卷上的王希文诗作，却有70余首之多！我们中山大学中国古文献研究所编纂全国高校古籍整理研究工作委员会重点项目——《全粤诗》，在收录王希文的诗作时，曾充分利用了《石屏遗集》的材料。如果不是这部著作已经刊布，《全粤诗》之"全"就会打折扣。由此可见，《东莞历代著作丛书》的出版，对抢救、保存乡邦文献起到了积极的作用，为今人了解、研究古近代东莞的历史文化提供了宝贵的材料。

三、《东莞历代著作丛书》出版的启示

就本人之识见所及，像《东莞历代著作丛书》这样成规模地出版地方文献，在广东省尚属首例，在全国恐怕也不多见。这体现了莞城各有关方面对地方历史文化的高度重视，以及在文化建设问题上的远见卓识。现在，我们看到许多地方在讨论建设目标与发展规划时，常常把"文化"二字挂在嘴边；但是这些地方的人士所理解的"文化"，往往是一种表层的东西。为了凸显"文化"，他们热衷于搞所谓的"样板工程""面子工程"，而结果却是这些"靓丽"的工程搞得越多，就越显得当地没有"文化"。其实精神文化才是最深层次的文化，与其把众多的人力、财力投放到那些华而不实的花架子"工程"上，还不如像莞城一样，把心思投放到

对地方文献的发掘与整理上,在真正意义的文化建设上做一些实实在在的事情。广东许多地方并不是没有文化资源,在人文成果的积累上,不少市、区都可与东莞比肩;广东许多地方也不是没有开发这些资源所需的人才、资金,在珠江三角洲地区,像东莞一般发达的市区比比皆是。广东许多地方所缺乏的,是对这些文化资源开发的重视。因此,我觉得各地都应该好好向东莞学习,摈除急功近利的心态,在对本地的历史文化资源的开发上下一些切切实实的功夫。广东至今仍被外乡人讥为"文化沙漠",这是为什么?还不是因为我们在人文方面拿不出有说服力的东西么!什么是"沙漠"?沙漠是一种干旱荒芜、罕有生命的地貌。拿这种地貌来比拟广东的文化生态,其实很不符合实际,广东不是这样的地方。中山大学的黄天骥教授曾说,广东就算是"沙漠",这"沙漠"下面也蕴藏着巨量的"石油"。事实的确如此。今年年初,中山大学中国语言文学系、中国古文献研究所与广东省文学艺术界联合会曾共同举办了一个"岭南诗派"学术研讨会,从对历史的回顾中我们了解到,"岭南诗派"在元末明初就已崛起,它前后相继、曾在诗坛引领风骚数百年之久,是一个可与江左、中原相抗衡的具有地域意义的诗歌流派。"岭南诗派"在当时就已获得岭内外评家的承认,影响要比后来的"岭南画派"大得多,存在时间也长得多,可是现在知道这一点的人少之又少,这是为什么呢?我们在从事岭南佛教文献的整理与岭南佛教史的研究中还发现,在明末清初,中国佛教的重心实际上已转移到了南方,尤其是岭南与江南,与此同时的北方佛教几乎没有影响;但是今天,即使在学术界,能清楚地了解这一格局的人也不是很多,这又是为什么?是因为我们对这些历史事实研究得不深、宣传得不够。

四、对莞城有关方面的几点建议

东莞在对地方文献的发掘、整理方面,无疑已走在了全省前头。但是文化建设是没有止境的，为了使东莞的事业更上一层，兹对莞城有关方面提几点建议。由于本人对东莞的情况了解不多，所提出的意见未必中肯，仅供参考。

（一）以《东莞历代著作丛书》第一辑的出版为契机，把莞人著述一辑辑地出下去。从目前所看到的目录来看，列入丛书出版计划的著作与东莞实际拥有的资源还有较大差距，一些重要的莞人诗文别集——如《张家玉集》《张家珍集》《张其淦诗集》等——未见列在丛书出版计划中，而它们从前是被收入《莞水丛书》的。杨宝霖先生编集的《邓元霄诗文集》也未见列入丛书出版计划，未知何因？邓云霄是明万历进士，在清道光版《广东通志》卷二八二有传。他一生著作甚多，曾行于世者，有《百花洲》《浮湘》《越鸟吟》《燃桂》《漱玉斋》《竹浪斋》《紫烟楼》《镜园》《解弢》《秋兴》等集，我们在编纂《全粤诗》时，就曾收录了他的《百花洲集》二卷（有《四库全书存目丛书》集部第178册影印的北京大学藏明万历三十五年（1607）陈元素等的刻本），《解弢集》一卷（有《四库全书存目丛书》集部第178册影印的国家图书馆藏明刻本），《京华元夕诗》（有国家图书馆藏明万历三十六年卫拱宸刻本），以及《燃桂稿》二卷、《越鸟吟》一卷、《秋兴集》一卷（均为北京大学所藏的万历刻本）。这类具有文化学术价值的重要莞人著述理应都收入丛书，这样才能全面、完整地展示东莞的人文沉积。

（二）《东莞历代著作丛书》第一辑的编纂工作能顺利进行，在很大程度上倚赖了杨宝霖先生个人的努力。杨先生当然是一位出色的学者，其治学态度谨严毋庸置疑，但是像《东莞历代著作丛书》这么大的文化工程，希冀倚靠一个人来完成，那是不现实的。更何况他老人家如今已75高龄，精力眼见日衰。也正因为如此，杨先生曾呼吁东莞尽快培养古籍整理人才。杨先生的愿望是良好的，但是古籍整理人才不是那么容易培养得出来的，需要相应学术环境的滋养培育，也需要足够的时间去磨炼。为了使这套丛书的编纂不至中辍,我认为莞城方面下一步可以考虑借用本省高校与相关学术机构的研究力量,来支持杨宝霖先生的工作。其他单位的情况怎么样,我不是很了解,我们中山大学中国古文献研究所,在古籍整理方面,还是有过硬的专才的。

(三)目前中山大学中国古文献研究所正承担全国高校古籍整理研究工作委员会重点项目——《全粤诗》的编纂工作,这是一项超大规模的文化工程,全书编纂完成,估计有百册之多,篇幅将达到5000万字。目前,清代以前的各部分(共30册)已编纂完成并正在陆续出版,清代部分的编纂工作亦已全面铺开。这项工作,我们觉得与东莞存在着互惠合作的空间:一方面,东莞方面可以利用编纂《莞城历代诗词选》的基础,继续辑录莞人诗作,并使其成为我们的《全粤诗》的一部分;另一方面,我们也可以向东莞提供《全粤诗》的已有资源,让东莞在《莞城历代诗词选》的基础上编纂《全莞诗》。将来条件成熟,东莞还可以考虑编纂《全莞词》(收入莞人的全部词作)与《全莞文》(收入别集之外的全部莞人文章)。《全莞诗》《全莞词》与《全莞文》若能编纂出来,将能使东莞的历史文化获得蔚为大观的展示。

(四)莞城图书馆是出版《东莞历代著作丛书》的主要策划机构,对丛书的刊行发挥了重要的作用。这件事本身,说明了莞城图书馆有关人士在地方文化建设上的独特眼光。莞城图书馆是一个诞生不久的年轻图书馆,她对自己的馆藏特色有明确的定位,这就是以收藏文史类图书与艺术类图书为主。其别致的馆标设计,体现了这个特色,给人的印象很深刻。不过,我觉得莞城图书馆在明确了自己的特色定位的基础上,还应当以这套《东莞历代著作丛书》的出版为契机,继续丰富本馆的地方特色收藏,以逐步把本馆建设成为东莞的地方文献收藏中心,让读者在有需要查找、阅读莞人的著述时,在这里能获得应有尽有的文献支持。在这个问题上,莞城图书馆可以向梅州叶剑英图书馆取取经,该馆开辟有一个地方文献部，把全部地方馆藏都集中到了一起，读者使用起来相当方便。

2011 年 8 月 17 日

仇江与《丹霞山古摩崖碑刻集》[1]

2013年9月,一部印装古雅的《丹霞山古摩崖碑刻集》由西泠印社出版社出版,该书由中山大学图书馆与丹霞山管理委员会合编,一函三册,分别为别传寺卷、锦石岩卷与山外卷。每件拓本均附有录文与对镌刻地点、尺寸、年代、作者的说明,内容丰富,识读精审,为人们研究"世界自然遗产"丹霞山的历史文化提供了珍贵资料。此书从策划编集到正式出版,历时十年,工作艰巨异常,任务能够完成,与主其事的中国古文献研究所仇江先生锲而不舍的努力分不开。

丹霞山与中大因缘非同一般。"丹霞地形"这一概念最早就是由曾任中大地质系主任的陈国达院士于20世纪30年代提出的;而40年后给它冠以"丹霞地貌"术语的曾昭璇教授,也是中大的毕业生。20世纪80年代以来,有"丹霞痴"之称的地貌学家、中大地理系黄进教授为研究丹霞地貌而呕心沥血,成为学术界公认的研究丹霞地貌的第一人。2010年第34届世界遗产大会审议通过将"中国丹霞地貌"列入"世界自然遗产目录","申遗"的第一功臣,即为中山大学旅游发展与规划研究中心的彭华教授。如果说上述先生为丹霞山成为"科学名山"而做出了突出贡献的话,那么在使丹霞山成为"文化名山"方面,出力最多者则是仇江,他完全可称得上是丹霞山历史文化研究的第一人。

仇江与丹霞山结缘于2001年。是年清明他与本校的几位老师结伴考察丹霞,访问了别传寺,并拜谒了该寺的开山祖师澹归禅师与首任住持天

---

[1] 仇江主编《丹霞山古摩崖碑刻集》,西泠印社出版社2013年9月版。

然和尚的墓塔，二人均为清初的著名遗民僧。他在感受到丹霞山历史厚重的同时，也觉察到了这座名山在文化开发上的薄弱，因此一种自觉的文化使命感在心中油然而生。仇江认为，历史文化研究的展开，离不开相关文献资料的发掘，是以他在丹霞山研究方面的第一个重要举措，便是经过许多周折弄到了收藏在上海图书馆的海内孤本康熙版《丹霞山志》，并与合作者李福标先生对它进行了校勘整理。整理本在别传寺方丈顿林大和尚的资助下，于2003年作为《岭南名寺志》古志系列的一种由中华书局线装出版，为人们研究丹霞山在明末清初时期的历史提供了珍贵的资料。以此为契机，他又进而组织中大及本省的学者，对天然和尚的著述及相关作品做了系统整理，在花都华严寺方丈印觉大和尚（原为别传寺首座）的支持下，出版了线装的《华严丛书·天然系列》七种，分别为《瞎堂诗集》《海云禅藻集》附《海云文献辑略》《天然和尚年谱》《天然禅墨》《天然昰禅师语录》《楞伽经心印》《首楞严经直指》。与此同时，他又组织学术界同仁对以天然和尚为核心的曹洞宗海云禅系僧人的存世诗文作品进行了整理，并把它们收入他主编的《清初岭南佛门史料丛刊》中。已出版与将出版的相关著述包括《瞎堂诗集》《遍行堂集》《千山诗集》与《光宣台集》等。以文献资料的发掘整理为基础，仇江及其学术团队（以中大古文献所为核心）还曾与别传寺合作，分别于2002年、2005年、2008年与2012年在丹霞山组织了四次佛教史学术研讨会。前三次研讨会的成果已分别收入钟东主编的《悲智传响——海云寺与别传寺历史文化研讨会论文集》（中国海关出版社2007年版）与杨权主编的《天然之光——纪念函昰禅师诞辰四百周年学术研讨会论文集》（中山大学出版社2010年版）两书中；第四次研讨会的成果《壁立千仞——纪念丹霞山别传寺开山350周年学术研讨会论文集》于2019年由中山大学出版社出版。仇江于2007年间还曾爬梳历史文献资料，并多次在实地寻访，终于令人信服地证明了丹霞山韶石景区的仁化周田村建峰山麻坑就是已"失踪"了数百年的古代名刹——灵树寺的遗址（南汉的名僧知圣如敏禅师与云门宗的创始人文偃禅师都曾驻锡于此），为这座古刹 2012 年在千年"灵树"下重光做出了贡献。就在灵树禅院动工复建不久，仇江又在附近浈江下游的转折处找到了古伏坑寺的遗址。

仇江主编《丹霞山古摩崖碑刻集》与《丹霞山锦石岩寺志》的修撰有密切关系。《岭南名寺志》古志系列七种的整理工作基本完成后，2004 年，因锦石岩寺众比丘尼恳请，仇江发愿撰修《岭南名寺志》今志系列的第一种——《丹霞山锦石岩寺志》。锦石岩寺是千年古寺，但文献资料片纸无存。为了给志书准备"资粮"，他约请中山大学图书馆、广州艺术博物院与广州博物馆的十多位同道，对锦石岩寺的全部存世古摩崖碑刻都作了拓印。拓片共计 84 幅，镌刻时间自宋熙宁至清末，从不同角度反映了锦石岩寺的盛衰变迁，可谓"刻在岩石上的历史"。由于这些古代的文字全镌刻在红碎屑岩（主要是砾岩与砂岩）上，极易风化，若不及时拓印，以后将销蚀不存，因此拓印工作本身也是对丹霞山文化遗产的抢救。对锦石岩古摩崖碑刻的拓印，为《丹霞山锦石岩寺志》打下了基础，此书最终于 2011 年由西泠印社出版社线装出版。

除了锦石岩寺外，丹霞山别的地方也存留着许多珍贵的古摩崖碑刻，因此在锦石岩寺的拓印工作告一段落后，仇江及其同道们旋即对这些石刻文字进行拓印，此时已看出仇江们工作之意义的丹霞山管理委员会也给予了协助支持。这些古摩崖碑刻的一部分集中在别传寺及其周边地方，包括长老峰、宝珠峰、海螺岩、雪岩、洪岩、佛日山等处，镌刻时间自明万历至民国，尚可辨读者共有 79 种，它们被拓印下来后收入了别传寺卷。另一部分散布在丹霞主山以外地区的寺庙、山寨与岩壁，石刻文字共有 67 种，另外还有岩画、装饰画、图案 31 种。它们被收入了山外卷。《丹霞山古摩崖碑刻集》共收拓本 261 种，内容多与佛教、寺院相关，其中有些文字，如《丹霞山记》《丹霞山开山记》《锦石岩诗碑》《清天然和尚塔龛内碑记》《本师天然昰和尚行状》《何大琳纪事刻石》等等，都是研究丹霞山历史文化的重要资料，可为历史、文学、宗教、书法、民俗学者提供宝贵素材。

在丹霞山这种僻远险要的地方拓碑，不仅需要物力、财力的支持（这方面中大图书馆、锦石岩寺、别传寺、丹霞山管理委员会均做出过贡献），更需要参与者对工作的自觉奉献。在这方面，仇江堪称表率。他为人一向极为低调，对待工作事业从不计较名利得失，一心所想无非是如何为文化学术多做贡献；而且他定力极强，一旦发愿要做某事，便非做成不可，遇到困难百折不挠。因此他在社会上享有很高的声望，认识他的人无不对他钦敬至极。正是为他的精神所感召，跟随他参加丹霞山古摩崖碑刻拓印及后期制作的同道（分别是中山大学的马德鸿、李景文、王思齐、张雄豪，广州艺术博物院的陈玉兰、李焕真、胡美英、杜霭华，广州博物馆的钟润生、郭惠霞、蒋涛，广州大学的曾燕闻）一直以志愿者的形式，利用周末与寒暑假无偿工作，没有人要过报酬。每次拓碑，他们都要自备宣纸、墨汁、排笔，自煮白及水，自制拓包。丹霞山地质极为复杂，石质多沙，加上粤北地区气候多变，因此拓印工作难度很大。更成问题的是，这项工作危险系数极高。因为有的古摩崖碑刻镌在高壁，有的刻在崖下，拓印不是需要搭架，便是需要系绳，工作环境壁立千仞，干者腿软，观者心惊。某日拓印者在锦石岩大佛殿前的壁上工作，竹架忽然坍塌，幸赖下方的佛座支撑，才未发生重大事故。事后仇江曾心有余悸地对笔者说，其实应当给每位参加工作的同仁都买一份人身意外保险，可是当时想都没有想过这件事！

拓印工作完成后，对拓本文字的识读，也是一项相当艰巨的任务。仇江先生在这方面亦付出了巨大的努力。他对每一篇文字都进行过细致的研究，遇到问题，或请教本所的老前辈，或稽查史料，最终所有录文，都请丹霞山管理委员会的人士与原石进行过勘对，因此该书的录文质量很高，经得起考验。

  由于与丹霞山结缘甚深,如今仇江已自号"丹霞散人"。古圣谓"君子欲讷于言而敏于行",仇江就是这样一位君子。

原载《中山大学报》2014 年 4 月 21 日

药师法门与济生佛教

——读《药师琉璃光如来本愿功德经》

"药师经"前后凡五译,其中以唐玄奘译一卷本《药师琉璃光如来本愿功德经》与义净译二卷本《药师琉璃光七佛本愿功德经》影响最大。两书之差别在玄奘译本只记录了药师琉璃光如来一佛的本愿,而义净译本则分别记录了吉祥王如来、宝月智严光音自在王如来、金色宝光妙行成就如来、无忧最胜吉祥如来、法海雷音如来、法海胜慧游戏神通如来、药师琉璃光如来七佛的本愿。我们不妨把前者视为"狭义的"药师经,而把后者视为"广义的"药师经。虽然有上述的差别,但两经对药师如来本愿的记述大同小异。药师如来梵文尊名为 $Bhaisajya\ guru\ vaidūrya\ prabhārāja$,也称"饮光如来""消灾延寿药师佛""药师琉璃光王"。释迦牟尼佛在经中说,他是东方净琉璃世界的教主,率日光遍照菩萨摩诃萨与月光遍照菩萨摩诃萨二胁侍在此地化导众生。作为"大医王佛",他具有以物药与法药、药与非药疗治世病的大法力,给众生送乐拔苦,为他们创造幸福生活,使他们身心绥泰、衣食富足、远离恐怖、戒行不缺、慧命增延,最终达至究竟解脱,成就圆满佛果。最近由于广州花都区东方寺筹建的因缘,笔者曾在名僧太虚大师《药师本愿经讲记》的导引下,研读了《药师琉璃光如来本愿功德经》,深感其文简约而其义深弘。兹借《广东佛教》这个园地,漫谈一下自己的研读心得。笔者只是一名普通的文史学者,并不精通佛理,率尔出言,难免会有谬误,善知识有以教我!

一、药师法门的济生意义

20世纪30年代,太虚大师曾在宁波四明山阿育王寺设席解说《药师琉璃光如来本愿功德经》。太虚是民国佛教改革的主要推动者,曾在佛教界提出过"教理革命,教制革命,教产革命"三大主张,其核心目标是要倡导人生佛教。所谓"人生佛教",就是要使佛教"资养现实人生",以大乘佛教舍己利人、饶益有情的精神去改良社会、净化人类。他提出了"即人成佛""人圆佛即成"等口号,鼓励信众从现实出发,从自身做起,从当下做起,把佛果证得与德操培养紧密联系起来。他认为一个人如果人格有亏,菩萨地位便不能安置,成佛更无从谈起。当时有人对他的理论不以为然,讥他为"政治和尚",说他"只管人生""不问出路"。这种毁谤其实是没有道理的。在太虚那里,人生佛教是由现实生活直通佛乘的,它包含着人生改善、后世增胜、生死解脱、法界圆明四个环节。他有两首诗显明地说明了这个道理,一首是:"仰止唯佛陀,完成在人格。人成即佛成,是名真现实。"另一首是:"如果发愿成佛,先须立志做人。三皈四维淑世,八德十善严身。"如今太虚的"人生佛教"理论不仅已广为佛教界所接受,而且还被后来者进一步推衍、深化,形成了一套更为系统的"人间佛教"理论(例如星云法师就撰有八册本的《人间佛教》)。太虚对药师经的解析,也始终贯穿了其"人生佛教"思想。他的《药师本愿经讲记》给笔者印象最为深刻的地方,是说明了释迦牟尼佛与东方药师佛、西方阿弥陀佛的关系,并指出了中国信众在法门运用方面所存在的传统偏失。

众所周知,中国丛林中的大雄宝殿供奉三宝佛有两种典型范式:一是"纵三世",供奉过去燃灯佛,现在释迦牟尼佛,未来弥勒佛(目前尚在兜率内院为菩萨);一是"横三世",供奉西方极乐世界阿弥陀佛(右),

中央娑婆世界释迦牟尼佛（中），东方琉璃光世界药师佛（左）。禅宗与律宗多取"纵三世"，净土宗多取"横三世"。①"纵三世"与本文讨论的问题关系不大，可暂时搁置一边，让我们来关注"横三世"。为什么一座大殿之中，除了供奉释迦牟尼佛之外，还要再供奉阿弥陀佛与药师佛呢？释迦牟尼佛与阿弥陀佛、药师佛是什么关系呢？太虚解释说，释迦牟尼与阿弥陀佛、药师佛是"主中主"与"主中宾"的关系。主中主代表的是如如不动之无为而无不为的妙体，一切诸法莫不依止于彼，一切作为亦莫不归向于彼。然而，在现实生活中，人的根性、智慧、境界是有差别的，并非谁都能一下子就领会第一义谛；大多数人都会因贪、瞋、痴未除而受到八万四千种烦恼的困扰。为了使尚未开悟的众生更易领会生死本空之理，释迦牟尼特意在不二妙体之外推介了由"主中宾"西方阿弥陀佛与东方药师佛所传的两大法门。世尊告诉大众，大千世界有诸多净土，其中有两处特别值得提倡：一是西方极乐世界，一是东方净琉璃世界。西方极乐世界的教主阿弥陀佛在其因地发了四十八大愿，核心内容是要令众生在来世往生西方极乐世界；而东方净土的教主药师如来也在其因地发了十二大愿，他在度化众生时更为重视人们的现世幸福。以是之故，长期以来在佛教界就形成了这么一种理念：要往生西方就念阿弥陀佛，要消灾延寿就念药师佛。用太虚大师的话来说，释迦世尊"将济生之事，付与东方之药师；度死之事，付与西方之弥陀"②。

本来，东西方两大净土是并重的。在《药师琉璃光如来本愿功德经》中，释迦牟尼佛明确说东方净琉璃世界"亦如西方极乐世界，功德庄严，等无差别"。因此，药师法门与弥陀法门的地位也是等同的。可是我国信

---

① 当然也有别制，例如禅、净、律三宗俱善的肇庆鼎湖山庆云寺供奉的三宝佛中间为释迦牟尼佛，左边为阿弥陀佛，右边为弥勒佛；而重华严法界的花都华严寺供奉的是"华严三圣"——中间为毗卢遮那佛，左右两边分别是普贤菩萨与文殊菩萨。

② 太虚《药师本愿经讲记》（广州东方寺丛书系列），广州华严书院印，第5页。

众在传统上对两位"主中宾"却存在着重此轻彼的现象,如太虚所指出的:

> 中国自唐宋以来,于佛法注重救度亡灵或临终往生,偏向弥陀法门,故以弥陀法门,最极弘盛。中国人有不知释迦与药师之名者,而弥陀则人人皆知,可见唐宋后之中国佛教,偏于度亡方面,信而有征矣。由此之故,社会人民往往有认佛教为度死人之所用,死后方觉需要,而非人生之所须,是甚昧于佛教之全体大用。①

这种古已有之的偏失至今仍无根本改观。颇能说明这一点的是,在佛教的弘法场所,介绍西方净土的书籍汗牛充栋,而讲授药师法门的著作寥若晨星。② 这种重度死而不重济生的倾向,使世间对佛教产生了误会,有人以为佛教只追求来生极乐而不重视现世幸福,有人更以为佛教是逃避现实的宗教。

既然药师法门与弥陀法门具有济生与度亡的不同功用,并不存在孰高孰低的问题,那我们就没有理由不纠正上述偏失。对弥陀法门固然应当十分重视,对药师法门也不应有所轻看。不仅如此,依笔者的见解,对"活在当下"的大多数人来说,更应当把药师法门放在优先考虑的位置。为什么这么说?因为"此资生之佛教,即为释迦付托与药师之法门,而说明在此经中者;此于过去专重度亡之佛教,有补偏救弊之功能,尤合于现代人类生活相资养之关系"③。不错,佛教说到底是要解决出路问题,但是禅修目标是分层次的,禅修主体是有差别的。我们并不怀疑部分信士在学佛方

---

① 太虚《药师本愿经讲记》(广州东方寺丛书系列),广州华严书院印,第5页。
② 除了太虚大师的《药师本愿经讲记》之外,笔者所见过的同类书,只有弘一大师的《药师经析疑》、浙水慈云伯亭老人的《药师经疏钞择要》与吴立民居士的《药师经法研究》(包括《七佛药师本愿功德经释义》《七佛药师本愿功德经讲记》《七佛药师经法随笔》《七佛药师经法杂钞》四种)等少数几种。
③ 太虚《药师本愿经讲记》(广州东方寺丛书系列),广州华严书院印,第6页。

面的纯正动机,他们信奉三宝是要跳出六道、脱离苦海、结束轮回、获得正觉;但是我们也不能不承认,有许多拜佛者尚未脱俗,并不具有太高的思想境界,他们到寺院来烧香拜佛,往往抱有世俗的动机——有人想求平安,有人想求健康,有人想求子嗣,有人想求官位,有人想求财富,有人想求学业,有人想求婚姻,等等。人根性、境界不同,修炼方式也应当不同。清顺治时被御赐为"大觉禅师"的玉琳通琇对这个问题就颇有心得,他曾在《药师经题语》中说"大凡修持须量己量法,直心直行",意思是说选择何种法门修炼,要看个人资质。净土法门义理深邃,境界广大,功用无量,但非上智不能究竟,凡情难免妄测。大觉认为:"诚能厌恶三界,坚志往生,则专依《阿弥陀经》,收摄六根,净念相继,所谓执持名号,一心不乱,决定往生。"如果真能看破放下,自然可修净土法门。"若于现前富贵功名未能忘情,男女、饮食之欲未知深厌,则于往生法门未易深信。"要是口念弥陀而心思散乱,身修净土而心恋娑婆,修净土门就不见得会取得成效。那么,这类人应该怎么办呢?难道就放弃佛果追求么?不是的,大觉说:"则求其不离欲钩而成佛智、处于顺境不致沦胥者,固无如修持药师愿海之殊胜难思也!"我们应当特别注意"不离欲钩而成佛智"八字,这是说求取世间功名富贵而不碍证入佛陀智慧。用大觉的话来说,"若能信行,久久不懈,知不独富贵功名,转女成男,离危迪吉,如如意珠,随愿成就。即得于一切成就处,直至菩提,永无退转,何幸如之"。大觉最后用了"人间亦有扬州鹤,但泛如来功德船"一句诗偈来赞扬药师法门的神妙。由此看来,药师法门对尚未脱俗者学佛,至为切合。

也许会有人对上述说法不以为然,认为这是把学佛庸俗化。其实佛对人们的世俗愿望是很理解的,并不排斥。在《药师琉璃光如来本愿功德经》中,释迦牟尼佛曾对曼殊室利(即文殊师利)说:"若有净信善男子、善女人等,欲供养彼世尊药师琉璃光如来者,……随所乐愿,一切皆遂,求长寿得长寿,求富饶得富饶,求官位得官位,求男女得男女。"释迦牟尼佛在此经中还说到，有善根者，"天上寿尽，还生人间，或为轮王统摄四洲，威德自在，安立无量百千有情于十善道；或生刹帝利、婆罗门、居士大家，多饶财宝，仓库盈溢，形相端正，眷属具足，聪明智慧，勇健威猛如大力士"。我们看到，这些承诺都很"世俗"。这说明在佛看来，追求人生幸福与追求圆满正果两者之间并不矛盾。佛不仅肯定善类的世俗愿望，而且对已悔悟的恶类也承诺给予出路。药师经说，就算是"不识善恶，唯怀贪吝，不知布施及施果报，愚痴无智，阙于信根，多聚财宝，勤加守护"这种贪吝者，"虽于如来受诸学处而破尸罗，有虽不破尸罗而破轨则，有于尸罗、轨则虽得不坏然毁正见，有虽不毁正见而弃多闻、于佛所说契经深义不能解了，有虽多闻而增上慢，由增上慢覆蔽心故自是非他、嫌谤正法、为魔伴党"这种犯大过失者，"悭贪嫉妒，自赞毁他，当堕三恶趣中无量千岁受诸剧苦，受剧苦已，从彼命终，来生人间作牛马驼驴"这种苦命者，"好喜乖离，更相斗讼，恼乱自他，以身、语、意造作增长种种恶业，展转常为不饶益事，互相谋害"这种罪行深重者，只要得与闻药师琉璃光如来的名号，也能舍恶行，修善法，不堕恶趣，永断魔胃，诸恶事悉不能害，渐次修菩萨行而得圆满——"若诸有情行邪道者，悉令安住菩提道中"。

可见，药师法门相当高明，是一种立足现实人生阐释佛教的正信正念、正知正见的法门。它达到了世出与世间的融通，实现了般若空与般若不空的双显，教人在生活中了生死又在了生死中生活，对大多数信众具有最现实的应用意义。笔者认为，在当前的社会背景下，强调这一点很有必要。因为这样可以把更多群众吸引到佛门中来，让他们成为佛教的基本队伍，壮大佛门的影响。而学佛者本身，也可以不离现实社会，从脚下立地起修，在创造现世美满幸福的同时，为解决根本出路做有益的铺垫。

二、"东方净琉璃世界"与"震旦"的关系

古代印度称中华为 Cīnisthāna，人们通常把它翻译为"震旦"（亦有译作"真丹""振旦""神旦"者）。《佛说灌顶经》卷六曾言"阎浮界内有震旦国"，所谓"震旦国"即华夏。而中国自身亦有"白马东来，佛兴震旦"之说。明朝宋濂《西天僧授善世禅师诰》谓："大雄氏之道以慈悲愿力导人为善，所以其教肇兴于西方，东流于震旦。"笔者觉得，就像把 club 译为"俱乐部"、把 Coca-cola 译为"可口可乐"一样，把 Cīnisthāna 译为"震旦"相当高妙，因为它既译音又译义。在中华文化中，"震"是东方之位。《周易·说卦》载："万物出乎震，震，东方也。""旦"指清晨日出。《尚书·太甲上》载："先王昧爽丕显，坐以待旦。""震"与"旦"合起来，便是东方日出之地。相对于地在西方的"天竺"或"身毒"即被中国人称为"西天"的印度而言，华夏正位于日出的东方。

我们生活于其中的震旦地处东方，药师如来所主的净琉璃世界也在东方，两个"东方"之间有无关联呢？对此问题，笔者是这样认识的。根据佛经的记载，东方琉璃世界是相对于由释迦牟尼佛所主的娑婆世界而言的，玄奘译《药师琉璃光如来本愿功德经》与义净译《药师琉璃光七佛本愿功德经》均说东方去此"过十殑伽（即恒河）沙"佛土，有一个为天青色琉璃宝石之光映照的净琉璃世界，它就是由药师佛所主的东方净土。我们很难统计出"过十殑伽沙"佛土的具体数值，但能形成非常非常遥远的空间概念。如果以天文眼光来看问题，它应当是坐落在宇宙中的某个星系，或者说在三千大千世界的某个地方。如果这样理解，我们不得不承认，震旦地处的"东方"与净琉璃世界所在的"东方"，两者之间无法发生关联，因为科学逻辑告诉我们，那个地方远得不能再远，我们无法到达。但这样理解问题，等于把对象虚渺化了，使东方净琉璃世界对我们失

去实际意义。因此，我们与其让思维在宇宙中天马行空，还不如把眼光收拢到我们所居的地球中来，对上述问题做有现实价值的思考，像太虚一般，把释迦牟尼降生的中印度理解为"娑婆世界"，而把东方净琉璃世界理解为地在中印度东方的震旦，这样，两个"东方"就产生了关联。这不是牵强附会，事实上，震旦与东方净琉璃世界不仅地理方位吻合，地域特征也相符。震旦是东方的日出之地，而在记载于《淮南子·天文训》《吕氏春秋·十二纪》与《礼记·月令》等古代文献里的传统五行配合图式中，东方属木，为苍龙之象，代表的是万物生机勃勃的春天，这一特性，正与药师法门的"济生"特点深相吻合。①

震旦之所以能与净琉璃世界发生关联，还在于儒佛两家对"东方"社会认识的相同与相近。众所周知，中华传统文化是一种主要包含儒、释、道三家理论学说的复合型文化。我们并不讳言儒、释二家在许多问题上存在着分歧，比如对六道轮回、神的存灭、人世的虚实等问题，双方的认识就很不一致，佛教的出世主义显然也有悖于儒家主张的修、齐、治、平政治主张。但是，我们在看到这种理论冲突的同时，也应当看到两家在不少问题上的理论相洽。汉末牟子在《理惑论》中回答人们对佛教的质疑时，就曾从中国古代典籍中寻理据，质朴地说明了僧伽仪规与传统伦理的兼容。东晋的名僧慧远更是曾头头是道地论述过一番出家人不违孝道、不失忠敬的道理。他说："是故凡在出家，皆遁世以求其志，变俗以达其道。变俗，则服章不得与世典同礼；遁世，则宜高尚其迹。夫然者，故能拯溺俗于沉流，拔幽根于重劫，远通三乘之津，广开天人之路。如令一夫全德，则道洽六亲，泽流天下，虽不处王侯之位，亦已协契皇极，在宥生民

---

① 当然，对东方净琉璃世界在哪里还可以有第三种理解，那就是视须弥为芥子，以一念贯亿里而不起空间之相，把它理解为无明破尽之后的一种佳境。这样，这片净土便无需外求了，它就存在于人们的心中。不过，这属于后起的心成佛之禅——"祖师禅"的解释，与经说本身应当说是有距离的。

矣。是故，内乖天属之重，而不违其孝；外阙奉主之恭，而不失其敬。"①
宋代的契嵩甚至在其《辅教编》中把佛教的五个根本戒（不杀生、不盗窃、不邪淫、不妄言、不饮酒）与儒家的"五常"（仁、义、礼、智、信）进行类比，目的是说明佛儒思想的一致。而从儒家的角度来看问题，我们也可以看到它的某些理论与佛教理论的接近。比如佛教有因果报应观念，儒家经典《周易》中也有"积善之家，必有余庆；积不善之家，必有余殃"②的说法。佛教最强调"慈悲"，与乐为慈，拔苦为悲；而儒家宣扬的种种德行（如礼义、廉耻、孝悌、忠信之类）的核心是"仁爱"——"仁者，爱人"。"慈悲"与"仁爱"的思想内涵极为相近。事实上，正是这些观点的相同或相近，导致了两家在历史上的渗透与融合。一方面，由于受到儒家传统思想的影响，佛教逐步中国化，印度佛教的许多原始特性发生了明显变化，比如名相分析的思想方法为得意忘言的思想方法所取代，杂多烦琐的表达方式为简约明白的表达方式所取代，苦行累修的解脱方法为智解顿悟的解脱方法所取代，离俗出世的精神为世出世不出的精神所取代，等等；另一方面，由于吸收了佛教的学说，儒家也获得了丰富的思想源泉与理论营养，从而在隋唐佛教哲学的基础上形成了一种更加重视对形而上理论的发掘与阐述，并对传统儒家的情性二元论进行了修正（尊性去情）的性理之学——新儒学（也称理学、道学或宋学）。楼宇烈先生在其《中国的佛教与儒教》一文中说：

> 儒、佛间的冲突与融合，以融合为主。即使在那些对立冲突的问题上，也以求同存异，相互尊重理解，或在理论上存异，行动上配合的方法去解决。中华传统文化中有一种以"和而不同"为根本特色的文化包容精神，这种包容精神以互相取长补短，共同发展为宗旨，而

---

① 慧远《沙门不敬王者论·出家二》。
② 《周易·坤·文言》。

不以消灭对方为目的。因此,儒、佛两家在长期的冲突与融合中,早已是你中有我,我中有你了,但同时却又始终保持着各自的根本特质和立场,儒还是儒,佛还是佛。①

在对理想的东方社会的描述方面,佛教与儒家的说法也反映了认识的相似性。释迦牟尼佛在《药师琉璃光如来本愿功德经》中是这样描述东方净琉璃世界的:"彼佛土一向清净,无有女人,亦无恶趣及苦音声,琉璃为地,金绳界道,城阙、宫阁、轩窗、罗网皆七宝成。"这片净土的最基本特征是清静、无恶趣、无苦音声,且到处是珍宝。药师如来在本行菩萨道时所发的十二大愿,则具体地说到了东方净土的种种好处,其中有:一是"幽冥众生,悉蒙开晓,随意所趣,作诸事业";二是"令诸有情,皆得无尽所受用物,莫令众生有所乏少";三是"无量无边有情于我法中修行梵行,一切皆令得不缺戒,具三聚戒;设有毁犯,闻我名已,还得清净,不堕恶趣";四是"若诸有情众病逼切,无救无归,无医无药,无亲无家,贫穷多苦,我之名号一经其耳,众病悉除,身心安乐,家属资具悉皆丰足,乃至证得无上菩提";五是"若诸有情饥渴所恼,为求食故造诸恶业,得闻我名,专念受持,我当先以上妙饮食饱足其身,后以法味毕竟安乐而建立之";六是"若诸有情贫无衣服,蚊虻寒热昼夜逼恼,若闻我名,专念受持,如其所好即得种种上妙衣服,亦得一切宝庄严具,华鬘、涂香、鼓乐、众伎,随心所玩,皆令满足",等等。从以上表述我们可以了解到,东方净琉璃世界是一个和谐清净、物质富足、无病无痛、无贫无苦、丰衣足食的人间乐土,具有现实社会的色彩,与被记述在"净土三经"(《无量寿经》《观无量寿佛经》《阿弥陀经》)中的具足诸功德利益的西方极乐世界显然不同。而先秦儒家心目中的理想的东方社会,是由孔

---

① 北京大学哲学系编《中国哲学的诠释与发展——张岱年先生九十寿庆纪念论文集》,北京大学出版社1999年5月版,第84页。

子描述而被记载在《礼记·礼运》中的"大同社会"。对这个理想社会,该书是这样描述的:

> 大道之行也,天下为公,选贤与能,讲信修睦。故人不独亲其亲,不独子其子,使老有所终,壮有所用,幼有所长,矜寡孤独废疾者皆有所养,男有分,女有归。货恶其弃于地也,不必藏于己;力恶其不出于身也,不必为己。是故谋闭而不兴,盗窃乱贼而不作,故外户而不闭。是谓大同。

这显然是一个具有原始共产主义色彩的人间乐土,它以"天下为公"为特征,社会极为自由、安宁、祥和、美满,在这个社会里,每个人的能力都能获得合理发挥,每个人的价值都能获得充分实现,每个人的生活也都能获得周到安置。人与人无不真诚相处、团结协作,他们之间没有矛盾、斗争,也没有忌避、提防。从自由、平等、幸福、庄严的角度来看,先秦儒家所展望的大同社会,与药师经所描述的东方净琉璃世界,的确具有某种程度的相似性。

需要说明的是,笔者把震旦与东方净琉璃世界相提并论,并不意味着认为它已可与东方净琉璃世界等同,或者说它已接近或达到了后者的水准。事实上,华夏社会从来没有进入过"大同"盛世,就连禹、汤、文王、武王、成王、周公的时代在孔子心目中也只属于"小康"。不过按照古代春秋公羊家的"张三世"说,华夏社会是循着从拨乱世(又称据乱世)到小康世(又称升平世)再到大同世(又称太平世)的途径向前推进的,随着历史的发展、时代的进步,它会变得越来越完善、越来越美好,其建设愿景与佛教倡导的东方净土是一致的。

三、药师十二大愿反映的慈悲心

十二大愿可以说是药师经的核心内容,它是药师如来本行菩萨道时所发之愿。所以称"大愿",包含两层意思,一是这些愿望所覆盖的对象与所包括的范围广泛而宏大,二是发愿者的思想境界深邃而宽博。有药师的十二大愿,才会有东方净琉璃世界的产生。言为心声,愿为心志。世法做人的根本端在立志,佛法修行的根本端在发愿。说法不同,实质一也。人本具欲,心可发愿。愿与欲本体是一,而用则有异。区别在哪里?有我则欲,无我则愿;迷则是欲,觉则是愿;识则是欲,智则是愿;清净行欲欲即是愿,贪嗔行愿愿亦成欲。因此欲修药师法门者,必先发药师愿,行药师行,修药师定,成药师身。

以下分析十二大愿的基本内容。

"第一大愿,愿我来世得阿耨多罗三藐三菩提时,自身光明炽然,照耀无量无数无边世界,以三十二大丈夫相、八十随好庄严其身,令一切有情如我无异。"药师如来是说,一旦他成佛之后,便要以他的慈光照耀人间,使自己所有的精神、智慧、能力,都成为所有有情的精神、智慧、能力。这个大愿可称"生佛平等愿"。"三十二大丈夫相"是印度公认的具足庄严相(如平满相、千辐轮相、紫金色相、垂手过膝相、顶髻相等等),而"八十随好"是指佛身的种种美满形态。我们要特别注意"照耀无量无数无边世界""令一切有情如我无异"等语所体现的无私思想与慈悲心怀。让众生都像药师如来自己一般成佛,并不是做不到的。《华严经》说:"一切众生皆有如来智慧德相,但因妄想执着,未能证得。"虽然十方诸佛,无不本其因中所发之无畏大愿而自觉觉他,饶益四生,使其度脱九界,但是药师的这一本愿还是体现了一种特别宏大的慈悲心,给人以极大的震撼,它让笔者想起了"文革"时代的一句流行语:"无产者只有解放全人类才能最后解放自己。"还有一句现在大家都耳熟能详的广告词:"大家好才是真的好!"

"第二大愿,愿我来世得菩提时,身如琉璃,内外明彻,净无瑕秽,光明广大,功德巍巍,身善安住,焰网庄严过于日月。幽冥众生悉蒙开晓,随意所趣,作诸事业。"这一大愿表面上看是药师成佛前的个人企求——"身如琉璃,内外明彻"等说的是药师自己的愿望,但落点在众生——"幽冥众生悉蒙开晓,随意所趣,作诸事业"。药师是要在自己成佛后,用自己的光明心与光明身来普照天下,让处在黑暗之中的人们都能力超拔,无所不成。此愿在理论上有一点像《周易》大有卦上九爻辞所说的"自天佑之,吉无不利",不过后者的助佑主体是天,前者的助佑主体是佛。这个大愿被论者归纳为"开晓事业愿"。

"第三大愿,愿我来世得菩提时,以无量无边智慧方便,令诸有情皆得无尽所受用物,莫令众生有所乏少。"这是说,药师如来要以自己的宏大智慧,随方因便地把东方净琉璃世界建设成一个物质资料异常丰富的社会,以消除贫困,满足人们在衣、食、住、行方面的种种需要,使人人都过上幸福富足的生活。这个大愿可称为"无尽资生愿"。它表明大乘佛法其实并不反对科学昌明、物质增产。

"第四大愿,愿我来世得菩提时,若诸有情行邪道者,悉令安住菩提道中;若行声闻、独觉乘者,皆以大乘而安立之。"这个大愿叫"安立大道愿"。《法华经》说:"佛以一大事因缘出现于世。"所谓"大事因缘",是要使一切众生尽皆悟入佛的知见。但是众生根机万殊,好乐不一,不可能所有的人都立刻开悟,只能随机教化。这个大愿包含两重意义:一是回邪向正,让那些不信善恶因果、不幸而走上邪路的人回归正道;二是回小向大,让那些尚在自利化域中的声闻、独觉乘(即小乘)行者,修习大乘的究竟法门,永不退转。

"第五大愿,愿我来世得菩提时,若有无量无边有情于我法中修行梵行，一切皆令得不缺戒，具三聚戒；设有毁犯，闻我名已，还得清净，不堕恶趣。"前面四愿的核心是与乐，从这一愿开始往下重点在拔苦。这个大愿可归纳为"戒行清净愿"。"梵行"即清静行，"不缺戒"指所有戒律俱能遵守。药师如来这是发愿要使东方净琉璃世界里的所有众生，都能圆满受持，自觉向善。我们要注意这一点，他特别说到，设有众生违犯了禁戒，只要听闻了我的名字，过往的错失罪业就可以自然消除，恢复本来的德行清净，不会堕入地狱、饿鬼、畜生三途。

"第六大愿，愿我来世得菩提时，若诸有情其身下劣，诸根不具，丑陋顽愚，盲聋喑哑，挛躄背偻，白癞癫狂，种种病苦，闻我名已，一切皆得端正黠慧，诸根完具，无诸疾苦。"这个大愿叫"诸根具足愿"。人体有六根，分别为眼、耳、鼻、舌、身、意，"诸根不具"，便是说身体有缺陷。"丑陋"指的是外形，"顽愚"说的是心性。药师如来在这个大愿中说：愿我将来成大菩提时，诸有情不管身体如何畸形、五官怎么残缺、外表何等丑陋、心智怎样鲁钝、病苦多么严重，只要听闻了我的名号，一切都能获得有效理想的矫正、救治，达至人生的圆满。

"第七大愿，愿我来世得菩提时，若诸有情众病逼切，无救无归，无医无药，无亲无家，贫穷多苦，我之名号一经其耳，众病悉除，身心安乐，家属资具悉皆丰足，乃至证得无上菩提。"这是说一切贫病孤苦的人，只要与闻药师如来名号，便能消除贫困病苦，实现身心绥泰，"乃至证得无上菩提"。这个大愿即"身心康乐愿"。药师如来之所以被称为"大医王佛"，在很大程度上就是由于他发了第六、第七两大愿。

"第八大愿，愿我来世得菩提时，若有女人为女百恶之所逼恼，极生厌离，愿舍女身，闻我名已，一切皆得转女成男，具丈夫相，乃至证得无上菩提。"这个大愿可叫"转女成男愿"，核心是使女身转男。在大乘佛法中，男女本是平等的；但在现实生活中，由于社会、家庭、生理、心理等诸因素的影响，男女平等并未真能实现。就修炼佛法而言，女人在客观上存在着一些特殊障碍（所以经说学大乘法、修菩萨行，要有大丈夫的精神方得）。此愿讲女身转男，是从为妇女拔苦的角度立言的，体现的是药师对女人的特别慈悲，我们不能理解为佛教歧视妇女。我们应当注意，他是说"愿舍女身"者才转男。

"第九大愿，愿我来世得菩提时，令诸有情出魔罥网，解脱一切外道缠缚；若堕种种恶见稠林，皆当引摄置于正见，渐令修习诸菩萨行，速证无上正等菩提。"这个大愿叫"回邪归正愿"。"罥"是捉兽的器具，"网"是捕鱼的器具。人若迷信魔见邪说，就会像兽鱼被罥网罩住一般，不易解脱。药师如来在此大愿中发誓要把众生从左道旁门中解救出来，辟除他们的谬知妄见，使他们通过修诸菩萨行而悟入正道。

"第十大愿，愿我来世得菩提时，若诸有情王法所录，绳缚鞭挞，系闭牢狱，或当刑戮，及余无量灾难凌辱，悲愁煎迫，身心受苦，若闻我名，以我福德威神力故，皆得解脱一切忧苦。"这个大愿可归纳为"罪厄得脱愿"。"王法所录"，便是受到国家法律的制裁。被绳缚鞭挞，系闭于牢狱，甚至被刑戮，意味着犯了重罪。就算是这样的人，药师如来也未加放弃，他发愿要用自己无边广大的法力把他们从苦厄中解救出来。

"第十一大愿，愿我来世得菩提时，若诸有情饥渴所恼，为求食故，造诸恶业，得闻我名，专念受持，我当先以上妙饮食饱足其身，后以法味毕竟安乐而建立之。"这个大愿是"得妙饮食愿"。在这一大愿中，药师如来说到了他救世济人的方式。在现实生活中，有的人犯下罪过，是由于生活困难、饥渴交迫的缘故。这些人，只要与闻药师如来的名号，药师如来便会先以食物来满足他们的口腹之欲，然后再以"法味"，即佛教的无上妙理化导他们，使他们最终明白真理。

"第十二大愿，愿我来世得菩提时，若诸有情贫无衣服，蚊虻寒热昼夜逼恼，若闻我名，专念受持，如其所好，即得种种上妙衣服，亦得一切宝庄严具，华鬘、涂香、鼓乐、众伎随心所玩，皆令满足。"这个大愿可称"上妙衣具愿"。第十二大愿,药师希望将来成佛时,若诸多无衣遮体、无帐挡蚊的贫穷有情众生,得获得生活上的种种满足。

十二大愿涵盖的范围广泛而具体,它几乎给予了众生现实生活中所需要的一切:衣食、健康、娱乐、教育乃至未来的幸福。因此,药师如来有"满愿王"之誉。满众生愿,拔众生苦,医众生病。现前人间世,转成琉璃光,是他的根本总愿。修习药师法门,得获得多种的方便,如闻名而离恶趣、闻名而祛病丑、闻名而除贫穷、闻名而脱罪厄、闻名而解魔网、闻名而转男身、闻名而得饱足等。十二大愿像阿弥陀佛的四十八大愿一样,体现了一种宏大的慈悲心,但两佛的发愿角度明显不同。弥陀愿力在成就极乐国土的庄严殊胜,使众生能往生彼国,找到根本出路;药师愿力虽然也在促使众生早证菩提,但更多地从有情现世的利益出发,贫困者给其衣食,有缺失者令其完善,病患者加以救治,苦痛者施以安乐,误入邪道者引进正途,堕落者使其超升,总之一句话,更重视众生现世的安乐。它的大愿更多地体现了"广行方便"的精神,密宗经典《大日如来灌顶经》有言:"菩提心为因,大悲为根本,方便为究竟。"大乘佛教,不管显密禅净顿渐,都以此为归依,药师法门亦不例外。药师如来以菩提心即广大心来上求佛道、下化众生,发心的根本便是菩萨的悲智行愿,而以方便——即因时、因地、因人、因机施法——来教导众生、饶益有情。

原载《广东佛教》2014 年第 6 期

默默耕耘　终获硕果
——《全粤诗》[①] 先秦至明代各册陆续出版

经过全体参编人员长期不懈的努力，中山大学中国古文献研究所承担的全国高等院校古籍整理研究工作委员会规划重点项目——《全粤诗》取得了重要成果，目前已编纂完成的先秦至明代各卷正由岭南美术出版社分26册精装出版，至笔者撰文前已推出8册，其余18册将在明年出齐。另有附录《粤诗人汇传》4册，亦已进入出版环节。《全粤诗》先秦至明代共804卷，收录诗家2500多人，诗作6万多首，估计出齐后共约25000页，版面字数逾1500万。

《全粤诗》是迄今为止规模最宏大、内容最齐全的粤诗总集。所谓"粤诗"，是指古代和近代粤人创作的古体诗、近体诗及谣谚之合韵者。在地域上涵盖今广东省、海南省、香港特别行政区、澳门特别行政区的全部以及广西壮族自治区的局部，相当于旧时"粤东"的管辖范围；在时间上从先秦开始，至清末结束；部分重要的民国诗人的作品亦由中山大学中国古文献研究所的合作方香港中文大学中文系编入。

由于开发较晚的缘故，岭南给人留下了"文教不昌"的印象，许多人因此而以为地处岭海的南粤，在艺文方面向来乏善可陈。这其实是错觉。粤诗创作，源远流长。史载周武王时越人曾入贡，陈诗观乐而归，其实的"越"，也包括"南越"（即"南粤"），可知在3000余年前，岭南地区已

[①] 陈永正主编《全粤诗》，岭南美术出版社自2008年12月起陆续出版。

有诗歌作品出现。西汉刘向《说苑》所载春秋《越人歌》,《风土记》所载《越俗祝辞歌》,东汉杨孚之《南裔异物志》,晋墓砖所刻粤民谣,《艺文类聚》所载刘删诗,都是早期的粤诗作品。如果说在汉魏六期时粤诗尚未能独擅胜场,那么唐代诗宗张九龄的出现,无疑可视作粤诗崛起之标志。其后,从唐到五代,诗人邵谒、陈陶、孟宾于等于当时均享盛名。迨宋代,余靖、崔与之、李昂英、葛长庚、区仕衡、赵必璩卓然而立,相继称雄诗坛,粤诗遂有直逼中原江左之气象。元代有罗蒙正、黎伯元可称名家。明代的岭南诗坛更是俊彦辈出,群星灿烂:明初有"南园五子"——孙蕡、王佐、赵介、李德、黄哲;明中有丘濬、陈献章、黄佐,以及同出黄佐之门的"南园后五子"——欧大任、梁有誉、黎民表、吴旦、李时行;明末更是出现了"粤中李白"黎遂球、"粤中杜甫"陈邦彦、"粤中屈原"邝露,以及以他们为首的"南园十二子";明末清初有著名的"三大家"——屈大均、陈恭尹、梁佩兰。清朝前期有程可则、方殿元、冯敏昌、黎简、宋湘、张维屏,维新变法之后则有"诗界革命"的倡导者黄遵宪以及康有为、梁启超等人。

粤诗人的高蹈不凡,在明代就已获得海内论者的认可。万历时浙人胡应麟曾撰《诗薮》,他在书中指出,自明初以来,"岭南诗派"已与"闽诗派""吴诗派""越诗派""江右诗派"并峙。鲁人王士禛曾发表议论,说东粤诗界人才最盛,因其僻在岭海,未为中原江左习气所熏染,故古风犹存。在最近数百年间,"岭南诗派"不说"雄霸海内",庶几不让岭北。江苏诗人沈汝瑾有句"珠光剑气英雄泪,江左应惭配岭南"即可为一证。除了广受关注的文人诗作之外,岭南地区在历史上的各个时期还曾产生过许多特色鲜明的民间歌谣,例如粤讴、南音、龙舟、竹枝词等等,它们名目繁夥,形式多样。这些粤诗作品,蕴含着数千年以来的历史积淀,是岭南地区的文化宝藏,对了解历史上各个时期的政治、经济、哲学、经济、宗教、风俗情况,有独特的价值。这些作品,对岭南地区的社会变革与民众生活情状,亦有真切的反映。因此,以汇编、整理的方式来挖掘富有文化内涵的历代岭南诗歌文献,对于继承和弘扬中华的优秀传统文化,提高岭南的文化品位,增强海内外粤籍人士的凝聚力,有重要的作用。

悠悠岁月,积微成著。虽有天灾人祸虫害兵燹的破坏,历代粤人存留下来的作品,仍斐然可观。故自明代以来,便不断有留心乡邦文献的人士,对它们努力搜求,以使其流于不坠。例如明代区启图编《峤雅》(未成),清康熙时黄登辑《岭南五朝诗选》,清乾隆时梁善长辑《广东诗粹》、陈兰芝辑《岭南风雅》,清嘉庆时刘彬华辑《岭南群雅》,温汝能辑《粤东诗海》、凌扬藻辑《岭海诗钞》,清道光时黄子高辑《粤诗搜逸》,梁九图吴炳南辑《岭表明诗传》和《岭表清诗传》,伍崇曜辑《楚庭耆旧遗诗》,民国时何藻翔辑《岭南诗存》,邬庆时、屈向邦编《广东诗汇》,等等。除了这种总汇性质的诗集外,还有一些郡邑之选、师友之选、闺阁之选、方外之选出版。不过这些诗集,规模多不大,最小的只有数卷,不少只有十数卷,最大的《粤东诗海》只有106卷,所收诗人不外1055家(选集),总字数只有100多万。显而易见,它们远未谈得上已展示历代粤诗的全貌。据粗略统计,传世的粤人诗文别集,当不下一两千种,所载诗作数以10万计;刊载在其他文献数据(例如各地的府、州、县志,寺庙、山林志,诗文征,碑刻画作等)中的诗作,数亦相当可观。一些诗文别集,是海内罕见的珍本、孤本。由于编纂规模与搜求条件等的限制,它们当中的绝大部分,既没有被上述的地区性诗歌总集所收录,也没有为《全唐诗》《全宋诗》《全明诗》一类的全国性断代诗歌总集所收录。随着时间的流逝,不少有价值的粤人诗作正面临损毁流失的危险,因此编集一部大而全的粤诗总集,以保存岭南的文化遗产、反映历代粤诗创作的全貌,是非常必要的。

曾编撰过《岭南文学史》《屈大均诗词编年笺校》《岭南历代诗选》《岭南历代词选》《岭南历代文选》等著作,并点校整理过《粤东诗海》

《国朝诗人征略》《南园前五先生诗集》《南园后五先生诗集》《独漉堂集》《六莹堂集》《瞎堂诗集》《千山诗集》《五百四峰草堂集》《红杏山房集》《陈澧集》等诗文集的中山大学中国古文献研究所,在岭南文献研究领域的学科带头人、博士生导师陈永正教授的带领下,自20世纪90年代末开始,即开始筹划编纂《全粤诗》。在充分论证的基础上,该项目被确定为全国高等院校古籍整理研究工作委员会规划重点项目,名列"七全一海"(所谓"七全一海",是指为全国古委会确认的《全元文》《全宋文》《全宋诗》《全明戏曲》《全明文》《全明诗》《全粤诗》《清文海》八部大型总集)。"全"与"粤",构成《全粤诗》的两大特色。所谓"全",就是不分时代、作者、题材、体裁、水平、篇幅,只要符合《凡例》要求的作品,便一律收编入集;所谓"粤",就是其作者全为旧称"东粤"的人士。在大而全的意义上,《全粤诗》与列入"七全一海"的其他项目是相同的,均为鸿篇巨制;但在通代性和地区性的意义上,《全粤诗》与它们却有根本的不同,最富个性。作为古委会规划的重点项目,同时也可能是新中国成立以来广东地区最大规模的单个社科项目,《全粤诗》的编纂与出版,对继承和弘扬中华民族的优秀传统,凸现岭南地区的文化品位,显示广东"文化大省"的地位,意义是重大的。

《全粤诗》的编纂,很注意各种版本的采集利用,因此不仅所收诗最为齐全,而且往往最为精准。例如新会陈献章(白沙先生)诗,以清康熙四十九年何九畴刻《白沙子全集》为底本,参校了明弘治九年吴廷举刻《白沙先生诗近稿》、明万历元年何子明刻《白沙先生全集》、明万历九年何上新刻《白沙子全集》九卷本、清顺治十二年黄之正刻本,其中台湾"中央研究院"历史语言研究所藏《白沙先生诗近稿》为罕见版本。且从《陈献章诗文补遗》《岭南五朝诗选》《广东诗粹》《石斋八月稿》《香山主人遗草》等总别集,《颂斋书画小记》《广东书画征献录》《广东历代书法图录》《中国书画图目》《书法图史》《鹤山诗词四百首》《白云山碑林石刻手稿》诸书,及《嘉靖广东通志》等13种方志中,辑出了不少集外诗,所收诗作比内容素称齐全的孙通海点校本《陈献章集》多56首。又如揭阳翁万达诗,采用了省立中山图书馆藏道光约心轩版《思德堂诗集》为底本,诗作比通行的翁氏《稽衍诗》多115题。在《全粤诗》中,还有许多诗作是从各种珍稀的诗文别集中搜集来的。例如收入卷三九三的番禺何其伟诗,录自明天启版《觳音集》,此书藏存于香港中文大学图书馆,为内孤本,极为罕见,连《中国古籍善本书目》都没有著录。收入卷四八三的区大伦诗,是以广东省立中山图书馆善本特藏部所藏清初所刻的善本《区罗阳集》为底本整理出来的。收入卷五六九的东莞王猷诗向无刻本,是以在其族内流传的钞本《壮其遗集》为底本整理的。此书在被影印收入《东莞历代著作丛书》之前,亦为海内孤本。收入卷七一的东莞陈琏的诗作,是以香港学海书楼所藏孤本——清康熙六十年万卷堂陈氏后人重刊的《琴轩集》为底本整理的。收入《全粤诗》卷二五四的兴宁张天赋的诗作,是以兴宁图书馆藏明嘉靖本《叶冈诗集》为底本整理的。

《全粤诗》的编纂工作1998年立项,于2001年全面展开。参编人员以中山大学中国古文献研究所的研究人员为主,同时包括中山大学中文系、中山大学图书馆、华南师范大学、广东商学院、华南农业大学等单位的教师与研究人员。2002年4月,香港中文大学中文系与中山大学中国古文献研究所签订"关于建立华南文献研究中心并合作编纂《全粤诗》之协议",加入到此项目中来。为了尽快编出这部鸿篇巨制,各位参编人员不牟名利,不计报酬,多年来默默无闻地努力工作,克服了资金匮乏、机构转轨、人手不足等困难,想方设法寻访资料,一边教学,一边科研,甚至连寒暑假也在加班工作。《全粤诗》能取得阶段性的重要成果,与部、省、市和中山大学有关领导的关心与支持也是分不开的。《全粤诗》的编纂工作展开以来,全国高校古委会、中山大学、广东省文联、广东省政协等单位与机构,曾给项目拨过数额不等的研究与出版经费。特别值得一提的是，广东省有关领导从弘扬岭南文化、建设文化大省的战略高度出发，在经济上对项目给予了大力支持，使本书在近年的编纂进度明显加快。

目前，以中山大学中国古文献研究所的研究人员为主体的科研团队，在已取得上述阶段性重要成果的基础上，正在将编纂工作向清代推进，以使这一具有重大文化积累价值的项目早日完成。这个激动人心的结果，无疑是很值得期待的。

原载中山大学中国古文献研究所《古文献整理与研究简报》2009年第1期

陈永正先生及其主编的《全粤诗》

在中山大学,人们常可看到一位长相清癯、发白如雪,穿着一件唐装上衣的古稀长者徜徉在校园中,他神态萧疏,眼光闲远,走起路步履快疾而坚定,举止冲和而不失威仪,身上隐约透露着几分民国文人的气息。而接触过他的人,则往往会想起《论语·子张》所记子夏之语:"望之俨然,即之也温,听其言也厉。"这位让人景仰也让人敬畏的先生,便是大名鼎鼎的中山大学中国古文献研究所教授——陈永正。

在当代广东文化学术界,陈先生是一位不多见的奇人,他集才情与学问于一身,融古典和时尚于一炉,在传统素养与现代学术两方面均有深厚造诣,文苑学林并称翘楚,被誉为第一流的诗人、书家与学者。2007年9月,在广东省的一个大型评选活动中,先生荣膺"当代岭南文化名人"称号。

虽然人望极崇,但是心态素淡的陈先生对人们给他戴的桂冠却不太认同。他曾说:"说我是第一流的诗人,当之无愧;第二流的书家,还有待时间的检验;至于学者,只能算是三流。"① 当然,这只是先生的自谦之辞。先生的旧友、广东书法家协会现任主席、华南师范大学中文系张桂光教授便说先生"首先是学者、诗人,(然后)才是一位书法家"②,而中华诗教学会会长、中山大学中文系张海鸥教授亦认为"陈永正的学问,人罕能

---

① 丁正《先生本色是诗人》,《岭南文史》2003年第3期。
② 张桂光《评陈永正先生书法》,《书法》2002年第12期。

及;他的书法,世所珍贵;他的诗词,享誉海内外,俗人难解而雅人深敬之"①。二张之说,异曲而同工。其实,我们大不必与陈先生计较他到底是第几流的诗人、书家与学者,他的生活趣味、文化品位与学术追求分明告诉我们,他是一位传统意义上的"君子"。

  陈先生在诗歌创作方面可谓天纵聪明。他从小就诗情洋溢,显露出过人的才华;又因屡得名家点拨,故大器早成。先生为诗本乎性情,宛曲成咏,格调意韵不让古人。其作或伤时感事,或托物寄情,或怀古论今,无不引吭长歌,直抒胸臆,透露着不与时俯仰的卓然气质与不随波逐流的独立品格。对先生的诗歌创作成就,诗界早有令评,有论者这样称赞:"风韵飘潇,才情掩映,拟之现代侪辈之作,汕斋诗词得不谓绝代风华、遗世独立者乎?"② 又有论者说他"诗似梅花"③。先生之作早年即被编入《岭南五家诗词钞》,与冈州(新会)莫仲予、中山刘逸生、惠阳徐续、番禺张建白并称"五家"。前些年有一位号"咏馨楼主"的沪上学人(冯永军)发表了其《当代诗坛点将录》,按《水浒》一百零八将之序品藻诗坛人物,把先生点为"天慧星拼命三郎石秀";他又编了一个《当代词坛点将录》,把先生点为"天剑星立地太岁阮小二"。虽属戏论,却多少反映出先生诗词创作上的超群拔萃。对先生在诗歌方面的成就,其门人丁正曾有《先生本色是诗人》一文进行过介绍,更有张海鸥教授发表了《试论汕斋诗词》(《中国诗歌研究》第 5 辑,中华书局 2008 年 12 月版)与《论陈永正的旧体诗词》两文做深入总结。想领略先生诗词风采的读者,可找《汕斋诗词钞》、《诗情如水》(广州出版社 1993 年 12 月版)和《汕斋词》(广州 2011 年 3 月)、《汕斋诗》(华宝斋 2012 年 6 月)一读。

---

① 张海鸥《论陈永正的旧体诗词》,《学术研究》2005 年第 8 期。
② 孔凡章语。见《汕斋诗词钞》附录,花城出版社 1993 年 11 月版。
③ 徐续语。见《汕斋诗词钞》附录,花城出版社 1993 年 11 月版。

陈先生之书名比诗名来得稍晚，他是在20世纪90年代才"冷不丁"地成为著名书家的。虽然自幼习帖、研究书艺有年，但是写书法对先生而言一向只是一种怡情养性的方式，当书家并非其本意。他曾向人坦言："书法是我的爱好，也是文人一定要具备的修养，但从来不是我主攻的方向。诗词才是我一生的至爱，我的'宗教'。青年时候，我做梦也没有想到会当上'书法家'。"因此他在成名后尝戏谑地说自己"百无聊赖以书鸣"。虽然起步较晚，但是先生一自涉足书坛便异军突起、声扬四方，最后竟一发不可收，成了岭南书界的"总舵主"——广东省书法家协会主席、广东书法院院长，后又出任中国书法家协会副主席。如今先生的手泽已遍布岭内外的山川城阙、名胜古迹。之所以有此局面，是因为先生的书法是学问与才情陶铸的结晶。这种书法以"古雅清刚"为特色，结体左高右低，笔力宏健，体势奇险，外朴内秀，貌拙实巧，碑意中蕴含着帖情，既不失传统法度，又有个人面目。先生早年从《九成宫》与《圣教序》入手学欧、王，后又习东坡之书。"文革"期间，他由帖入碑，开始研习汉魏南北朝的碑刻，如"二爨"、《嵩高灵庙》、《杨淮表记》、《瘗鹤铭》之类。"文革"后又摹写金鼎文、甲骨文，学书秦篆、汉篆，从金文《散氏盘》《毛公鼎》，秦篆《泰山刻石》《琅琊刻石》《会稽刻石》《峄山刻石》，汉篆《开母庙》，以及《楚帛书》《侯马盟书》等古代作品中参悟书法的要领，于是结体愈来愈沉着稳重，笔法愈来愈苍劲老辣。先生认为，书法"特征"是可以刻意制作出来的，但书法"风格"是需要长期的学问积累、文化修养、技能训练与个人体悟才能形成的。张桂光教授认为："（先生）用笔讲究含蓄内敛，藏锋内拓，巧拙兼施，动静契合，秀美刚健而无媚姿俗态，处处流露出典雅的风采和个人的笔墨情趣。"① 现在，先生出版有多种书法集，其中较有代表性的是安徽美术出版社《当代书法大

---

① 张桂光《评陈永正先生书法》，《书法》2002年第12期。

家作品研究》系列中的《陈永正·古雅清刚》(2012年7月版)。

下面以更多的笔墨来讨论陈先生的学术。欲认识先生的学术成就,需先了解其为学之路。先生字止水,号沚斋,1941年12月出生于广州的一个商人家庭(祖籍茂名)。其家从祖辈开始与文化结缘。他的祖父是一位收藏家,遍藏古籍、书画、陶瓷、杂项;父亲则是一位喜爱交游的文士,诗书琴棋无不雅好,一生虽未以学术为业,却精通古代历史与古诗文辞。先生幼承庭训,三岁便开始识字。不到五岁即入读广州会文学塾,从乡贤梁葆均学,成为南粤最后一批入私塾的学童。先生天性聪敏,记忆力超群,阅读速度奇快,一目十行,故书籍"消化量"很大。在少年时代,他不仅"四书""五经"已"粗诵数过",而且史、子、集部许多要籍亦均已寓目,因此积累日富。弱冠前后,他曾在"分春馆"向词学大家朱庸斋问学,又在岭南帖学名家李天马指导下练书法,并与粤中名流佟绍弼、陈寂、莫仲予、刘逸生、李小竹、李曲斋等交游。先生高中时代的老师,是史学大师陈垣的幼子陈约先生,1958年先生考上广州师范学院(后并入华南师范学院),陈约先生亦同时受聘为该院的教师,因此,先生得以长期从学于陈约。正是出自陈约的建议,先生开始了对四部目录之学的钻研,这是一个对他后来的学术发展甚有裨益的学习过程。1962年先生从华南师范学院中文系毕业,被分配到广州市第三十六中学当语文教师。1978年考上中山大学中文系的研究生,在古文字学巨擘容庚、商承祚等的指导下研究古文字之学。1981年毕业,获文学硕士学位,被留在本系古文字教研室工作。1983年应所长王季思教授之邀,调到本校中国古文献研究所工作,任岭南文献研究室主任。2001年被中山大学研究生院遴选为博士研究生导师。

天生的聪颖素质、勤奋的钻研精神与良好的教育背景,造就了先生的博学与通识。广东的前辈学者莫仲予曾说他是"多才积学之士,穷年著书等身,于诸子百家史志之文,博观慎取,旁及道藏内典,穷极学问,其学殖之深且邃可知矣"①。中山大学哲学系的硕学冯达文教授曾这样对笔者说:"就古典文献方面的修养而言,中大数陈永正第一,尤其文学文献。"历史系的姜伯勤教授是国务院学位委员会历史学科评议组的副召集人,在学术界享有很高声望,也对先生推崇备至,曾诚恳地向笔者感叹:"我们哪里能与陈永正相比?他是有'童子功'的。"

因为是古文字学研究生出身,所以陈先生在其从事学术研究活动的早期主要在此领域用力。他曾在《古文字研究》发表《释复》(1980年第2期)、《西周春秋铜器铭文中的联结词》(1987年第15期)、《西周春秋铜器铭文中的语气词》(1992年第19期)、《上古汉语史上划时代的标志——春秋载书》(2000年第21期)等论文,著述虽不多,但每一篇都有分量。他的治学范围,又从古文字学辐射到书学,曾于1994年8月在广东人民出版社出版《岭南书法史》。作为一部具有填补学术空白意义的区域书法通史,此书以时代为序,系统论述了岭南从秦汉以至当代的书法发展脉络,介绍了历代的标志性书家,说明了岭南书法的特色和地位。在1998至2003年间,先生曾主编大型书学杂志——《书艺》四卷(岭南美术出版社)。先生还在不同的书刊发表有《中国书学史上的雅俗论》《康有为书学渊源与康门书家》(载《岭南书论——近五十年广东书法论文集》下,黑龙江人民出版社2003年11月版)、《书坛反传统与文化转型》(《粤海风》1998年第3期)、《商承祚先生在书法和书论上的成就》(《古文字研究》2002年第24期)、《广东书法述略》(《中国书法》2004年第5期)等书学方面的论文。此外,先生还主编有《中国方术大辞典》(中山大学出版社1991年7月版),并作为主要撰稿人与分科主编参加了《中华道教大辞典》(中国社会科学出版社1995年8月版)的编撰。

由于在青少年时代受过古代文学与古典文献学的系统训练,加上个人

---

① 莫仲予《沚斋诗词钞序》,花城出版社1993年11月版。

兴趣所在，陈先生后来把自己学术研究的力量更多地投注到了古典文献学（尤其岭南古典文献）与诗学（尤其岭南诗歌研究）领域。在这两个领域，先生的著述更加宏富，成就亦更为卓著。在古典文献学与诗学研究领域，先生的代表作为 2017 年 10 月由上海古籍出版社出版的《诗注要义》，这是一部以传统学术与现代学术的体式相结合，探讨中国古典诗歌注释的原则要求的专著，集中反映了先生的学术以"散手"见长而不喜打"套路"的特色。它包括"要义""简史""评论""体式""指瑕"诸篇，涉及诗歌注释方面的众多问题。众所周知，诗注属学术基础建设工作的一种，实际上是一种跨学科的综合性研究，其操作过程涉及文学、文献学、语言学、历史学等多学科的知识学问，只有从作者经历、社会背景、创作意图、语言风格、训诂字词、用典出处、前人注释、版本考订等多个方面去综合解读作品，才有可能正确理解古诗的涵义、体悟诗歌的意境，先生便是从这些方面来阐发他所认为的"要义"的。该书的许多独得之见，不仅能指导学者掌握正确的诗注方法，对古典诗歌的创作也有启发意义。陈永正先生能写出《诗注要义》这样一部在学界独一无二的著作来，是与他的诗注实践分不开的。他曾在《诗注要义》所写的诸原则的指导下，注释了一系列古代诗词作品，包括：《江西派诗选注》（中山大学出版社 1985 年 12 月版）、《黄庭坚诗选注》（上海古籍出版社 1985 年 4 月版）、《李商隐诗选译》（巴蜀书社 1991 年 10 月版）、《王国维诗词全编校注》（中山大学出版社 2000 年 3 月版）、《中国古代海上丝绸之路诗选》（广东旅游出版社 2001 年 11 月版）以及于 1980 年至 1987 年间由广东人民出版社、香港三联书店、台湾远流出版公司联合出版的《李商隐诗选》《黄庭坚诗选》《韩愈诗选》《元好问诗选》《高启诗选》《黄仲则诗选》《晏殊晏几道词选》《欧阳修秦观词选》《王国维词注》等九种诗词注释本。先生还发表有《〈乐章集〉校注辨误》（《学术研究》1999 年第 7 期）、《东坡词笺注补正》（《南京师范大学文学院学报》2002 年第 4 期）等诗词学论文。

在岭南文献与文学研究领域，先生最重要的著述是《岭南文学史》（主编）与《岭南诗歌研究》。前者于 1993 年 9 月由广东高等教育出版社出版，是迄今第一部记述岭南文学发展过程的区域性文学通史，在学术上具有开创性意义，是从事岭南文学乃至岭南文化研究者的案头必备书；后者于 2008 年 2 月由中山大学出版社出版，是作者数十年来从事岭南诗歌研究的理论结晶，内容包括域外入粤文人对岭南诗坛的影响研究、岭南诗派研究、岭南诗社与诗坛的活动研究、岭南诗人群体与诗人世家研究、岭南的诗歌教育研究、岭南的诗学词学理论研究等。而《康有为诗文选》（广东人民出版社 1983 年 6 月版）、《岭南历代诗选》（广东人民出版社 1985 年 5 月版）、《岭南历代词选》（广东人民出版社 1987 年 5 月版）、《康有为、梁启超散文选》（合作）（香港三联书店与上海古籍出版社 1994 年 8 月版）、《屈大均诗词编年笺校》（主编）（中山大学出版社 2000 年 12 月得到）、《国朝诗人征略》（中山大学出版社 2004 年 8 月版）、《陈恭尹诗笺校》（广东人民出版社 2015 年 5 月版）以及正在广东人民出版社排印的《陈白沙诗笺校》等著作，也是先生在此领域耕耘的收获。此外，陈永正先生还发表有《黄庭坚的诗法》（《九江师专学报》1984 年第 2 期）、《江西诗派略论》（《王季思从教七十周年纪念文集》，中山大学出版社 1993 年 12 月版）、《岭南诗派略论》（《岭南文史》1999 年第 3 期）、《韩愈诗对岭南诗派的影响》（《中山大学学报》1993 年第 3 期）、《粤词概述》（《学术研究》1987 年第 2 期）、《试论康有为和梁启超的文风》（《岭南文史》1988 年第 4 期）、《曾习经和近代诗坛》（《文史知识》1997 年第 9 期）等论文。

  要归纳先生在岭南文献与文学研究领域的贡献，不能不谈其主编的鸿篇巨制——《全粤诗》。

  相对于华夏的政治、文化中心中原与经济、文化向来发达的江南，岭南曾是位置偏僻、人文不昌的蛮荒之域，在诗歌创作方面乏善可陈。不过进入中古以后，随着岭内外经济文化交流的密切与岭南生产力水平的提升，这一局面发生了变化。唐代曲江张九龄的出现，可谓粤诗立帜的信号。自此之后岭南诗家迭出，创作渐兴。岭南诗坛的振拔，在造就了众多诗人的同时，也导致了大量诗作的产生。但它们除了少部分被收入别集之中而得以保存之外，许多都未付剞劂，不仅不利于传播，而且有散佚的危险。为使它们流于不坠，历代均有贤人雅士自觉担负起保护本地文学遗产的责任，对它们勉力采辑，并纂为总集出版。像明张邦翼的《岭南文献》；清梁善长的《广东诗粹》；陈兰芝的《岭南风雅》；刘彬华的《岭南群雅》；温汝能的《粤东诗海》；凌扬藻的《国朝岭海诗钞》；民国何藻翔的《岭南诗存》，邬庆时、屈向邦的《广东诗汇》，黄文宽的《岭南小雅集》；等等都是著名者。除了具总汇性质的集子外，岭南还出版了一些诗歌选集，包括郡邑之选、家族之选、师友之选、闺阁之选、方外之选与诸家合刻等。这些总选集的出版，对保存岭南的诗歌文化遗产起了积极的作用，也在一定程度上彰显了岭南诗家的创作实绩，改变了外界对广东的不正确认识，提振了本土士人的文化自信。但是，由于编纂能力与采辑条件的限制，这些集子篇幅都不大，所收诗作数量有限。就连规模最大的《粤东诗海》也只有106卷，入集诗家不过1055人、收诗数千首，远谈不上已囊括历代岭南诗人创作的大部，更不说全部。

有鉴于此，陈先生在世纪之交提出了一个大胆的学术策划——以中山大学中国古文献研究所的研究力量为骨干，在前人的基础上，编纂一部超大规模的诗歌总集——《全粤诗》，把迄今存世的所有古近代粤人诗作悉数汇入集中，而不论时代、体裁、题材、内容与载体。这一策划获得了有关方面的认可，课题被全国高校古籍整理研究工作委员会确认为重点规划项目，位列"七全一海"（《全元文》《全宋文》《全宋诗》《全明戏曲》《全明文》《全明诗》《全粤诗》与《清文海》等八部大型总集的合称）。

《全粤诗》是岭南有史以来最大规模的诗歌总集，也是中国大陆地区唯一在编的大型区域诗歌总集，堪称广东省文化建设的标志性工程。该书中所收诗作，在地域上覆盖今广东、海南、香港、澳门全境及广西的部分地区，与旧称的"粤东"大致相当；在时间上则自秦开始，至清末结束，并酌收部分民国大家的作品。课题于1998年立项，而于2001年正式展开。编纂工作先从别集入手，整理完成所有的集内诗之后，再从各种总集、省府州县志、山志寺志书院志、家乘族谱、金石碑刻及书法绘画中搜辑、采集无集作者的诗作或有集作者的集外诗。原则上"竭泽而渔"，所知必采，所见必录。在先生的带领主持下，中山大学的编纂团队经过多年的不懈努力，目前《全粤诗》的编纂工作已取得重大进展，汉代至明代各卷已编纂完成。该部分共有804卷，收入诗家2500余人、收录诗作6万多首，共分26册出版，篇幅约为1500万字。至2018年，已由出版单位岭南美术出版社出版24册，最后两册在2019年完成出版工作。另外还有附录《粤诗人汇传》4册，亦已出版。清代部分的编纂工作已被整合到2015年度国家社科基金重大项目"岭南诗歌文献整理与诗派研究"之中，正在先生的后继者的组织下紧锣密鼓地进行中。整个《全粤诗》的编纂工作将在2021年完成，全书的篇幅将超过5000万字，收入诗作20多万首，是一部超百册的鸿篇巨制。

  《全粤诗》的编纂工作，是在文献搜集十分不易的情况下进行的。作为一部时间总括古近代、地域覆盖全粤东的超大规模的总集，《全粤诗》要求内容必须齐、全、精、准；但是由于各种客观条件的限制，要做到诗家一个不漏、诗作一首不缺，那是十分困难的。即使是有名气的大家，其别集也可能存在稀见版本；而没有名气的小家，其别集又常常不为人所知晓；至于那些没有别集的诗人，其作品只能在各种零散材料中逐首搜集。而要根据编出的工作目录来采集复制文本，也是一项备尝艰辛的工作。《全粤诗》使用了众多的古文献数据，其中有一部分需要到外地采集。而由于种种原因，有的图书馆并不允许复制其所藏版本，有的图书馆规定复制篇幅不能超过全书的三分之一，有的图书馆则规定天气潮湿时不提供借阅，这种种限制，都给数据的采集与作品的编纂造成了很大的困难。还有一些诗歌文献资料，收藏在中国香港、台湾与日本等地区与国家，要获得亦是煞费心机的事情。另外，诗的点校整理，看似容易，其实不然。诗作中的古风、诗序、句读难度与一般文言并无二致；而由于诗歌具有句子浓缩与意义跳跃的特点，要辨识其中的某些印刷不清的文字，有时比文还困难。一句诗，如果不能读懂其意思，往往就看不出其本有的错字。虽然困难很多，但是在陈先生的带领下，团队成员还是不屈不挠，以种种办法解决了现实的困难。而先生在此过程中，也发挥了"领头"与"核心"的作用。故目前已编成的《全粤诗》，可称得上作品齐全，内容宏富，版本适合，校雠精审。例如新会陈献章诗，是以清康熙四十九年何九畴刻《白沙子全集》为底本的，但参校了明弘治九年吴廷举刻《白沙先生诗近稿》、明万历元年何子明刻《白沙先生全集》、明万历九年何上新刻《白沙子全集》九卷本、清顺治十二年黄之正刻本，其中《白沙先生诗近稿》（台湾"中央研究院"历史语言研究所藏）为罕见版本。此外，整理者还从《陈献章诗文补遗》《岭南五朝诗选》《广东诗粹》《石斋八月稿》《香山主人遗草》等总别集，《颂斋书画小记》《广东书画征献录》《广东历代书法图录》《中国书画图目》《书法图史》《鹤山诗词四百首》诸书及明嘉靖《广东通志》等13种方志中辑出了不少集外诗，所收诗作比向称齐全的孙通海点校本《陈献章集》多了56首。又如揭阳翁万达诗，以广东省立中山图书馆藏道光约心轩版《思德堂诗集》为底本，诗作比通行的翁氏《稽愆诗》多115题。在《全粤诗》中，有不少诗作是通过特殊渠道采集而得的。例如收入卷三九三的番禺何其伟诗录自明天启版《觳音集》，书现藏香港中文大学图书馆，是连《中国古籍善本书目》都未著录的海内孤本。收入卷四八三的区大伦诗，是以中山图书馆特藏部所藏清初善本《区罗阳集》为底本整理的。收入卷二五四的兴宁张天赋诗，是以兴宁县图书馆藏明嘉靖孤本《叶冈诗集》为底本整理的。收入卷五六九的东莞王猷诗原无刻本,是以在其族内流传的抄本《壮其遗集》为底本整理的。收入卷七一的东莞陈琏的诗作,是以香港学海书楼藏清康熙六十年万卷堂陈氏后人重刊的《琴轩集》为底本整理的。

先生所以下决心主编这样一项需要动用巨大的人力、物力并耗费很长的时间才可能完成的"巨无霸"工程,系基于以下考虑。

首先,编纂《全粤诗》,全面系统汇编整理粤诗作品,是发掘、抢救与保护岭南文化遗产的要求。粤籍诗人创作的为数众多的诗作,不仅具有重要的文学价值,是研究诗人的社会生活、思想感情、往来交游、创作活动与文学成就等的珍贵资料;而且也具有重要的历史价值,可为研究本地区的政治、经济、哲学、民生、宗教、风俗等提供丰富的材料。然而,由于水火虫蠹与兵燹政禁等原因,许多作品已散佚;而随着时间的流逝,还会有更多作品损毁。只有采取措施,把它们汇编在一起,才能实现对它们的有效保护,使其流传久远。

其次,编纂《全粤诗》,全面系统汇编整理粤诗作品,是应广大读者的阅读要求。古近代粤籍诗人的创作一方面数量众多,一方面又存放分散,要系统收集极为不易。一些公私收藏的珍稀集子,一般读者很难有机会接触。编纂一部超大规模的粤诗总集,便能从根本上解决这个问题,满足广大读者的阅读需求。而现代图书馆的收藏规模、检索手段与利用条件,也为这一目标的实现提供了可能。

再次,编纂《全粤诗》,全面系统汇编整理粤诗作品,是摸查岭南文学家底、展示粤诗成果的要求。粤诗在唐代就已竖其帜,自元末明初至清末民初曾有过长达六七百年的创作繁荣期,然而,现在的人们为视野所限,对上述历史多无清楚概念,并不了解前贤的创作情况,编纂一部《全粤诗》,便能使历代粤诗人的创作获得全面展示。

最后,编纂《全粤诗》,全面系统汇编整理粤诗作品,是岭南文化研究的需要。岭南文化是在中原文化的影响下发育起来的。一方面它是中华文化的组成部分，有着母体文化的一般品格；另一方面，它又受到本地区的自然、社会因素的影响，形成了有别于其他地区的文化特征，而粤诗具有很显明的地方烙印，包含很丰富的地方文化内容。汇编《全粤诗》，无疑有助于推动岭南文化研究的深入。

《全粤诗》的编纂工作，受到了社会的广泛关注。广州电视台、广东人民广播电台、《广州日报》、《羊城晚报》、《南方都市报》、香港《大公报》、《南方日报》、《澳门日报》及南方网等媒体都曾多次对其进行过报道。人们对其价值与意义，给予了高度肯定。在一次研讨会上，广东省文联主席刘斯奋先生说自己深知编纂《全粤诗》困难之大之多，唯其如此，所以对陈永正先生及其参与此项工程的专家、学者们怀有深深的敬意。在这个充满竞争、充满机遇也充满欲望的时代，一个研究团队，大家能齐心协力，沉下心来踏踏实实地做成一件事情，完成一个经得起历史考验、能传之后世的项目，确实不容易。既要有甘坐冷板凳的心态，又要有相应的学术水平，两者缺一不可。中山大学常务副书记梁庆寅教授说："30册，1500万字，这些数字既是枯燥的，也是可以说话的。它们可以说明很多东西。我们有一批很好的学者，他们甘于寂寞，不计名利报酬，潜心于学，才做出这么可喜的成绩。成果说明他们花了很深的功夫，同时也展示了他们的学问。什么是精品力作？我看《全粤诗》就是精品力作！"著名学者、中山大学历史系博士师导师张荣芳教授兴奋地说："《全粤诗》封面上印着'中山大学中国古文献研究所编'，分量很重。《全粤诗》是广东文化学术界的标志性成果。在中山大学能产生这样的成果，很值得我们骄傲。"著名学者、中山大学中文系博士生导师黄天骥教授则表示，陈永正先生主编的《全粤诗》的出版具有很大的意义，它像从前中大所编纂的《全元戏曲》一样，是可以拿国家的标准、广东省的标准、中山大学的标准来衡量的著作，是能藏之名山、传之久远的著作。他风趣地说："岭南地区由于开发较晚的缘故,常被人误认为是'文教不昌'的'文化沙漠'。如果说真是'沙漠'。那么,我可以说《全粤诗》就是从'沙漠'中开采出来的'石油'。"

原载《岭南文史》2019 年第 2 期

乡贤李家金

——读《敢在人间当铁汉》有感

一位曾在玉林军分区任职的朋友对我说:"贵邑李家金是民国时期中山大学的学士,而你是中山大学的博士与教授,都是玉林人,可谓前后继武。"他这句话,使我有了谈谈这位乡贤的冲动。

光绪三十四年(1908)出生于鬱林(玉林的旧称)的李家金正好比我大50岁,是城北高山村人。高山是名气很大的国家历史文化名村,富有耕读传统,仅清代便出了四位进士,其中包括李氏的先祖李拔谋。因此李家金虽一生穷困,却是书香门第出身。他19岁从广西省立第一师范毕业,五年后考上国立中山大学,毕业后基本在中学从教。由于他在中大获授的是"文学士"学位,不少人便以为他是文学系毕业的,但他告诉过我,他上的是社会学系——假如我没有记错的话。

在我小时候,李家金对许多玉林人来说都是如雷贯耳的人物,他的学问才情,几乎无人不晓。民间广泛流传着他的绰号——"杂唛"。"唛"是英文mark的音译,意为"标签",但在玉林话中是指洋铁罐头盒。"杂唛"便是什么都装的罐头盒。这个绰号用在李家金身上实在再切当不过。他向以知识博杂著称,诗、词、曲、联、歌、书、画、剧,无所不好,亦无所不能;教学上则语文、数学、历史、地理、音乐、绘画、书法、物理、化学、英语、生物……五花八门,没有他不敢开的课。对"杂唛"这个绰号李家金并不拒绝,他曾有联自嘲:"杂质太多,苦辣甜酸都尝过;唛头不正,女男老少却欢迎。"("唛头不正"在玉林话里是说长得难看。)

不管杂质多与不多，唛头正或不正，李家金作为一名中学教师，事业应当说是成功的，因为他教过的学生都对他印象深刻且多有令评，而他们当中还涌现了若干杰出人物，如李云蒿是桂东南起义军的司令员，陈辉光为广西壮族自治区党委书记。李家金曾在一副自寿联中提及自己在从教方面的影响："浮生恰似葫芦命，薄誉惟凭粉笔功。"

除知识驳杂外，李家金给人们的另外一个印象是幽默诙谐。在玉林民间，流传着不少他的趣闻。比如说他去理发，被剃刀割破了额头。理完发后，他对理发师说："你在我颈上再割一刀好了。"理发师愕然不解。他掷下一句话："刚才这里那么多人，你都敢在我的额头上割一刀；现在没人了，你岂不是要劏了我？"说完扬长而去。又比如说他到米粉店吃粉，嫌肉少，心有不爽，直嚷嚷，说米粉里有异物。店主过来，用筷子翻了几下碗中的米粉，说："没什么呀？"他说："就是没什么嘛——两毛钱！"李家金之所以会在社会上留下这样的诙谐形象，可能与其饶有趣味的诗联创作有关。不过，对上述传闻的真实性我是怀疑的，因为故事人物的泼皮做派与李家金的斯文本色并不相合。

李家金曾在我的母校玉林高中执过教鞭，但余生也晚，无缘亲炙，只与他有过一面之缘。

20世纪80年代初，还在玉林师专读书的我对陆川县平乐墟人李立廷（廷也作亭）于清光绪年间在桂东南发动的一场会党起义发生了兴趣。为弄清事件的来龙去脉，我"上穷碧落下黄泉"，四出调查，而所获有限。后来我在《鬱州》杂志看到李家金发表了一篇文章《李立廷围攻鬱林城》，顿时喜出望外。因为它不仅介绍了事件的缘由与经过，而且记述了起义的一些细节。比如讲到义军旗帜上有很多口号，其中"吊民伐罪"的"民"字斜钩穿顶，表示民有出头日；"官逼民反"的"官"字头上少一点，表示要取坏官狗头；"劫富济贫"的"富"字下面的田特别大，表示耕者有其田。文章还说义军在州城外贴出的布告中有"州官老黄，做事荒唐。不凭父老，只听有芳。虐民为道，逼我猖狂。告你百姓，毋庸惊慌。扫平天下，福寿而康"等文。但他的文章没有交代资料的出处。我那时初涉学术，尚不懂规范，不过直觉告诉我掌握材料的原始来源是必要的，为此我决定登门拜访李家金。求见他老人家对我来说并非难事，因为其哲嗣李鼎和曾与我在一个公社插队，1976年我们还一同出席过县"农业学大寨"表彰大会。根据日记记载，我拜访他的时间是1980年11月25日。李家金住在旧大市场的一栋不起眼的房子中，那时已年逾古稀，头发花白，戴一副老花眼镜，耳有点背，待人温和，俨然敦厚长者。可能是首次见面的缘故，他与我交流并不活跃，我想象中的谈笑风生场面并没有出现。他对我研究李立廷表示肯定，说我们都是玉林人，大家都有义务有责任把所掌握的资料贡献出来，以便将来修志。不过他对李立廷资料出处的回应却让我大失所望——那是他在新中国成立前自编的戏文。李家金在中大读书时已有妻室子女，生活负担很重，因此手头拮据。传说他穷得连蚊帐都是用报纸自糊的（为了透气，他在上面烫了一些洞洞）。我想向他求证此事，但碍于初见，最终没有开口。

这是我与李家金的唯一交流，后来再未去拜访过他。几年后我负笈京华，就更无机会亲近他老人家了。本来"李家金"这个名字对我来说已渐行渐远，然而前几年有人送了我一本记述其生平的著作——《敢在人间当铁汉》，又把我对他的关注激活了。这本书编得有些乱，好在资料还算丰富。我通读一遍，对这位乡贤又多了几分理解，也多了几分感佩。

李家金是一个有情怀的人。

李家金是边陲的一名教书匠，地位并不显赫，但正所谓"位卑未敢忘忧国"，他对祖国始终怀有一颗炽热的心。他从青少年时代开始，就关心国家的命运、民族的前途，并自觉投身到改良社会的事务中。早年中共广西特委书记朱锡昂在玉林组织反帝后援会，他曾出任宣传股股长。后来虽不再从政，却常在报刊发表文章，歌颂光明，抨击黑暗。他的不少创作，都直面社会热点，与时代息息相关。这种情怀在国家遭难时表现得尤为真切。比如抗战中，他曾自己写词谱曲，创作了《战时工作队歌》《空袭》《战到最后一滴血》《哭儿歌》等歌曲。它们充满了战斗精神，慷慨激昂，催人向上，在那个特定时代起到了发动民众抵御外侮的作用。

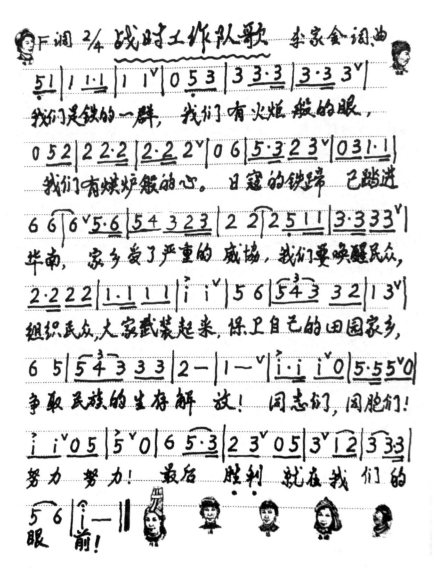

李家金创作的抗战歌曲

抗战胜利的消息传来，李家金欣喜万分，他以满腔豪情，在举行庆典活动的玉林大府园挂出了这副对联：

干戈遍地，无限惊心，忽闻蓬岛投诚，鞋底跳穿，几乎震动寒山岭；

锣鼓喧天，最为顶瘾，纵使棉圩失意，镬头挂起，也要光临大府园。

李家金的情怀还表现在对亲人的关爱上。"文革"期间他与妻子朱凤华一起被下放到高山村，二人在逆境中相濡以沫。朱凤华不幸于1971年逝世，李家金甚为悲伤。因思妻心切，竟凭记忆为已亡人作了一幅遗像！

李家金是一个有趣味的人。

李家金天分很高，富有才情，是玉林罕见的才子，其创作极具性格。他的作品，最为人所欣赏的，是诗与联。李家金的诗大多明白如话，每每信手写来，即妙笔生花，常有出人意表的效果。例如《失笔》：

寒窗忘记锁柴扉，失去平头笔一支。

窃者堪称文雅贼，若能捉到罚吟诗。

玉林有句俗语——"本地姜不辣"，义与"外来的和尚会念经"相近，意思是说本地的人才不算人才。李家金反其意为诗，创作了一首《本地姜》：

得吃休嫌本地姜，其中也有辣非常。

若能吃着王牌种，辣得涎流几尺长。

这是他在玉林流传最广的一首诗。作品行云流水，一气呵成，极接地气，令人拍案叫绝。启功认为诗"佳者出常情，句句适人意。终篇过眼前，不觉纸有字"，李家金的作品正是如此。

李家金的联出口成趣,佳品尤多。其中最为人所津津乐道的,是他1934年在中山大学读书时的应征之作——"人闹我唔少,鬼理佢咁多"。对联用粤语方言写就,对仗工整,平仄协调,构思巧妙,言浅意深,故被羊城文苑点为冠军。他的自挽联也有很高的水准:

一事无成,枉在人间称铁汉;
半文不剩,且归地下铸铜仙。

上联说自己空有抱负,下联说自己穷困不堪。以"铜仙"对"铁汉",用的是"无情对"手法("仙"是域外辅币单位 cent 的音译),构思甚为高妙。

李家金的诗联作品大都很俗,不过假若因此而把作者目为俗人,那就错了!吴昌硕说,天下病皆可治,唯俗病不可治,可见俗是"不治之症"。但李家金之俗并非真俗。真俗对自己之俗浑然不觉,而李家金之俗是知其俗而有意为之。他以大俗为大雅,俗到极致便雅到极致。我们不要以为李家金只有炮制俗作的本事,在需要时他也能写出很"不俗"的作品来。读读下面这篇出自其手笔的《鬱林旅桂同乡春宴将军桥序》,你便可感受其雅人深致:

窃以柳舍闻莺,每断征人之梦;杏村问酒,恒销游子之魂。寒食风斜,何堪作客?清明雨细,能不思亲!吾等籍隶鬱林,迹羁桂郡。或为秉绶,或为执戈,或为萤珠,或为负笈。他乡聚首,咸欣萍水相逢;同籍盟心,岂厌兰浆竞劝。兹日柳舒醉眼,最适踏青;花展娇唇,尤宜浮白。同人等爰开于清明后一日在将军桥举行吾鬱旅桂清明大宴。斯时也,秀峰远眺,宛如榜岭悬崖;漓水滨观,俨若丽江展岸。践绕池之芳草,疑赏龙泉;掇漫谷之红花,恍登豸岭。衣香鬓影,盛愈金谷之园;梓意桑情,美胜兰亭之会。既清影而妙舞,愧蝶羞鸾；复引爵而交樽，飞星走月。事诚雅也，兴不佳欤！凡我鬱林旅桂同乡，盍兴乎来。

一个连"同乡聚会通知"都能写得如此精致的人，怎可能俗！

李家金的书法也自具面目。他的字本诸唐代颜真卿而受到清代金农（"扬州八怪"之一）的影响，结体雍容，笔势重拙。李家金是一个喜欢求新、求变的人，他曾在颜楷的基础上创造了一种上轻下重、上窄下宽的独特书体，并命名为"金塔体"。在我看来，这种创造并不是很成功，但其探索精神还是值得肯定的。

李家金还善画。在作为"牛鬼蛇神"被下放回高山村"劳动改造"期间，他曾自作一幅《牧牛图》，画中的他头戴笠帽，手执香烟，拿着木棍在田间放牛，一副怡然自得的样子。画旁题诗，有"落叶归根命未完，安居乐业在农村"之句。

李家金是一个有学识的人。

李家金并不是严格意义上的学者，他虽然读过中大，但是时代并没有给他提供做学者的平台，而做学者似乎也不是他的追求。不过这并不影响他不断追求知识、探索学问。他成为"杂唛"，与其从不停止的进取心是有密切关系的。很多人把从学校毕业当成知识追求的终点，而他却当为起点，他并不以应付日常教学为满足。读书多，知识面广，在多领域享有发言权，是他与一般知识分子的不同处，也是他能在众多中学教师中凸显而出的原因。

李家金养家糊口的压力很大，他有六个子女，加上又曾被下放农村，因此不得不把许多精力放在作稻粱谋上，不过只要有时间有机会，他还是会把心思投注到治学上，因此取得的成绩也不俗。他的著述，我见过的有《学诗基础》与《诗联丛谈》两种讲义，都是课士之作。它们的共同特点是"其文约，其辞微"，从表面上看所谈均为常识，并无特别高明之处，但里面其实有不少个人的研究心得。比如他对岭南白话平仄规律的归纳总结（平声带鼻音方能推到入声），对好联标准的认识，便都有独到处。

作为乡邦文化的有心人，李家金对玉林山歌也深有研究。他曾发表过《抗日山歌集》《抗美援朝山歌集》《二叔婆翻身》《邓九娘逸了》《刘三姐下集》等唱品，并因此而被收入《广西歌王小传》。他的论文《玉林山歌研究》首次讨论了玉林山歌的体制、运题、歌韵与唱法，有很多结论都是首次提出，可称本领域的筚路蓝缕之作。

精彩，乡贤李家金！

2020 年 7 月 8 日

我与中山大学出版社的三部大书

1987年至2001年,我在中山大学出版社总共工作了14年。在此期间,我曾策划、组织过多种专著教材与社会读物,其中规模较大和影响较广者当数"三大":《中国方术大辞典》《周易大辞典》与《中国共产党历史大博览》。其出版过程中的经验教训对后来者或有裨益。

一、《中国方术大辞典》①

方术是神秘文化的统称,也是传统文化的组成部分,它不仅在古代留下了深刻印记,在当代仍有影响。离开了对它的研究,对中国古代社会的认识了解,是很难做得到准确全面的。很久以来,学术界对这种智慧与愚昧并陈的事物不闻不问,总是任其自生自灭。直到20世纪80年代,广东有四位中年学者踏入了此研究领域,成为最早的"吃螃蟹者"。他们是中山大学的陈永正、华南师范大学的张桂光、广州市中医中药研究所的古健青、顺德市档案馆的张解民。陈永正后来成为中大古文献所的教授、博导,并任中国书法家协会副主席及广东省书法家协会主席,如今已是"广东当代文化名人";张桂光后来成为华南师大中文系的教授、博导,兼任广东省书法家协会主席。但是那时他们都没有多大的名气。他们的研究理路是:梳理文献,编撰一部《中国方术大辞典》。他们这项工作大约开始于1988年,其时我刚到中大出版社工作不久。因为主编陈永正是中大的,

---

① 陈永正主编《中国方术大辞典》,中山大学出版社1991年7月版。

我近水楼台，获悉了这个信息。当时社领导对此选题虽感兴趣，但对是否出版拿捏不准——题材毕竟敏感。社里有人明确反对出版此书，说这是"宣扬封建迷信"。但我认为以研究对象来判断选题好坏是荒唐的，曾质问反对者：法西斯是坏的，《辞海》里是否就不能有"法西斯"这个词条？1989年8月，从河南中州书社调入本社的庄昭先生出任第一副社长，他坚定地要出版此书，并要我作为责任编辑与作者们保持紧密联系。作者们还在撰写词条，我就已经介入了书稿的处理工作。

在当时的图书市场，方术类书籍还是空白，因此可以预见，此书若投放市场，必有不俗的反应。问题是，怎样才能让管理机关批准这个选题呢？当时的大学出版社有两个"婆婆"管着，一个是教育部条件装备司（后改为社会科学研究与思想政治工作司），一个是省新闻出版局，两家机关只要有一家不批准选题，书便不能出版。我和社领导与作者们分析，要让管理机关对选题开绿灯，除了必须与上级做好沟通之外，还必须有权威学者撑腰。因此当时特意请中大的张荣芳、曾宪通、张振林三位教授写了推荐材料，说明作者所进行的是严肃的研究，出版此书对学术界具有意义，等等。最终选题获得了批准。不过书出版后，依旧有人诟病，甚至有人上书告状。为了澄清事实，广东省电视台曾特意采访了学术名家王起先生，王先生明确表态，说《中国方术大辞典》是一部不可多得的好书。采访时我和陈永正先生都在场，那时王先生年事已高，说话已不怎么清楚了，说了些什么，都需要他的助手林建加以复述。《中国方术大辞典》出版前，我曾找一位知名度很高的先生作序，满以为他会答应，没有想到他不仅不同意，还狠狠地教育了我一番，说这样的作品哪分得清"科学研究"与"宣称迷信"的界限！可见那时人们对此的认识分歧有多大。最后，作序者是报界闻人刘逸生先生。

《中国方术大辞典》共收入条目6393条，包括方术一般、甲骨卜、易占、象占、梦占、星占、太乙、六壬、奇门遁甲、杂占、相术、堪舆、择吉、星命、外丹、内丹、气功养生、服食、辟谷、房中术、符咒、巫术、杂术、人物、著作等 25 个门类，囊括了古代"神秘文化"的各个方面。它于 1991 年 7 月在首届"南国书香节"揭幕前夕出版，引起了读者的强烈反响，购买者甚众，成为这届"书香节"的第一畅销书。当时首印 1.5 万册，在展会上全部售罄，旋即又要厂家加印了 2 万册。对一部近 800 页、定价 28 元的大书来说，这算是奇迹了，须知那时工薪阶层的月工资只有两三百元！1992 年 1 月，此书被共青团广东省委与广东省新闻出版局评为"广东青年最喜爱的书"。《中国方术大辞典》的出版，还引致了另一个后果，这就是打破了方术研究的禁忌，引爆了"神秘文化"读物市场，此后同题材的读物便如雨后春笋般涌现了。

就我个人而言，编辑这部大辞典，有两个收获：一是在过去的知识盲区做了一次漫游，并从此开始了向学术型编辑的转变。因编辑此书的缘故，我对"神秘文化"研究也产生了兴趣。后来我翻译荷兰高罗佩的《秘戏图考》、研究《周易》，都与这次经历有关。1995 年 8 月，胡孚琛先生主编的《中国道教大辞典》由中国社会科学出版社出版，书中方术部分的词条，主要便是由上述四位作者以及北大的李零先生和我撰写的。二是与陈永正先生结下了学术缘，后来他的多种著述，如《屈大均诗词编年笺校》《王国维诗全编校注》《粤东诗海》《国朝诗人征略》等，都是因我约稿而在中大社出版的，有些书的责任编辑还是我。2001 年我从出版社调到古文献所工作，引荐人便是陈永正先生。

二、《周易大辞典》[①]

《周易大辞典》，是当时中大中文系与古文献所的一批年轻学者合作编

---

① 伍华主编《周易大辞典》，中山大学出版社 1993 年 12 月版。

撰的一部多功能大型易学工具书,由伍华先生任主编,李铭建、林建先生任副主编,1993年12月由中大出版社出版,大32开,精装,1650页,定价68元。向他们约稿的,原本是本省的某兄弟出版社,由于作者们并不是抱着急功近利的态度来编撰这本大辞典的,因此动手虽早,成书却晚。书稿完成时,约稿出版社因对市场前景把握不定,已失去了出版的兴趣。在这种背景下,作者们便找到了我,与我商讨此书在中大社出版的可能性,当时大约是1992年我担任副总编前夕。

我对是否出版这部辞典颇伤脑筋,因为书稿送到我面前时,市场上已有几本同类辞典,有一本甚至连书名都一样。这部辞典有200万字,篇幅比上文所说的《中国方术大辞典》还大,需要投入很多资源。而书稿的作者,当时只是一群名不见经传的年轻学者,他们的作品能获得学术界认可么?后来,我翻看了书稿,发现与已面世的同类出版物相比,本辞典还是有其特点的。首先,它重视考订名物与辨析词语,遵循中国传统的笺注方式,旁征博引,订异纠谬;其次,选条立目兼顾义理与象数,且覆盖经传,释义详备,引例精当;再次,正文采用以字系复词、短语的方式编排,释义博采诸家,贯通古今,反映了历代易学研究的成果;最后,正文后附有经标点和校勘的《周易》原文、经传字句索引和易学书目。这些,是当时的应景之作所没有的。从学术角度来看,此书显然具有出版价值。为了印证我的看法,我走访了此书的审订人卢叔度先生,卢先生当时已七十多岁,他对参与撰写这部辞典的那群年轻人赞不绝口,称大辞典是"十年磨一剑"的产物。卢老的鼎力推荐,使我的心踏实了很多,我遂对当时主持工作的第一副社长陈必胜先生提出了出版建议。因投入较大,陈必胜先生比较谨慎,他分别在编辑部与社委会开了几次会。在会上大家意见分歧较大。结果,陈必胜先生拍了板,他说:"建社已将近十年,我社出版的文史类图书拿出手的不多,对有分量、有影响的高质量作品,看准了,哪怕赔一点钱,也应出版,因为这有利于提高本社的品牌形象。这部大辞典，我看未必赔，赔也不会多。"就这样，选题上马了，经营责任说好由社里来承担，责任编辑是刘翰飞、陈必胜、杨权和章伟。

顺便一提，此书是由广东省第二新华印刷厂排版印刷的。制作此书时，中国的印刷业正处于由铅字排版向照相排版过渡的时期，本书使用了当时至为先进的日本森泽照排系统来排版，是我社第一本非铅排图书。森泽系统的工作原理是在相纸上一个字一个字曝光，然后拿显影后的相纸去制版，录入如有错误，需在相纸上挖改，如今看来这种技术仍比较落后，不能与现在的电脑激光胶片相比。

《周易大辞典》首印5000册，市场反应可用"不温不火"四字来形容，属于长销书。它虽未能让社里赚大钱，却也没有让社里亏本。现在如果能再取得作者的授权，我想它依旧会有市场。至于社会效益，它在中大社历年出版的文史图书中，是学术含量较高的一部，1994年获得了中南地区高校出版社第四届优秀学术专著一等奖。

编辑了《周易大辞典》之后，我和伍华、李铭建、林建都成了朋友，对《周易》也有了兴趣。现在我和伍华先生同在中文系执教，我给本科生开设了一门核心通识课程——"《周易》基础"。

三、《中国共产党历史大博览》[①]

较之上面所说的两部大辞典，《中国共产党历史大博览》是一部篇幅更大的书。它无论是体例还是内容，都与上述两部大辞典有很大的不同。它是一本图文混合的大型编年体史书，大16开，分上、下册，用铜版纸全彩色印刷，精装，共2070页，600万字，有图片8000幅。它在吸收党

---

① 程栋、刘树勇、霍用灵等编《中国共产党历史大博览》，中山大学出版社1999年10月版。

史界研究成果的基础上，通过对原始档案材料的取舍剪裁，以时间为经，地点为纬，对中国共产党从诞生到发展到壮大的历史做了系统介绍，全景式地展示了党领导中国革命与建设的历程。时间跨度从1915年1月至1999年6月，共约85年，内容覆盖政治、军事、经济、文化、教育、科技等方面，包括事件、运动、人物、会议、战争、文献、实物、生活等。编排方式每月占两对面页，中心的位置记述该月党的活动，左边的党内大事记是对正文的补充，右边的国内大事记则为党的活动提供背景材料。

这是我在出版社就任总编后亲自策划、组织的重大选题，项目从设计到组稿、筹资、编辑、制作、报批、宣传、发行，各个环节都是在我的直接协调或指挥下进行的，在操作的过程中曾遇到过很多困难与障碍。

当时所以要搞这部大书，是出于两方面考虑：第一，1999年是中华人民共和国成立50周年，也是中国共产党建党78周年，出版一部全面真实记录党领导中国革命与建设的大型作品，对进行爱党、爱国教育具有现实意义。第二，本社建社以来，由于多种原因，码洋一直增长不快，我就想，可否借鉴兄弟出版社的经验，通过经营一部大书把码洋冲上去？我和广东旅游出版社的副总编胡开祥先生关系比较密切，他曾多次对我说，上码洋并不难，他们社就因为几年前搞了一部《新中国大博览》，码洋一下子就增加了三千万。到省局开会，他们社长常常春风得意地介绍经验。胡开祥建议我在中大社也搞一本类似的大书，并把北京的程栋、刘树勇和霍用灵介绍给我，他们正是《新中国大博览》的主创，《新中国大博览》创制完成后，三人合伙注册了一个"北京人天文化艺术有限公司"，以企业运作的方式来作稿。我接受胡先生的建议，利用出差北京的机会，于1998年秋走访了该公司，并与他们达成了合作意向，打算在50周年国庆之际出版《中国共产党历史大博览》。对做此项目，他们已有良好的资料准备。

但要上此项目，首先要解决资金的问题，须知经营这样一个超大规模项目，光稿酬与制作费就要数十万元，整个项目没一二百万元根本推不动；当时的中大出版社完全没有出资经营此书的可能，哪怕只是出总额的几分之一。所以我只有利用联外的方式解决资金问题。在我们支付了预付款之后，北京人天公司就开始了对书稿的创制，而社内的审稿与编辑工作亦同步展开。因为这个项目很强调出版的时间节点，为解决本社人手不足的问题，我特地从社会招聘了几名人员来助编书稿，从而保证了工作进度。

经营这个项目，最大的难题还在选题报批。按照当时实行的重大选题专项报批制度，凡涉及宗教、外交、军事、党史、民族、"文革"、党和国家领导人等事宜的选题，都必须专项报批，经中央有关部门审查通过才能出版。本书是编年史，几乎避不开上述的敏感方面。这也就意味着，《中国共产党历史大博览》必须分别取得广东省新闻出版局、教育部社政司、国家新闻出版署以及负责审查的中央机关（后确定为中共中央党史研究室）同意，才有面世的可能。这种要求使我在事实上陷入了一个悖论圈：上级审查必须看到书稿，没有书稿项目就不能上马；而书稿制作出来，便已发生了费用，等于已上马。上了马要是不能获批，如何向投资方交代？我当时是有进无退。说实话，从事出版工作这么些年，我从未遇到过如此棘手的事。在这个重大问题上，社里没有谁有能力帮我的忙，唯有我自己想办法解决。在前后大半年的时间里，我六次进京，在管理机关"上窜下跳"，进行密度很大的沟通。1999年7月2日，新闻出版署图书出版管理司向广东省新闻出版局发出了《关于中山大学出版社安排〈中国共产党历史大博览〉一书选题的批复》（图管字〔99〕第463号），同意中大社安排《中国共产党历史大博览》选题。看到批复，压在我心上的大石头才落了地。之后，制作工作更紧锣密鼓地进行，图书终于在国庆节前出版，由我联系的新华书店首都发行所主发。国内的报刊以《波澜壮阔历史的宏大画卷，迂回曲折道路的真实纪录》为题，报道了此书出版的消息。一些党政机构，把它用为党建参考资料。此书于2001年10月被中共广东省委宣传部评为广东省精神文明建设第四届"五个一工程"入选作品,基本达到了最初设定的宣传目标。

还有一事值得一提:在《中国共产党历史大博览》付印前,我给时已92高龄的中共元老薄一波同志写了一封信,请他为本书题词;该信经北京的朋友送达他手中,老人家欣然允诺,于1999年8月15日用软笔写下了"继承党的传统,迈向新的世纪"12字,我把它印在了书前。

《中国共产党历史大博览》没有花社里的钱,开了我社利用外资经营大项目的先河,图书出版后在社会上也产生了较大的影响,有一定的社会效益与经济效益。不过,此书的经营也有一些经验教训值得总结吸取。首先,它的市场反应远比不上旅游社的《新中国大博览》,原因大概有三:一是此书由投资方主经营,而他们并无图书发行经验与渠道;二是此书推出时,图书市场上"大书热"已消退;三是该书的内容与《新中国大博览》有重叠。其次,2004年——其时我已不在出版社工作——有一位解放军画报社的退休记者曾因书中使用了他在50—70年代拍摄的二十来幅照片而向北京中级人民法院提起诉讼,结果出版社不得不依判决赔了他两万来块钱,这件事,在著作权保护方面给我们上了一课。

原载中山大学出版社社庆图书编委会编《书里书外》,中山大学出版社2014年10月版。

后 记

我十七岁下乡插队,出道已四十五年,转眼"刀枪入库,马放南山"的时节将到,便有了把历年所作文字结集出版的想法。前几年为玩心所驱,曾自印过一本线装的《沁庐汇草》,知者不多。这本《沁庐序跋》算是第二种。第三种《沁庐岭南论稿》早已编成,因自己不甚满意,便一直由它搁着。下面还有若干种。

本书顾名思义,是笔者所作序跋的合集。序跋集通常不免芜杂之病,本书尤甚。这是因为笔者读书治学向以宽泛为务,而对序跋的界定标准又不严格。读者会看到,本书所收,既有前言、后记性质的序跋,也有文体学意义上的序跋;既有散文风格的序跋,也有学术性质的序跋;既有白话文的序跋,也有文言文的序跋;既有已经刊行的序跋,也有未曾发表的序跋;既有自己写作的序,也有翻译的序;既有正而八经的正序,也有"挂羊头卖狗肉"的代序。由于敝帚自珍,书中还以"附录"形式捎带了若干篇书评与读后感。好在所收多少都有一点可读性,读者们就权当"杂拌儿"看待可也,不必太过认真。

中山大学出版社资深编辑李文先生热心张罗本书的出版,责任编辑王延红女士认真审稿、细致把关,还有我不知名的编校人员、出版人员在出版本书的过程中所做的贡献,俱难能可贵。敬表谢忱!

内子唐娓娓协助校订文稿,其贡献也是应当肯定的。

杨 权

2020 年 10 月 2 日于中山大学沁庐